知的財産権の事例から見る

民 法

村西大作 著

はしがき

　本書は、平成29（2017）年の債権法を中心とする民法大改正を受けて令和元（2019）年に刊行した「弁理士・知財担当者のための民法」を基に、その後の法改正等の状況も踏まえ、また幅広い読者の方々にご活用いただけるよう、記述を見直し、内容をアップデートしたものです。

　本書は、民法の財産法（総則、物権、債権）の概要につきコンパクトにまとめたものですが、知的財産権に関する事例を中心に記述しており、タイトルのとおり、知的財産権の事例で民法を概観できることが、数多の民法に関する書籍の中での本書の最大の特徴となります。本書は、日本弁理士会研修所の「民法・民事訴訟法基礎研修」のテキストとして使用されますが、この研修と「能力担保研修」を受講して特定侵害訴訟代理業務試験の合格を目指す弁理士だけに留まらず、知的財産権法を学ぶ学生や企業等の知的財産権担当者といった方々のお役にも立てるよう、豊富な事例を挙げながら分かりやすく解説していますので、読者の方々におかれましては、本書を十分に活用して民法の基礎知識と考え方を身につけていただければ幸いです。

　読者の方々が各自の立場に応じ、例えば知的財産権訴訟の第一線で活動したり、知的財産権に関わる契約書の作成やチェックを適切に行ったりするためには、知的財産権法の知識についてはもちろんのこと、一般法である民法・民事訴訟法の基礎知識と考え方をマスターすることが必要です。知的財産権訴訟や知的財産権に関わる契約に携わる裁判官や弁護士は、通常、一般法である民法・民事訴訟法から入ってその基礎知識と考え方を身につけた上で、特別法である知的財産権法に進んでおり、思考の流れもこの順になっているといえるからです。その意味で、本書とその姉妹書である「知的財産権の事例から見る民事訴訟法」をセットでお使いいただくことで、学習効果はより大きなものとなると思います。

　ところで、本書の執筆は、上記大改正法の施行から数えても僅か4年程度しか経っておらず、それ以降にされた改正を含む改正法の下での判例・学説の展開が十分に予測できない時期に行ったことから、本書の内容には必ずしも十分とはいえない点や将来の判例・学説の展開を踏まえて変更しなければならない点もあるかもしれませんが、この点は執筆時期に免じてご寛容いただければ幸いです。

　本書の版元である開隆堂出版株式会社には、中学時代にその英語の教科書で学んだ懐かしい思い出があるとともに、仕事の上でも弁護士登録の当初から長く良いおつきあいをさせていただいており、そのような版元から前著に続き本書を刊行させていただけることは望外の喜びであり、この場を借りて心より御礼申し上げます。また、かなりの労力をかけて校正等の作業をしてくれた私の事務所の職員にも、ここに記して感謝の意を表します。

令和6（2024）年10月吉日
弁護士　村西　大作

目　次

はしがき ……………………………………………………………………………………… 3
目次 …………………………………………………………………………………………… 4
民法の学習方法と本書の構成について ………………………………………………… 6
民法（財産法）の構造【鳥瞰図】 ………………………………………………………… 8
序論 ………………………………………………………………………………………… 9
第1編　総則
　第1章　通則 …………………………………………………………………………… 16
　第2章　人
　　第1節　私権の享有 ………………………………………………………………… 19
　　第2節　能力 ………………………………………………………………………… 20
　　第3節　失踪の宣告 ………………………………………………………………… 27
　第3章　法人 …………………………………………………………………………… 28
　第4章　物 ……………………………………………………………………………… 31
　第5章　法律行為
　　第1節　総則 ………………………………………………………………………… 32
　　第2節　意思表示 …………………………………………………………………… 35
　　第3節　代理 ………………………………………………………………………… 51
　　第4節　無効及び取消し …………………………………………………………… 67
　　第5節　条件及び期限 ……………………………………………………………… 72
　第6章　期間 …………………………………………………………………………… 74
　第7章　時効
　　第1節　総則 ………………………………………………………………………… 75
　　第2節　消滅時効 …………………………………………………………………… 81
第2編　物権
　第1章　総則 …………………………………………………………………………… 84
　第2章　占有権
　　第1節　占有権の取得 ……………………………………………………………… 97
　　第2節　占有権の効力等 ……………………………………………………………100
　第3章　所有権その他の本権
　　第1節　所有権と用益物権 …………………………………………………………102
　　第2節　共有 …………………………………………………………………………103
　　第3節　担保物権 ……………………………………………………………………110
第3編　債権総論
　序章 ………………………………………………………………………………………116
　第1章　債権の目的 ……………………………………………………………………117

4

第 2 章　債権の効力 …………………………………………………………… 122
　第 3 章　多数当事者の債権債務
　　第 1 節　総則 ………………………………………………………………… 149
　　第 2 節　不可分債権・債務 ………………………………………………… 151
　　第 3 節　連帯債権・債務 …………………………………………………… 154
　　第 4 節　保証債務 …………………………………………………………… 158
　第 4 章　債権譲渡・債務引受 ………………………………………………… 164
　第 5 章　債権の消滅
　　序節 …………………………………………………………………………… 175
　　第 1 節　弁済 ………………………………………………………………… 176
　　第 2 節　相殺 ………………………………………………………………… 181
　　第 3 節　更改・免除・混同 ………………………………………………… 187

第 4 編　債権各論
　第 1 章　契約
　　第 1 節　総則 ………………………………………………………………… 190
　　　第 1 款　契約の成立 ……………………………………………………… 195
　　　第 2 款　契約の効力 ……………………………………………………… 197
　　　第 3 款　契約の解除 ……………………………………………………… 203
　　　第 4 款　定型約款 ………………………………………………………… 210
　　第 2 節　贈与 ………………………………………………………………… 212
　　第 3 節　売買・交換
　　　第 1 款　総則 ……………………………………………………………… 213
　　　第 2 款　売買の効力 ……………………………………………………… 214
　　第 4 節　消費貸借 …………………………………………………………… 219
　　第 5 節　使用貸借 …………………………………………………………… 220
　　第 6 節　賃貸借
　　　第 1 款　総則 ……………………………………………………………… 222
　　　第 2 款　賃貸借の効力 …………………………………………………… 224
　　　第 3 款　賃貸借の終了 …………………………………………………… 228
　　第 7 節　雇用・請負 ………………………………………………………… 231
　　第 8 節　委任・寄託 ………………………………………………………… 233
　　第 9 節　組合・終身定期金・和解 ………………………………………… 236
　第 2 章　事務管理 ……………………………………………………………… 238
　第 3 章　不当利得 ……………………………………………………………… 241
　第 4 章　不法行為 ……………………………………………………………… 245
索引 ………………………………………………………………………………… 258

民法の学習方法と本書の構成について

1 民法の学習方法

(1) 学習の順序

本書では、民法の財産法について、概ね、総則→物権→債権総則→債権各則という法典の構成に沿って記述していますが、我が国の民法は、全体に共通するものを総則として規定し、その他のものを各則として規定している(パンデクテン方式。序論(10頁)、民法(財産法)の構造【鳥瞰図】(8頁)参照)ため、前の方になればなるほど抽象的な内容が含まれていますので、初めて民法を学ぶ方は、債権各論(契約総論→契約各論→法定債権)→債権総論→物権→総則の順に進むとよいでしょう。このような順序によれば、具体的な点を先に学んだ上で、その理解を前提とする抽象的な点について順を追って学ぶことができ、効率がよいからです。

(2) 条文は重要だがそれだけでは終わらない

本書の読者のうち弁理士や知財担当者の中には、一般法である民法を学ぶことなく特別法である知的財産権法を学んだ方々も多いかと思います。そして、知的財産権法においては民法と比べてかなり細かく規定が設けられており、条文を見つけて適用すれば問題が解決するということも多いといえます。このため、著者の経験上、これらの方々は、民法を学ぶ際も、「これは何条に規定されているのか」という点に傾注することが多いように感じます。

法律の学習において条文が重要であることは言うまでもないことですが、その一方で、一般法である民法においては、細かく規定を設けずに解釈や一般法理に委ねていたり、規定を設けていてもその解釈が必要となったりする場合が多くみられます。この点に「拒否反応」を示すことなく、民法という法典の背景にある法理や制度の趣旨に遡って考えられることが、民法の学習を制する大きなポイントとなるでしょう。

(3) 民法全体の構造を押さえること

前述のとおり、本書には民法(財産法)の構造の鳥瞰図を入れています。本書を使用して初めて民法を学ぶ方は、勉強の都度この鳥瞰図を見て、自分が民法という「森」のどの辺りにいるのか把握するようにしましょう。これを繰り返すことにより、学習範囲の広い民法を体系的に理解することができるようになるはずです。

(4) 原則論から考えること

民法を正しく理解するためには、まず、その制度や事例に関する原則的な取扱いがどうなっているのかを押さえた上で、例外的な取扱いがあるときはそれも押さえるという思考パターンによることが重要です。例えば、ある民法上の制度の効果が原則としては無効だが例外的に有効となることがあるという場合に、有効という結論を早く導こうとして、原則を飛ばして例外から考えるのは、民法の構造を無視することになってしまうため好ましくありません。民法を学ぶ際は、原則論から考えるという習慣を身につけましょう。

2 本書の構成について

(1) 本文と側注
　一部を除き、本書は本文と側注から構成されており、主に、本文には基礎知識を、側注には本文の補足説明や本文に関連する比較的細かな知識を記載しています。本書を使用して初めて民法を学ぶ方は、まずは本文を正しく理解するよう心がけましょう。

(2) 各編の扉
　各編の扉に、そこで学ぶ内容に関するガイダンスを設けていますので、その編の学習を始める際と終わった際には必ず、前述した鳥瞰図とともに目を通し、早い段階で民法の枠組みを把握してください。

(3) 事例と解説、図解
　本書では、原則として各項目の冒頭に【事例】を、末尾にその解説を【事例の解説】として入れるとともに、図表や【図解】を豊富に取り入れています。読者の方々は、これらを活用することにより、各項目につき具体的なイメージを持って学習することができるでしょう。

(4) 条文の掲載と標記
　本書には原則として条文自体の掲載をしていません。これは、本書に登場する条文を全て盛り込むと大部となってしまうことや、条文を検索する能力を向上させるには、安易に条文を掲載せず、自分で条文を引くのが重要であることによるものです。本書を使用する際は、こまめに条文を引くようにしましょう。
　なお、本書に登場する条文には民法のほか民事訴訟法や不動産登記法などがありますが、紙幅の都合上、原則として、民法は条文番号のみを標記し、民事訴訟法や不動産登記法などは「民訴法95条1項」「不登法1条」などと省略標記しています。

(5) 判例、裁判例
　本書執筆時において、平成29（2017）年の債権法を中心とする民法大改正後の規定に関する判例（特に断りのない限り最高裁又は大審院の判例を指す）や重要な裁判例は見当たらなかったため、判例や裁判例については、この大改正前の規定に関するものを挙げています。なお、判決年月日や事件番号は、一部を除き省略しています。

民法（財産法）の構造【鳥瞰図】

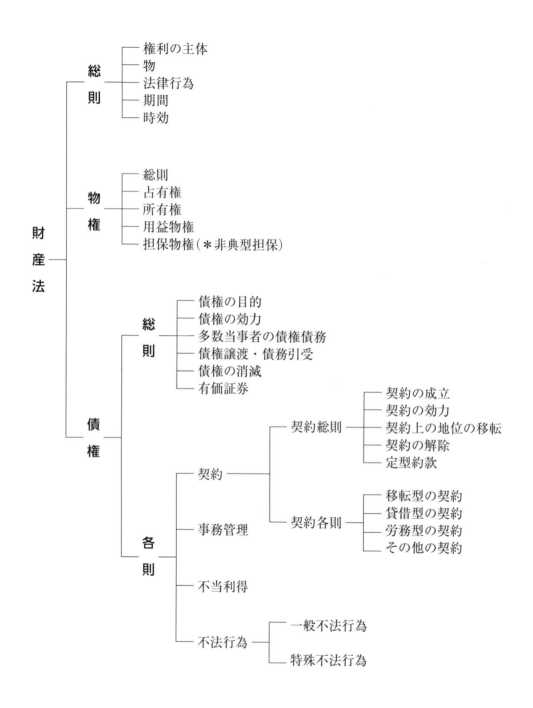

＊非典型担保は民法の中に規定がないことに注意。

序　論

　民法は、私法の一般法であり、私人間の法律関係（主として権利義務）を規律する実体法です。知的財産権に関する各法も、民法の特別法という側面を有しています。
　また、私人間の法律関係に関し紛争（私的紛争）が生じ、当事者間の交渉では解決できない場合、公権力（裁判所）の手で解決をはかる必要があるため、私的紛争を公権的に解決するための手続を定める法として民事訴訟法が制定されています。このように、民法は私法（及び私的紛争の解決のための手続法）の理解にとって基礎の基礎となる重要な法律です。
　序論では、民法の概要、基本原則、適用と解釈等について学びます。ここで学ぶことはこの後の民法の学習全般に関わってきますので、しっかりと理解しておきましょう。

序論

1 民法の概要

(1) 私法の一般法

民法は、私法の一般法であり、私人間の法律関係（主として権利義務）を規律する実体法である。

ア 私法

私法とは、国家等の公権力と国民との間の法律関係を規律する公法と異なり、私人間の法律関係について規律する法をいい、民法もその一つである。

イ 一般法

民法は私人間の法律関係について規律する法であるが、ここでいう「私人間」とは、互いに個性（属性）のない一般市民同士の間という意味である。そこで、このような当事者の関係が替われば、これに対応して民法の規定を変容した法が必要となり、実際に制定されている。例えば、商法は民法の特別法であるが、これは、一般市民同士の間ではなく、主に商人間の取引を規律するために制定されたものであり、商法では、このような観点から取引の安全を重視した変容がされている。また、労働法も民法の雇用に関する規定（623条～）の特別法である。民法の規定では労働者の権利保護には不十分であるため制定されたものである。そして、知的財産権に関する各法も、民法の特別法という側面を有している。

ウ 実体法

民法は私人間の実体的な法律関係について規律するものであるが、この点に関し紛争（私的紛争）が生じ、当事者間での交渉では解決できない場合、公権力の手で解決をはかる必要がある。そこで、私的紛争を公権的に解決するための手続を定める法として、民事訴訟法が制定されている。

このように、民法は私法（及び私的紛争の解決のための手続法）の理解にとって基礎の基礎となる重要な法律である。

(2) 我が国の民法

我が国の民法は、全体に共通するものを総則として規定し、その他のものを各則として規定している（パンデクテン方式。8頁・民法（財産法）の構造【鳥瞰図】参照）。

ア 権利の主体・客体・権利変動の原因として民法全体に共通するものは、第1編 総則で定めている。

□例えば、民法上の所有権には存続期間の定めがないが、工業所有権や著作権にはその定めがある（特許法67条、著作権法51条など）。また、権利侵害による損害額の算定について、知的財産権に関する各法には特別の規定が設けられている（ex. 特許法102条、不正競争防止法5条、著作権法114条など）。

□パンデクテンとはローマ法大全の中の学説集のドイツ語名である。19世紀のドイツではこれに依拠して近代的法体系が作られ、そ

イ 権利の種類・内容は、第2編 物権・第3編 債権で定めている。また、権利に応じて主体・客体・権利変動の原因が特別なものである場合についても、これらの編で定めている。
ウ 第4編 親族は、民法上の権利の主体についての規律であると共に、国民の家族関係の規律としての意味も有している。
エ 第5編 相続は、従来、第4編と併せて「身分法」と称されてきたが、多分に財産法的色彩を有している。相続法は、「人の死亡」により、誰にどのような形で権利が承継されるかを規律するものである。

> 第1編　総則……民法の通則
> 第2編　物権……物に対する権利
> 第3編　債権……人に対する権利
> 第4編　親族……家族間の法律関係
> 第5編　相続……相続をめぐる法律関係

の体系的理論はパンデクテン法学と呼ばれた。パンデクテン方式とは、この理論に基づいて制定されたドイツ民法の構成をいい、これを参考に作られた我が国の民法も、この方式により構成されている。

2 民法の適用範囲

(1) 時的範囲
既得権の尊重及び法的安定性の見地から、全ての法律は原則としてその効力を生じた時以降に発生した事柄についてのみ適用される（法律不遡及の原則）。

(2) 人的範囲
全ての国民及び日本の領土内の全ての人である（但し、法の適用に関する通則法4条以下参照）。

(3) 場所的範囲
日本の領土である。

3 民法の基本原則

(1) 所有権絶対の原則
所有権絶対の原則とは、所有者は、所有物を自己の自由な意思に基づいて、どのように取り扱ってもよいという原則をいう。

この原則の下で資本主義経済は高度に発達したが、やがて社会に種々の弊害（ex.公害）をもたらすことになったため、現在、この原則も各種の法律により修正を受けるに至っている。この点、民法も、「私権は、公共の福祉に適合しなければならない。」（1条1項）と規定し、この原則が絶対的なものではなく、他者や社会の利益との関係で一定の制約を受けることがある旨を定めている。

(2) 私的自治の原則
私的自治の原則とは、人は自由な意思に基づいて私的法律関係を形成することができるという原則をいう。

□私的自治の原則から契約自由の原則（521条、522条2項）が派生する。

この原則は、近代民法が成立した18世紀に、人間の自由・平等を前提として採用されたものであり、この原則の下で資本主義経済が高度に発達するに至ったが、その一方で人々の間に経済的格差による実質的不平等が生ずる事態となった。このような弊害を是正するため、私的自治の原則も各種の法律により修正を受けるに至っている。

□私的自治の原則（契約自由の原則）によれば、商品や役務の対価については契約当事者間の合意により自由に定めてよいはずであるが、例えば電気事業法18条には電気料金等について事業者が約款を定め認可を受けなければならない旨が定められている。

(3) 過失責任の原則

過失責任の原則とは、過失がなければ法的責任を問われないという原則をいう。

この原則により人の活動における予測可能性が保障され、資本主義経済の発達が促進されたが、その一方で、この原則を絶対的なものとして貫いてしまうと、当事者間の公平を欠き、必ずしも合理的でない場合もあることが認識されるに至った。そこで民法においても一定の場合に無過失責任が導入されている（715条、717条参照）。

□人は自己の行為についてのみ責任を負い、他人の行為の結果について責任を負わされることはないとする原則を自己責任の原則（個人責任の原則）といい、この原則と過失責任の原則とにより、人の活動における予測可能性が十分に保障されることとなる。

④ 民法の適用と解釈

(1) 民法の適用〜法的三段論法

民法の定める法律関係（権利義務又は法律上の地位）は観念的なものであって存否を直接判断することができないため、その判断は、権利等の発生・変更・消滅などの法律効果を定める法規の構成要件（法律要件）に該当する事実（法律事実）の存否を判定することを通じて行われる。例えば、Aが、「自分はBに100万円を貸したが返還期限が到来してもBがこれを返さない」と認識している場合、AがBに対し行使すべき権利は消費貸借契約に基づく貸金返還請求権（587条）であるが、その存否は同条所定の権利発生要件（返還約束と金銭授受）に該当する事実の存否にかかり、これらの事実が全てあれば貸金返還請求権が発生する一方、一つでも欠ければ発生しない。

このように、法規（法律要件）を大前提、事実（法律事実）を小前提とし、大前提に小前提を当てはめることによって法律効果の発生・不発生を判断することを法的三段論法という。

□弁済期の合意及び到来も要件であるとする説が有力であるが、ここでは理解の便宜上、返還約束と金銭授受のみ要件に挙げている。

(2) 民法の主な解釈方法

このような法的三段論法の大前提となる法規の意味を解釈する方法としては、次のものが挙げられる。

ア　文理解釈…法規の用語の通常の意味に従って解釈すること。文理解釈を旨とする法学は概念法学と呼ばれる。法規の解釈は文理解釈を前提にしなければならないが、これだけに止まると妥当な結論が得られない場合もある。

□法律に規定があり、その文言が明確であり、これを適用した結果が具体的に妥当なものであれば、その規定をそのまま適用すれば足り、特別の解釈は必要とされないが、①規定を適用した結果が妥当でなかった

イ 論理解釈…民法を一つの論理体系に構成し、各法規をしかるべき地位において、これと調和するような内容を与えようとすること。これも余りに形式論理にこだわると妥当な結論が得られない場合がある。
ウ 立法者意思解釈…法規の立法当時の目的・意味を明らかにするもの。
エ 反対解釈…類似したA・B2つの事実のうち、Aについてだけ規定がある場合に、Bについてはその限りではないとしてAと反対の結果を認めるもの。
オ 類推解釈…類似したA・B2つの事実のうち、Aについてだけ規定がある場合に、BについてもAのケースに該当するとしてAと同様の結果を認めるもの。

り、②規定の文言が明確でなかったり、③規定が存しない場合には法律解釈が必要となる。

□民法の解釈方法には本文記載のとおり様々なものがあるが、これらの解釈に当たり重要なのが制度や規定の趣旨である。法律はあらゆる事態に対応できるよう、抽象的に規定されざるを得ない面があり、例えば規定の文言が不明確であるときは、その規定が設けられている理由(趣旨)に遡ってその文言の意味を解釈することになる。

5 民法上の権利

私権とは、ある権利主体が私法上持つ権利の総称をいい、民法上の権利も私権に当たる。私権の内容と行使は、公共の福祉に適合し、信義誠実の原則(信義則)に従うものでなければならず、また、濫用は許されない(1条1項～3項、第1編第1章参照)。

□私権は、公法上の権利である公権に対する語である。

＜民法上の権利の分類＞

(1) 内容による分類

財産権	享受される利益が経済的価値を有する権利	例：物権、債権
非財産権	享受される利益が経済的価値を有しない権利	例：人格権、身分権

(2) 作用による分類

支配権	権利者の意思だけで権利内容を実現できる権利	例：物権、人格権
請求権	他人に対して一定の行為を請求できる権利	例：債権、物上請求権
形成権	権利者の一方的意思表示により法律関係の変動を生じさせることができる権利	例：取消権、相殺権、解除権
抗弁権	他人の権利（特に請求権）の行使に対し、それを妨げる効力をもつ権利	例：同時履行の抗弁権、催告・検索の抗弁権
管理権	財産的事務の処理をする権利	例：不在者の財産管理人の管理権、相続財産管理人の管理権

第1編
総　則

　我が国の民法は、全体に共通するものを総則として規定し、その他のものを各則として規定する「パンデクテン方式」を採用しています（前掲 民法（財産法）の構造【鳥瞰図】参照）。そして、このような方式の下、「第1編 総則」には、権利の主体・客体・権利変動の原因として民法全体に共通するものなどが定められています。

　本編ではこれらについて学びますが、なかでも重要なのは「法律行為」（さらにそのなかでも意思表示と代理）と「時効」です。法律行為には民法全体を通じて重要な「契約」も含まれますので、始めのうちは法律行為を契約と読み替えて、契約に関する意思表示に瑕疵があった場合の取扱いや、代理により契約が締結された場合の取扱いを学ぶとよいでしょう。

第1編 総則

第1章 通則

事例 1-1

次の各問いに答えよ。

(1) 下図に示す本件商標を保有するAは、本件商標の登録出願手続において、「本件商標はAの創作にかかる、構成文字を明確に判断することができない特殊な図形商標であるので特定の称呼、観念は生じない」と主張し、これが認められた結果、商標登録を受けた。その後、Aは、下図に示すBの使用する被告標章が本件商標権を侵害しているとして、Bを被告として被告標章の使用差止請求訴訟を提起し、この訴訟においてAは、本件商標は外観上、やや図案化したアルファベットの「K」及びローマ数字の「Ⅱ」を互いに接合した標章であるので、本件商標と被告標章とはいずれもアルファベットの「K」とローマ数字の「Ⅱ」を用いて結合したものであり、両者は称呼、観念、外観において類似する旨の主張をした。この場合、Bは、民法上どのような反論をすることができるか。

(2) Xは、同業者であるYが「天の川」と名付けて販売した商品が大ヒットし、周知商品表示となったのを見て、第三者Wが保有する不使用の登録商標「銀河」を譲り受けて移転登録をした後、この商標権を根拠に、Yを被告として「天の川」の使用差止め及び損害賠償を求める訴訟を提起した。上記登録商標の指定商品とYの商品表示「天の川」が付された商品は同一である。この場合、Yは、民法上どのような反論をすることができるか。

```
        ③「天の川」の使用差止等請求
Ⓧ ────────────────────────→ Ⓨ
│  ②不使用の登録商標              ①「天の川」がY
│   「銀河」譲受け                    の周知商品表示
Ⓦ                                となる
```

1 公共の福祉の原則（1条1項）

民法は、「私権は、公共の福祉に適合しなければならない。」（1条1項）と規定し、私権が絶対的なものではなく、他者や社会の利益との関係で一定の制約を受けることがある旨を定めている。もっとも、この規定は憲法上の原則を民法においても確認するという意味を持つにとどまり、通常、次に述べる信義誠実の原則や権利濫用の禁止のように民事裁判で直接用いられることはない。

2 信義誠実の原則（1条2項）

信義誠実の原則（信義則）とは、具体的事情の下において、相互に相手方から一般的に期待される信頼を裏切ることのないように誠実に行動すべきであるという原則をいう。

信義則は、当初は債権法を支配する原則であったが、やがて、それ以外の領域でも社会的接触関係（例えば、契約関係に入ろうとする者同士、相隣関係、地役関係、夫婦関係）に立つ者の間にも適用されると考えられるようになった。信義則は法律行為解釈の基準となる（判例）。

3 権利濫用の禁止（1条3項）

権利の濫用とは、外形上は正当な権利の行使のように見えるが、具体的事情の下においては権利の存在意義（社会性）に反し、権利の行使として是認することが妥当でない行為をいう。

権利濫用の有無の判断は、権利を行使する者の主観にこだわらず、行使される権利の社会的機能からみて、保護に値する利益を有するか否かという客観的基準、すなわち権利者がそれによって得ようとする利益とそれによって他人に与える損害とを比較衡量し、その権利の存在意義（社会性）に照らして行われる。

権利の濫用に当たる場合、事案に応じ、次の効果が生じる。
① 権利行使による法的効果が認められない。
② 正当な範囲を逸脱して他人に損害を与えたときには、不法行為と

□権利濫用に関する有名な例としては、他人の形式的な侵害行為を排除しようとしたことを斥けた判例（宇奈月温泉事件）や、権利濫用者に損害賠償責任を認めた判例（信玄公旗掛松事件）が挙げられる。

して妨害の除去あるいは損害賠償を命じられる場合がある。
③ 権利の濫用が甚だしいときは、権利を剥奪される場合がある（ex. 親権の喪失（834条））。
④ 権利を有する者が長期間これを行使せず、相手方においてその権利がもはや行使されないものと信ずべき正当の事由を有するに至ったため、その行使が信義則（1条2項）に反すると認められる特段の事由があるときは、その行使は許されない（権利失効の原則）。

□権利失効の原則は、消滅時効にかかる権利のほか、消滅時効にかからない物権的請求権などにも適用される。

解説　事例1－1

(1) Bは、Aの主張は信義誠実の原則（1条2項）に反し許されないと反論することができる。Aは、本件商標の登録出願手続において、本件商標はAの創作にかかる、構成文字を明確に判断することができない特殊な図形商標であるので特定の称呼、観念は生じないと主張し、これが認められた結果、商標登録を受けたものである。このように出願登録の過程においては、上記のとおり、本件商標が「K」、「Ⅱ」の文字を接合したものであることを実質上否定する主張をして、それが認められて本件商標権を取得したAが、その後のAを原告、Bを被告とする侵害訴訟においては掌を返すように本件商標は外観上「K」と「Ⅱ」の文字を接合したものであると主張して、被告標章はこれに類似する旨主張することは信義誠実の原則に反し許されないからである（「KⅡ商標」事件（東京地判H6.6.29）参照）。

(2) Yは、Xの請求は権利の濫用（1条3項）に当たり許されないと反論することができる。Xは、同業者であるYが「天の川」と名付けて販売した商品が大ヒットし、周知商品表示となった後で、第三者Wが保有する不使用の登録商標「銀河」を譲り受けて権利行使に及んでおり、たとえ「銀河」と「天の川」が観念を同じくする類似商標であるとしても、かかる商標権取得の経緯に照らせば、その権利行使は権利の濫用と評価されるからである（「天の川」事件（東京高判S30.6.28）参照）。

□Aの主張は、信義則の発現形態の一つである(包袋)禁反言の法理（原則）により許されない。

第2章　人

第1節　私権の享有

1 権利能力

権利能力（法人格）とは、私法上の権利義務の帰属主体となることができる地位をいう。

権利能力は自然人と法人に認められる。自然人の権利能力は、出生に始まり（3条1項）、死亡に終わる（882条等）。法人の権利能力は、法律の定めるところにより成立した時に始まり、清算の終了により消滅する。

2 胎児

胎児には原則として権利能力はない（3条1項）。

例外として、①不法行為による損害賠償請求権（721条）、②相続（886条）、③遺贈（965条、886条）については、胎児は既に生まれたものとみなされる。胎児の不利益を避けるためである。

胎児が例外的に生まれたものとみなす場合の法律構成としては、次のものが挙げられる。

i) 停止条件説（判例）

　　胎児の間は権利能力が認められず、従って、胎児の条件付権利を保全すべき（法定）代理人は存在しえない。胎児が生きて生まれると、そこで取得した権利能力が相続開始や不法行為の時に遡って存在したものとされるに過ぎない。

ii) 解除条件説

　　胎児も例外的に既に生まれたものとみなされる範囲においては（制限的な）権利能力があり、従って、（法定）代理人も存在しうる。胎児が死産であった場合、取得していた権利能力が遡って消滅したものとされる。

3 外国人

外国人とは、日本の国籍を有しない自然人である。無国籍の者も含む。民法は、内外国人平等を原則とするが、法令・条約による制限は認めている（3条2項）。

□3条1項は、単に権利能力の始期だけを定めたものではなく、およそ全ての自然人は生まれながらにして権利能力を取得することを定めたものである。法律によって全ての自然人に権利能力を与え、これを法人格者とすることは、近代の自然法思想によるものである。自然人の権利能力は契約によって制限することはできない（強行規定）。

□出生時期の判断基準
　基準の明確性から、胎児が母体から全部露出したときとする全部露出説が通説である（ちなみに、刑法学では攻撃可能性の観点から一部露出説が通説である。）。なお、出生届及びそれに基づく戸籍の記載は、出生の証明に関する有力な証拠にすぎない。

□認知については、父の側から胎児を認知することは明文で認められている（783条）。これに対し、胎児の側から父に対し認知請求をすることは、これを認める明文の規定がなく、認められていない。

第2節 能力

1 意思能力

意思能力とは、自己の行為の結果（それによって自分の権利義務が変動すること）を弁識することができる能力をいう。

法律行為の当事者が意思表示をした時に意思能力を有しなかった場合、その法律行為は無効である（3条の2）。私的自治の原則により、各個人は原則として自己の正常な意思に基づいてのみ、権利を取得し義務を負担するからである。

□意思無能力による無効は意思無能力者を保護するためのものであるから、意思無能力者の側からのみ主張することができ、法律行為の相手方からは主張することができないと解されている。

2 行為能力

(1) 意義

行為能力とは、自ら単独で有効に法律行為を行うことができる能力をいう。

(2) 制限行為能力者制度

制限行為能力者制度とは、意思能力がなく、あるいは劣る者をあらかじめ定型化したものであり、その趣旨は、①意思無能力の立証の困難を救済すること、②取引の相手方に不測の損害を生じさせないようにすること、③意思能力はあるが独立に経済人として取引するに適しない人を保護する点にある。

□平成11（1999）年の民法改正により、従来の行為無能力者制度は後述のように変容を受けることとなった。

□制限行為能力者制度は、制限行為能力者の財産保全を目的とするから、本人の意思を尊重すべき身分上の行為には原則として適用されない。

(3) 制限行為能力者が意思能力を欠く場合の法律行為の効力（無効と取消しの二重効）

無効の法律行為は無であって取り消す余地がないとする説や、制限行為能力者制度がある以上取消ししかできないとする説など二重効を否定する説もあるが、これを肯定するのが通説である。

（理由）

① 無効も取消しも法律行為の効果を否定する手段にすぎない。
② 意思無能力による無効も制限行為能力による取消しも、表意者保護のために認められたものである以上、両者の競合を認め、表意者に有利な方を主張することを許すべきである。
③ 二重効を否定して、制限行為能力者でない者が意思能力を欠く場合はいつまでも無効を主張できるのに、制限行為能力者は一定期間取り消せるに過ぎないとすること（取消しのみ主張できるとする説）は、かえって制限行為能力者の保護に欠ける結果になる。

□無効主張に期間制限がない一方、取消しには期間制限があることについては第5章第4節参照。

<民法上の各種能力の比較>

	定義	主体	不存在又は制限の効果
権利能力	私法上の権利義務の帰属主体となることができる地位	自然人と法人に認められる	権利義務が帰属しない
意思能力	自己の行為の結果を弁識することができる能力	個別具体的に判断される（7～10歳程度）	法律行為は無効である（3条の2）
行為能力	自ら単独で有効に法律行為を行うことができる能力	未成年者、成年被後見人、被保佐人、被補助人につき制限されている	法律行為は取り消すことができる（5条2項、9条本文、13条4項、17条4項）
責任能力	不法行為につき自己の行為の責任を弁識することができる能力	個別具体的に判断される（小学校を卒業する12歳程度が一応の目安となる）	不法行為責任を負わず（712条、713条）、監督義務者が監督責任を負う（714条）

3 未成年後見制度

(1) 成年年齢

年齢18歳をもって成年とされる（4条）。

(2) 未成年者の行為能力

未成年者は、原則として単独で法律行為をすることができない。未成年者が法律行為をするには法定代理人の同意を要し、同意を得ないでした法律行為は取り消すことができる（5条、120条1項）。

未成年者の保護者は法定代理人である。即ち、一次的には親権者（818条、819条）、親権者がいないときは未成年後見人（838条～）である。

(3) 例外として単独でできる行為

ア 単に権利を得又は義務を免れる法律行為（5条1項ただし書）は、未成年者の利益を害しないから、単独でできる（ex. 負担のない贈与を受けること、借金の利息を下げてもらうこと）。

イ 法定代理人により処分を許された財産の処分（5条3項）は、包括的同意があるとみられるから、単独でできる（ex. 下宿代、学費、小遣いなど）。これには一定の目的を定めて処分を許した財産（学費など）と目的を定めずに処分を許した一定の財産（小遣いなど）とがあるが、結局、一定範囲の財産が限定されて処分が許されていれば足りる。なお、全財産について処分を許すことは認められない。

ウ 法定代理人により許された営業に関する行為（6条）は、包括的同意があるとみられるから、単独でできる。ここに、営業とは、営利を目的とする継続的事業をいい、商業に限らない。

□親権者・未成年後見人は未成年者を代理する権限があり（824条、859条）、また、未成年者の法律行為について同意権のほかに取消権、追認権がある（120条1項、122条）。

法定代理人の営業許可は、営業の種類を特定することを要するとともに、1個の営業をさらに制限して許すこともできる。
　　　「成年者と同一の行為能力を有する（6条1項）」とは、未成年者が単独で営業できるということである（法定代理人の代理権がこの範囲で消滅する）。なお、未成年者がその営業に堪えることができない事由があるときは、法定代理人は、その許可を取り消し、又は制限することができる（6条2項、823条2項、857条）。「取り消し」（6条2項）は、ここでは「撤回」（遡及効なし）の意味である。
　エ　身分行為の一部（例えば、認知など）は、当事者の意思を尊重すべきであるから、単独でできる（ex. 満15歳以上の者は、法定代理人の同意がなくても遺言をすることができる（961条））。

4 成年後見制度

　平成11（1999）年の民法改正により、従来の禁治産制度に代わり後見制度が、また、準禁治産制度に代わり保佐制度が制定されるとともに、新たに補助制度が制定された。これらの制度を総称して成年後見制度という。補助を含めた成年後見制度の趣旨は、個々人の多様な判断能力とその保護の要請の程度に対応した取扱いをする点にある。

5 成年被後見人

(1)　意義

　　成年被後見人とは、精神上の障害により事理を弁識する能力を欠く常況にある者で、家庭裁判所によって後見開始の審判を受けた者である（7条）。
　　後見開始の審判の請求は本人（意思能力を回復しているとき）・配偶者・4親等内の親族・未成年後見人・未成年後見監督人・保佐人・保佐監督人・補助人・補助監督人又は検察官（公益的理由による）が行うことができる。

(2)　審判の手続

　　条文上「審判をすることができる」（7条）とされているが、判例は、旧法下における禁治産宣告について必ず宣告すべきものとしていた。成年後見開始の要件を充たす者の保護の必要性は旧法から変わらないことから、審判開始は必要的であると解されている。

(3)　審判の効果

　　成年被後見人の行為は原則として常に取り消すことができる（9条本文）。単独で行った行為はもちろん、成年後見人の同意を得て行った行為も取り消すことができる（通説）。同意を得たとしても、必ずしも同意を与えた成年後見人の指示通りに行為を行うことは期

□身分上の行為については、成年被後見人も、意思能力がある限り、単独で有効に行うことができる。

待できないからである。

一方、成年被後見人の行った日用品の購入その他日常生活に関する行為は取り消すことができない（9条ただし書）。これは成年被後見人の自己決定権を尊重するとともに、この者が社会から不当に排除されないようにする趣旨である。

(4) 後見人の地位・権限

成年被後見人の保護者は成年後見人である（8条）。成年後見人は、成年被後見人の財産の管理及び財産上の法律行為を代表する（859条）。

□法人も成年後見人となることができる（843条4項）。

□859条の「代表」は代理の意味である。

(5) 審判の取消し

本人の能力が回復したときは、家庭裁判所は、本人、配偶者、4親等内の親族、後見人（未成年後見人・成年後見人の双方）、後見監督人（未成年後見監督人・成年後見監督人の双方）又は検察官の請求により、後見開始の審判を取り消さなければならない（10条）。取消しの効果は将来に向かって生ずる。

6 被保佐人

(1) 意義

被保佐人とは、精神上の障害により事理を弁識する能力が著しく不十分である者で、家庭裁判所によって保佐開始の審判を受けた者である（11条）。「著しく不十分」とは、意思能力はあるが財産管理に関する判断能力が平均より著しく低いことをいう。

保佐開始の審判の請求は本人・配偶者・4親等内の親族・後見人・後見監督人・補助人・補助監督人又は検察官が行うことができる。

(2) 審判の手続

条文上「審判をすることができる」（11条）とされているが、判例は、旧法下における準禁治産宣告について必ず宣告すべきものとしていた。成年後見の場合と同様に、保佐開始の要件を充たす者の保護の必要性は旧法から変わらないことから、審判開始は必要的であると解されている。

(3) 審判の効果

被保佐人が、保佐人の同意を得ないで民法に定める重要な財産行為を単独で行ったときは、これを取り消すことができる（13条4項）。その他の財産行為及び身分行為については単独で有効にすることができる。

(4) 保佐人の地位・権限

被保佐人の保護者は、保佐人である（12条）。保佐人には、被保佐人の財産を管理あるいは代理する権限は原則としてない。

一方、保佐人には同意権がある（13条）。同意権を通して被保佐人の財産行為をコントロールするのである。

(5) 保佐人の同意を要する行為

13条1項各号に規定があり、例えば借財・保証（13条1項2号）、不動産・重要な財産に関する行為（3号）、贈与・和解・仲裁合意をすること（5号）、相続の承認・放棄・遺産分割（6号）などが挙げられる。

(6) 審判の取消し

成年被後見人の場合と同様の手続であるが、取消しを請求できる者の範囲は異なる（14条）。

7 被補助人

(1) 意義

被補助人とは、精神上の障害により事理を弁識する能力が不十分である者で、家庭裁判所によって補助開始の審判を受けた者をいう（15条1項）。法は、従来の準禁治産の要件たる心身耗弱とまではいえないが精神的能力が低下している状態（ex. 軽度の認知症や知的障害）を予定しているものと解される。

補助開始の審判の請求は、本人・配偶者・4親等内の親族・後見人・後見監督人・保佐人・保佐監督人又は検察官が行うことができる。なお、本人保護の見地から本人以外の者の請求により補助開始の審判をするには本人の同意が必要とされる（15条2項）。

(2) 審判の手続

条文上「審判をすることができる」（15条1項）とされているが、補助開始の要件を充たす者の保護の必要性に鑑み、審判開始は必要的であると解されている。

(3) 審判の効果と補助人の地位・権限

補助開始の審判がされると、家庭裁判所により補助人が選任される（16条、876条の7）。この補助人に対しては、家庭裁判所は補助開始の審判と同時に（15条3項）、①特定の法律行為（13条1項に定めた行為の一部に限定される。）について同意権を付与し（17条1項）、又は②特定の法律行為について代理権を付与する（876条の9第1項）審判をすることができる。なお、いずれの場合にも、本人保護の見地から、本人以外の者の請求によりこれらの審判をするには本人の同意が必要とされる（17条2項、876条の9第2項）。

そして、①の場合には、被補助人は同意なしに当該法律行為をすることができなくなり、同意なしにした場合には取り消すことができる（17条4項）。この場合、補助人には取消権（120条）・追認権

□もっとも、民法は一定の者の請求により、家庭裁判所が保佐人に特定の法律行為についての代理権を付与する旨の審判をすることができる旨規定した（876条の4第1項）。なお、本人の利益保護の見地から、本人以外の者がこの審判請求をした場合、代理権付与には本人の同意が必要とされる（876条の4第2項）。

□(5)について、被保佐人の利益を害するおそれがないにもかかわらず、保佐人が同意を与えようとしない場合については、被保佐人保護の見地から、被保佐人は家庭裁判所に対し「同意に代わる許可」を求めることができる（13条3項）。

□被補助人の利益を害するおそれがないにもかかわらず、補助人が同意を与えようとしない場合については、被補助人保護の見地から、被補助人は家庭裁判所に対し「同意に代わる許可」を求めることができる（17条3項）。

（122条）が認められる。②の場合には、被補助人の行為能力に制限は存しない。

(4) 審判の取消し

成年被後見人や被保佐人の場合と同様の手続であるが、取消しを請求できる者の範囲は異なる（18条1項）。補助人への権限付与の一部を取り消すことも認められる（18条2項）。もっとも、同意権及び代理権双方の全てを取り消す場合には補助開始の審判そのものを取り消さなければならない（18条3項）。

8 制限行為能力者と取引をした相手方の保護

(1) 相手方の催告権（20条）

制限行為能力者（未成年者、成年被後見人、被保佐人及び17条1項の審判を受けた被補助人）と取引をした相手方は、当該取引を解消されるかもしれないという不安定な地位にあるが、この相手方は詐欺や強迫による取消権者の相手方（すなわち詐欺、強迫を行った者）と比べ、特に保護する必要があることから、民法は催告権を与えて、法律関係を速やかに確定することを可能にした。

催告の内容は、1か月以上の期間を定め、当該取引を追認するか否かを確答せよというものであり、法は催告の相手方及び催告に対して期間内に確答がなかった場合の効果について詳細な定めを設けている。

ア　催告の相手方は、催告を受領する能力（98条の2参照）を有し、取消し又は追認をすることができる者（120条1項、124条）に限られる。

イ　制限行為能力者が確答を発しなかったときは（発信主義～97条1項の例外）、催告を受けた者が単独で追認できる場合なら追認、そうでない場合なら取消しとみなされる。

ウ　「特別の方式を要する行為」（20条3項）とは、後見人が後見監督人の同意を得て追認すべき場合を意味する。

(2) 制限行為能力者の詐術による取消権の排除（21条）

ア　意義

制限行為能力者を行為能力者であると信じた取引の相手方を保護することによって取引の安全をはかり、また、詐術を用いた制限行為能力者に対する制裁を加えたものである。

イ　要件

① 「行為能力者であることを信じさせるため」

行為能力者であることを信じさせる目的をもってしたことを要するが（判例）、保護者（法定代理人・保佐人・補助人）の

□制限行為能力者と取引をした相手方を保護するための制度としては、後述する法定追認（125条）や取消権の短期消滅時効（126条）も挙げることができる。

　　　　同意があったものと誤信させようとした場合も含む。
　　② 「詐術を用いた」こと
　　　　判例は、当初、積極的に詐欺の手段を用いることを要件としたが、やがて積極性を要求しなくなり、その後、次第に要件を緩和してきている。これは、制限行為能力者制度の弊害を緩和して、できるだけ取引の安全をはかろうとしたものである。
　　③ 相手方が行為能力者であると信じ、若しくは同意権者の同意があったものと信じたこと
　　　　相手方の過失の有無は問題とならないとするのが通説である。
　ウ　制限行為能力者であることの黙秘
　　ａ．被保佐人・被補助人の場合
　　　　21条は相手方を保護するための規定であること、今日取引の安全の要請はさらに強まっていることを考えると、21条の詐術概念は拡大して解釈されなければならない。しかも、被保佐人・被補助人は外見上行為能力者と変わらないのであるから、単に制限行為能力者であることを黙秘していただけでは詐術に当たらないが、それが他の言動などとあいまって相手方の誤信を強めたような場合には詐術に当たると解すべきである(判例・通説)。
　　ｂ．未成年者の場合
　　　　未成年者は外見上制限行為能力者であると分かりやすく、また、被保佐人・被補助人よりも要保護性が強いといえるから、単に制限行為能力者であることを黙秘していただけでは詐術に当たらず、さらに積極的な術策を用いた場合にはじめて詐術に当たると解すべきである。
　エ　詐術と詐欺（96条）との関係
　　　制限行為能力者の詐術は行為能力に関するものであり、必ずしも相手方の財産的処分意思を決定するものではないため、この詐術が行われたことをもって当然に詐欺（96条）による取消しが認められるものではないものと解されている。

第3節　失踪の宣告

失踪の宣告

(1) 意義

失踪の宣告は、不在者の生死不明の状態が継続した場合に、家庭裁判所の宣告によりその不在者の死亡を擬制して、従来の住所を中心とする法律関係を確定させる制度をいい（30条～32条）、その趣旨は、不在者の遺族や債権者など利害関係人の法律関係の安定をはかる点にある。

□不在者とは、従来の住所又は居所を去って、容易に帰ってくる見込みのない者をいう。

(2) 要件（30条）

① 実質的要件…失踪期間の経過
- 普通失踪の場合…7年間生死不明であること
- 特別失踪の場合…危難が去った後1年間生死不明であること

② 形式的要件…家庭裁判所への利害関係人の請求

□普通失踪とは、一般の生死不明の場合をいい（30条1項）、特別失踪とは、戦争や船舶沈没など危難による生死不明の場合をいう（30条2項）。

(3) 効果

失踪の宣告を受けた者は、普通失踪の場合は、(2)①の期間が満了した時に、特別失踪の場合は、その危難が去った時に、死亡したものとみなされる（31条）。その結果、婚姻は解消して再婚できるし、相続が開始する。

(4) 取消し

ア　要件

① 実質的要件…失踪者が生存すること又は死亡とみなされた時と異なる時期に死亡したことが証明された場合

② 形式的要件…家庭裁判所への本人又は利害関係人の請求

イ　効果

取消しの審判が確定すると、原則としてはじめから失踪宣告がなかったのと同じ効力を生ずる（遡及効）。しかし、失踪宣告を信頼した残存者（配偶者、相続人、取引の相手方）を保護するために、次の例外がある。

a．失踪の宣告後、取消し前に善意でした行為は取消しにかかわらず効力を妨げられない（32条1項後段）。ここにいう善意とは、失踪宣告が事実と異なるのを知らないことである。

b．失踪宣告を原因として直接財産を得た者は、その取消しにより権利を失うが、「現に利益を受けている限度」で返還すれば足りる（32条2項）。なお、同項は財産取得者の善意・悪意を区別していないが、衡平の見地から同項は善意の場合に限り適用されるとする見解が有力である。

第3章 法人

1 法人の意義

(1) 意義
　法人とは、自然人以外で権利能力（法人格）が認められたものをいう。法人を構成する個人の側からみれば、法人は匿名性と責任制限（有限責任の法人の場合）とを作る法技術といえる。

(2) 種類

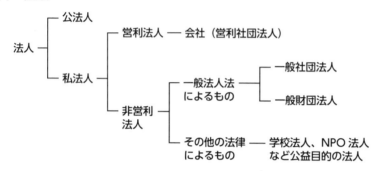

> □一般社団法人及び一般財団法人に関する法律（一般法人法）に基づいて設立された一般社団法人及び一般財団法人のうち公益活動をしているものについては、公益社団法人及び公益財団法人の認定等に関する法律（公益法人認定法）の定める公益認定を受けることにより公益社団法人、公益財団法人となることができる。

ア　公法人とは、国家的・公共の事務を遂行することをその目的とし、公法に基づいて成立した法人（例：国、地方公共団体）をいい、私法人とは、私人の自由な意思決定による事務のために、私法に基づいて設立された法人をいう。

イ　営利法人とは、営利（対外的な活動によって得た利益を剰余金や残余財産として構成員に分配すること）を目的とする法人をいい、非営利法人とは、営利を目的としない（社団法人における社員又は財団法人における設立者に剰余金又は残余財産の分配をしない）法人をいう。

> □学校法人については学校法人法、NPO（特定非営利活動）法人については特定非営利活動促進法（NPO法）がそれぞれ制定されている。

ウ　社団法人とは、私法人のうち、その実体が社団（一定の目的で構成員が結合した団体）にあるものとして構成された法人をいい、財団法人とは、私法人のうち、その実体が財団にあるものとして構成された法人をいう。

エ　公益法人とは、学術、技芸、慈善、祭祀、宗教その他の公益のみを目的とし、営利を目的としない法人をいう。

(3) 法人に関する民法の規定の変遷
　かつては、民法が法人一般に関する原則と公益法人の設立・運営・解散について規定する一方、営利法人（会社）については商法が規定していた。このため、公益も営利も目的としない中間的団体は、これを法人とする法律（ex.労働組合法）がある場合のほかは法人となることができず、全て権利能力なき社団として扱われていたが、

> □社団法人と組合の差異
> 　組合は法人ではないが、一つの人的団体であって、組合員相互間の組合契約（667条）によって成立する。組合は、団体であっても団体性が弱く、構成員（組合員）の個性が濃い団体である。従って、組合の活動は原則として組合員全員によって行われ、その法律効果も全員に帰属する。また、組合の財産は全員が共有し、債務も組合員が直接責任を負う。

平成13（2001）年に成立した中間法人法により、社員に共通する利益を図ることを目的とし、かつ、剰余金を社員に分配することを目的としない社団にも法人格を取得する途が開かれることとなった。そして、平成18（2006）年に一般社団法人及び一般財団法人に関する法律（一般法人法）が成立し（平成20（2008）年12月1日施行）、非営利の社団・財団については、これまで中間法人法で規定されていたものも含め、事業の公益性の有無にかかわらず、同法の定める手続を行うことにより法人格が与えられることとなる一方、民法の法人に関する規定の中で、法人の設立・運営・解散に関する規定が削除された。

(4) 法人の成立と能力

　ア　法人の成立

　　法人は、民法その他の法律の規定によらなければ成立しない（法人法定主義、33条1項）。公益法人、営利法人その他の法人の設立、組織、運営及び管理については民法その他の法律の定めるところによる（33条2項）。

　イ　法人の能力

　　法人は、法令の規定に従い定款その他の基本約款で定められた目的の範囲内において、権利を有し、義務を負う（34条）。

2 権利能力（法人格）なき社団・財団

(1) 意義

　権利能力（法人格）なき社団とは、その実体が社団であるにもかかわらず、法人格を有しないものをいう（ex. 設立中の会社、町内会、同好会等の公益も営利も目的としない中間的な社団）。

　権利能力（法人格）なき財団とは、その実体が財団であるにもかかわらず、法人格を有しないものをいう（ex. 設立中の財団法人）。以下は権利能力なき社団の要件と法的取扱いにつき概説する。

(2) 要件

　社団においては、構成員の人数が多くその個性も稀薄であり、社団は構成員から独立して存在することになる。従って、権利能力なき社団といえるためには、①団体としての組織を備え、②多数決の原則が行われ、③構成員の変更にかかわらず団体が存続し、④その組織において、代表の方法、総会の運営、財産の管理等団体として主要な点が確定しているものでなければならない（判例）。

(3) 法的取扱い

　ア　社団法人において団体に構成員とは別個独立の法人格が付与されるのは、団体が構成員から独立して存在し、社会において一定

□法人の設立については、かつて公益法人について採用されていた許可主義のほか、認可主義（学校法人等）、認証主義（NPO法人等）の規律があるが、一般社団法人、一般財団法人、営利法人（会社）については、法律で定める条件を備えて登記をすれば法人格が認められる準則主義が採用されている。

□民事訴訟法においては、「法人でない社団又は財団

の役割を担っているため、権利能力を付与するだけの社会的価値があるからであり、そうであれば、権利能力なき社団についても、その実体は社団法人と異ならない以上、できる限り社団法人に関する規定を類推適用すべきであると解されている。

イ　積極財産

　権利能力なき社団は、権利能力がないため財産の帰属主体となることはできないが、上記の点から、できる限り社団法人に準じた取扱いが望ましく、その資産は、社団の構成員に総有的に帰属するものと解されている（総有説、判例・通説）。このため社団の構成員各自は、共有持分権や財産分割請求権を持たないことになる。

　なお、この点に関連して、権利能力なき社団の構成員に総有的に帰属する不動産の公示方法が問題となるが、判例は、社団の登記能力を否定し、社団の代表者が社団構成員からの受託者としての地位において個人名義で登記するか、社団構成員全員の共有名義で登記するほかないものと解している。

（理由）

① 権利能力なき社団自身が私法上の権利義務の主体となることはなく、不動産についても社団がその権利の主体となったり、登記名義を得たりすることはできない。

② 権利能力なき社団には、法人と異なり、その存在を公証する方法も、登記申請の真正を担保する方法（ex. 印鑑証明）もなく、仮に登記を認めると、登記官が形式的審査権しかもたない現行法の下では、虚無人名義の登記の発生を許し、強制執行や滞納処分を免脱するために利用されるおそれがある。

ウ　消極財産

　代表者が社団の名においてした取引上の債務（負債）についても、社団の構成員に総有的に帰属し、構成員各自は取引の相手方に対して直接には個人的責任を負わない（総有説、判例・通説）。

で代表者又は管理人の定めがあるものは、その名において訴え、又は訴えられることができる。」（29条）としてこれらに当事者能力を認めている。これは、権利能力（法人格）がない社団や財団であっても、実社会においては紛争の主体となる場合があることに鑑みて規定されたものである。

第4章 物

1 物の意義

85条は、「この法律において「物」とは、有体物をいう。」と規定する。有体物とは、空間の一部を占め有形的存在を有するものをいうとする説（有体性説）が通説である。

2 民法による物の分類

	意味	備考
不動産	土地及びその定着物（86条1項） ＊建物は土地の定着物に当たるが土地とは独立した不動産として取引の対象となる（不動産登記法2条5号参照）。	公示方法（177条、178条）、即時取得の対象となるか否か（192条）につき違いがある。
動産	不動産以外の物（86条2項）	
主物	従物によって、効用を助けられる物	
従物	独立の物でありながら客観的・経済的には主物に従属して、その効用を助ける物（ex. 家屋内の畳、襖、障子） ＊主物と同一の所有者に属することを要する（通説）。	従物は主物の処分に従う（87条2項）。
元物	果実を生ずる物	天然果実と法定果実がある（88条）。
果実	元物から生ずる収益	

□ 従物の要件は、①主物の常用に供されること、②主物に附属していること、③独立の物であること、④主物の所有者が所有することである。

□ 主物・従物の規定は、権利の結合の場合（ex. 貸金の元本債権と利息債権は、それぞれ主たる権利、従たる権利である。）にも類推適用される。

□ 天然果実とは、元物の経済的用法に従い収取する産出物をいう（88条1項。ex. 桃の木から産出された桃）。天然果実は、その元物から分離する時にこれを収取する権利を有する者に帰属する（89条1項）。
　法定果実とは、物の使用の対価として受けるべき金銭その他の物をいう（88条2項。ex. 賃料）。法定果実は、これを収取する権利の存続期間に応じ日割計算により取得される（89条2項）。

第5章　法律行為

第1節　総則

1 法律行為

(1) 意義

法律行為とは、意思表示を要素とする法律要件をいう（cf. 不法行為）。

□不法行為は損害賠償請求権の発生という法律効果を生じさせる法律要件である（709条）が、意思表示はその要素とされていない。

(2) 分類

単独行為…単一の意思表示により構成される法律行為をいう。
契　　約…対立する二つ以上の意思表示の合致により成立する法律行為をいう。
合同行為…数人が共同して同一目的に向かってする意思表示の結合によって成立する法律行為をいう。

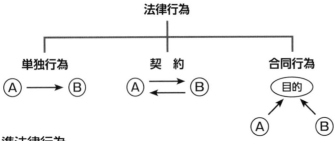

□単独行為は、さらに相手方のある単独行為（ex. 取消し（123条）、解除（540条））と相手方のない単独行為（ex. 遺言（960条〜））に分類される。

□合同行為の例としては、社団法人の設立が挙げられる。

(3) 準法律行為

法律効果を発生させる行為のうち、何らかの意思的要素を伴うが効果意思は伴わない（この点が法律行為と異なる）ものを準法律行為といい、一定の意識内容を表現するもの（表現行為（狭義の準法律行為））とそうでないもの（非表現行為）に分類される。以下の意思の通知と観念の通知は前者に該当し、法律行為に準じた取扱いがされる。

ア　意思の通知：意思を伝えるものではあるが、意思に対応した法律効果が発生するわけではなく、法の定める法律効果が発生するに過ぎないもの（ex. 催告（20条、150条、541条等））。

イ　観念の通知：一定の事実の通知（意思表示はおろか意思の通知ですらない）に対して法の定める法律効果が発生するもの（ex. 債権譲渡の通知（467条））。

□非表現行為には先占（239条1項）、遺失物拾得（240条）、事務管理（697条1項）などがある。

(4) 内容についての有効要件

① 確定性…法律行為は、その内容が確定できるものでなければならない。

② 適法性…法律行為の内容が強行規定や公序良俗（90条）に反するときは、当該法律行為は無効である。

2 公序良俗

事例 1-2

XはYに対し、商標登録を受けている有名ブランド品のデッドコピーであることを明示した上でバッグ100個を代金200万円・前払の約束で販売したが、Yが支払期限を過ぎても代金を支払わないため、XはYに対し200万円の支払を請求した。この場合、YがXの請求を拒むためには、どのような主張ができるか。

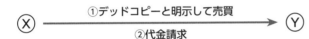

(1) 意義

公の秩序又は善良の風俗（公序良俗）に反する法律行為は無効である（90条）。ここにいう「公の秩序」とは、元来は国家社会の一般的利益を指し、「善良の風俗」とは社会の一般的道徳観念を意味する。しかし、今日では両者を区別する必要はないとされ、両者を合わせて社会的妥当性という意味で用いられている（通説）。

(2) 動機の不法

動機が相手方に表示（黙示でもよい）された場合に限り、法律行為も違法性を帯び、公序良俗に反し無効となるとする説（表示説）が判例・通説である。

（理由）

動機が表示されないときに無効とすると動機は外部からは容易に知り得ないため、取引の安全を害する。

(3) 効果

公序良俗違反の法律行為は無効である（90条）。その無効は絶対的無効であり、追認は許されない。公序良俗違反の行為が履行された場合には、原則として原状回復が許されない。すなわち、不法原因給付（708条）となる。

3 強行規定

強行規定とは、公の秩序に関する規定である。すなわち、当事者の

□ 法律行為の内容についての有効要件と債権の目的たる給付の要件とは重なり合う（第3編第1章参照）。

□ 強行規定に反しないことを適法性、公序良俗に反しないことを社会的妥当性と称する整理の仕方もあるが、本書ではそれらを包括して適法性と称している。

□ 法律行為の当事者に関わる有効要件としては、①意思能力・行為能力があること、②意思表示の時点で意思が欠けていたり（意思の不存在）、意思表示に瑕疵があったりしないこと、③代理人を使って法律行為をする場合に、代理人に代理権があり、代理権の範囲で代理行為がされること、④法人の場合、権利能力があること、及び代表者に代表権があることが挙げられる。なお、③及び法人の代表者に代表権があることについては有効要件と区別して効果帰属要件と呼ぶことがある。

合意により法と異なる定めをすることが許される任意規定と異なり、強行規定は当事者の意思により左右されることなく適用される規定である。強行規定に反する法律行為は無効である。

　何が強行規定であり、又は任意規定であるかは、各規定の趣旨に則り、個別に検討するほかないが、民法の規定を大まかに分類すると、第三者の利害に重大な影響を与える事項を定める総則、物権法、及び身分法の規定の多くは強行規定であり、契約自由の原則が妥当する債権法（契約法）の規定の多くは任意規定であると解されている。

4 法律行為の解釈

　法律行為の内容の確定性は、法律行為の有効要件の一つであるが、実際には、法律行為はその内容が不明確であることが多く、このような場合、裁判官はその法律行為を解釈して内容を確定する必要がある。また、法律行為に不完全な点があれば、裁判官は合理的判断により、内容を補充する必要があり、仮に完全であっても、それが不合理である場合には法律行為の効力を否定し、又はその内容を修正しなければならない。

> **解説　事例1－2**
>
> 　有名ブランド品のデッドコピーであることを明示した上でされたバッグの売買契約は公序良俗違反（商標権侵害又は不正競争行為であって犯罪行為であるため公の秩序に反する）として無効であるから代金を支払う義務はないとの主張ができる（90条）。

□本文の事例とは異なり、Yが代金を先払いしたが、後になってこれを取り返したくなった場合、YはXに対し、売買契約が無効である以上、先払いした代金は不当利得（703条）となるとしてその返還を求めることができるかについては708条（不法原因給付）の解説参照。

第2節　意思表示

1 意思表示

(1) 意義

意思表示とは、人（表意者）が法律効果の発生を欲する意思を外部に表示する行為をいう。意思表示が行われると、個別の規定が定める要件を具備する限り、表意者が表示した意思のとおりの法律効果が発生する。

(2) 意思表示の成立

意思表示は、意思表示をさせた理由（動機）に基づいて効果意思（法律効果の発生を欲する内心の意思。内心的効果意思ともいう。）が形成され、この効果意思を外部に表示しようとする表示意思を介して外部に表示される（表示行為）。

動機 → 効果意思 → 表示意思 → 表示行為

(3) 意思の不存在・瑕疵ある意思表示

意思の不存在とは、表示行為と効果意思の不一致をいい、心裡留保（93条）、虚偽表示（94条）、錯誤（95条）のうち表示行為の錯誤がこれに当たる。

瑕疵ある意思表示とは、表示行為と効果意思は一致しているが、効果意思の形成過程（動機）に瑕疵がある場合をいい、詐欺・強迫（96条）がこれに当たる。

＜意思の不存在に関する民法の取扱い＞

	原則	例外
心裡留保 （93条）	有効 （表示主義）	相手方が悪意又は善意有過失の場合は無効主張できる（意思主義） ＊さらにその例外として、善意の第三者に対しては無効を対抗できない（表示主義）
虚偽表示 （94条）	無効 （意思主義）	善意の第三者に対しては無効を対抗できない（表示主義）
錯誤 （95条）	錯誤が法律行為の目的及び取引上の社会通念に照らして重要なものである場合は取消し可 （意思主義）	①錯誤が表意者の重大な過失によるものであった場合は原則として取消しをすることができない。また、②善意無過失の第三者に対しては取消しを対抗できない（表示主義） ＊さらに①の例外として、相手方が表意者に錯誤があることを知り、若しくは重大な過失によって知らなかった場合、又は相手方が表意者と同一の錯誤に陥っていた場合は取消し可

□意思の不存在・瑕疵ある意思表示の取扱いについては、効果意思を尊重する意思主義と、表示行為を尊重する表示主義の2つの立法主義がある。

□この表にいう錯誤は表示の錯誤（意思表示に対応する意思を欠く錯誤（95条1項1号））を念頭に置いている。動機の錯誤（表意者が法律行為の基礎とした事情についてのその認識が真実に反する錯誤（同項2号））は意思の不存在ではない点に注意。

<瑕疵ある意思表示に関する民法の取扱い>

	原 則	例 外
詐欺 (96条)	取消し可 （意思主義）	善意無過失の第三者に対しては取消しを対抗できない（表示主義）
強迫 (96条)	取消し可 （意思主義）	なし

2 心裡留保

【図解】

(1) 意義

心裡留保とは、表意者自身が表示行為に対応する効果意思がないことを知りながらする単独の意思表示をいう。

(2) 効果

ア　原則として有効である（93条1項本文）。これは、表示行為に対応する効果意思がないことを知っていた表意者を、相手方を犠牲にしてまで保護する必要はないため、取引の安全の見地から、表示どおりの効果を認めたものである。

イ　例外として、相手方が意思表示を受けた時点で、相手方がその意思表示が表意者の真意ではないことを知り（悪意）、又は知ることができたとき（善意有過失）は、その意思表示は無効とされる（93条1項ただし書）。このような場合には、本人の真意に反する法律効果を認めてまでも保護すべき利益が相手方に存しないからである。

ウ　例えば甲が乙に対し心裡留保による意思表示をしたところ、乙が悪意であるため93条1項ただし書により甲乙間の意思表示が無効となる場合であっても、これを善意の第三者丙に対抗できない（93条2項）。常に無効を貫くと取引の安全を害する結果となり妥当でないからである。従って、【図解】の例で丙が善意の場合、甲は93条1項ただし書による無効を理由にX特許権を取り戻すことはできない。

□「知ることができた」とは、取引界の通常人の注意をもってすれば知ることができた場合をいう。

3 通謀虚偽表示

事例 1-3

乙株式会社は、その営む事業の将来性を良く見せて金融機関から融資を得るために、A特許権を保有する甲に事情を説明した上で甲と仮装の特許権譲渡契約を締結し、移転登録を行った（以下の(1)と(2)はそれぞれ独立した問いである。また、登録に関する具体的な手続については触れなくてよい。）。

(1) 首尾良く金融機関からの融資を受けることに成功した乙社は、甲乙間の上記事情を知っている丙に対しA特許権を譲渡し、移転登録がされた。この場合、甲は丙からA特許権を取り戻すために、いかなる法的主張をすることが考えられるか。

(2) 首尾良く金融機関からの融資を受けることに成功した乙社は、甲乙間の上記事情を知らない丁に対しA特許権を譲渡し、移転登録がされた。この場合、甲からA特許権の返還を求められた丁としては、いかなる反論をすることが考えられるか。

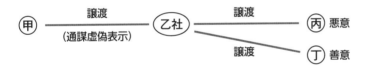

(1) 意義

通謀虚偽表示とは、相手方と通謀して行う真意でない意思表示をいう。

(2) 効果

ア 虚偽表示は原則として無効である（94条1項）。当事者双方が表示どおりの法律効果を発生させないことを合意している以上、これに法的拘束力を与える必要はないからである。

イ 虚偽表示の無効は善意の第三者に対抗することができない（94条2項）。意思表示の外形を信じて取引関係に入った者を保護する必要があるとともに、虚偽の外形を作出した表意者がその権利を失ってもやむを得ないからである（外観法理）。ここに善意とは、第三者たる地位を取得した時点において、先行する法律行為にかかる意思表示が虚偽表示であることを知らないことをいう。一方、94条2項は「対抗することができない」と定めていることから、第三者から当事者に対して無効を主張することは妨げられない。

(3) 94条2項の「第三者」

94条2項の「第三者」とは、虚偽表示の当事者及びその包括承継人以外の者で、虚偽表示によって生じた法律関係に基づき、新たな法律上の利害関係を取得した者をいう。

ア 判例上「第三者」に当たるとされた例
　ａ．不動産の仮装譲受人から当該不動産を譲り受けた者
　ｂ．不動産の仮装譲受人から当該不動産につき抵当権の設定を受けた者
　ｃ．仮装債権を譲り受けた者
　ｄ．仮装譲受人の単なる金銭債権者であるが虚偽表示の目的物に対して差押えをした者（差押債権者）

イ 判例上「第三者」に当たらないとされた例
　ａ．仮装譲受人の単なる金銭債権者
　　（理由）
　　債権者としては、仮装譲受人の一般財産に関心があるのであって、個別的なその目的物に関心があるわけではない。
　ｂ．虚偽の債権譲受人から取立のために債権を譲り受けた者
　　（理由）
　　虚偽表示者から独立した利益を有する法律関係に入ったとはいえない。
　ｃ．代理人や法人の代表機関が虚偽表示をした場合の本人や法人
　　（理由）
　　虚偽表示から独立した利益を有する法律関係に入ったとはいえない。
　ｄ．債権が仮装譲渡された場合の債務者

ウ 転得者（直接の第三者からさらに譲り受けた者）は「第三者」に含まれるかが問題となるが、転得者も94条2項の第三者に含まれると解するのが判例・通説である。
　（理由）
　① 第三者に含まれないとすると、転得者はその前者に担保責任を追及することになり、法律関係が複雑になる。
　② 転得者であっても虚偽表示によって作出された外形（直接の第三者が正当に権利を取得したこと）を信頼することはありうるのだから、これを保護すべきである。

エ 直接の第三者が善意で転得者が悪意のとき、転得者は保護されるか。
　ⅰ）絶対的構成説

□判例・通説は、本文のように、虚偽表示の場合、転得者も94条2項の「第三者」に含まれるとする一方、表見代理（110条）の場合、転得者は「第三者」に含まれないとする。このような違いは各場合における信頼の対象の違いによるものである（第3節4(5)ウｂⅰ)説の理由参照）。

94条2項によって、善意の第三者が絶対的、確定的に権利を取得した以上、その第三者から譲り受けた転得者は悪意であっても保護される。

(理由)
① 法律関係の早期安定をはかるべきである。
② 相対的構成説によれば、悪意の転得者が権利者から目的物を追奪されたときは、売主である第三者に担保責任を問いうることになり、善意者保護の意味が失われる。
③ 相対的構成説によれば、権利を譲り受けようとする者が調査すればするほど悪意とされる可能性が高くなり、不公平である。
④ 第三者は善意者に譲渡する以外に処分する方法がなくなるから、94条2項により保護した第三者の目的物を譲渡する利益が制約される。
⑤ 相対的構成説のいう藁人形の存在に対しては、信義則による権利主張制限を認めれば足りる。

ⅱ) 相対的構成説

善意の第三者が出現しても、転得者が悪意であれば、真の権利者から虚偽表示による無効を対抗される。

(理由)
① 絶対的構成説においては、悪意者が善意者をダミーとして取引過程に存在させることによって、有効に目的物を取得できるようになって不当である（藁人形の危険）。
② 善意の第三者は、自己の権利を有効に譲渡したのであり、転得者が権利取得を否定されるのは、自己が悪意であるゆえに94条2項により保護されないだけであって、権利の不存在により目的物を追奪された場合の売主の担保責任を持ち出すのは筋違いである。

オ 善意・悪意の判定時期

善意の判定は、虚偽表示とは別の原因により新たに法律上の利害関係を取得した時点を基準とする。

カ 第三者は善意で足りるか、無過失も要するか。

ⅰ) 無過失不要説（判例・通説）

(理由)
自ら虚偽の外形を作出した表意者の帰責性は大きく、相手方に無過失を要求すべきではない。

ⅱ) 善意・無過失説

□この点は前述した心裡留保（93条2項）、後述する錯誤（95条4項）、詐欺（96条3項）についても同様に考えられる。

□94条2項は文言上「善意の第三者」と規定されていることから問題となる。

（理由）

94条2項は外観法理（帰責的に作出された外観を信頼した者がいる場合に、その外観どおりの法律効果を認めようとする法理）に基づく規定であり、他の外観法理と同様に無過失を要求すべきである。

解説　事例1－3

(1) 甲は、本件契約にかかる意思表示が通謀虚偽表示（94条1項）により無効であって、これにより本件契約も無効であることを理由に、甲は依然としてA特許権を保有していると主張することが考えられる。甲乙間の契約が無効であれば乙社は無権利者であり、乙社と譲渡契約をした丙もまた無権利者であることになるから、甲は丙からA特許権を取り戻すことが可能となる。

(2) 丁は、94条2項の「善意の第三者」に当たることを主張して甲の請求を拒むことが考えられる。丁は、虚偽表示の当事者及びその包括承継人以外の者であり、虚偽表示によって生じた法律関係（甲乙間の譲渡契約により乙社が権利を取得したこと）に基づき、新たな法律上の利害関係を取得した者（乙社から権利を取得した者）であるから同項の「第三者」に当たる。

(4) 94条2項類推適用

事例 1－4

特許権γを保有するAは、税務署の滞納処分を免れるため、形式上特許権γの名義を友人Bに移転し、移転登録を行った。その後Bは、第三者Cに対し特許権γを譲渡し、移転登録がされた。

Cは、Aが特許権γを実施しているため、Aに対し特許権侵害である旨警告した。

AがCに対して、Cが真の特許権者ではないことを理由にその権利行使を拒めるのはどのような場合か。

Ⓐ ---形式上名義移転--→ Ⓑ ──譲渡──→ Ⓒ
特許権γ

虚偽の意思表示がされていない場合や虚偽の意思表示がされたが通謀がされていない場合にも、取引安全の見地から、94条2項が

□外観法理の現れである表見代理（109条、110条、112条）や受領権者としての外観を有する者に対する弁済（478条）における保護事由は善意無過失が要求されている。この点、たしかに外観法理の適用要件は①虚偽の外観、②（外観作出に関する）帰責性、③保護事由の3つであるが、具体的場合により、帰責性の程度や保護事由（善意で足りるか無過失も要するか）は異なって然るべきであり、帰責性が大きければ保護事由は緩やかでよい一方、帰責性が小さければ保護事由は厳格に求められると解するのが一般的な理解であることから、無過失不要説が判例・通説となっている（なお、後記判例による94条2項類推適用の例②参照）。

□94条2項の適用については対抗要件の要否も問題となるが、本人と第三者の関係は前主・後主の関係にあり、対抗関係に立たないと考えられるから、対抗問題としての対抗要件（177条、178条）は不要である。また、虚偽の外観を作出した本人の帰責性は大きいから、第三者は保護要件としての対抗要件を具備することも不要である（判例・通説）。なお、対抗要件というと、対抗問題における優劣を決するためのもの (ex. 不動産の場合は登記（177条）、動産の場合は引渡し（178条））が想起されるが、これら登記や引渡しを受けていることが権利保護要件とされる場合がある (ex. 解除に関する545条1項の「第三者」として保護されるには、解除時に権利保護要件としての対抗要件（登記や引渡し）を備えることが必要であるとするのが通説である。）ことに注意。

類推適用される場合があると解されている。ここでは仮装登録の場合を例にそのロジックを説明する。

＜仮装登録と94条2項類推適用＞

仮装登録（AがA所有特許権の登録をB名義に移していたところ、これを奇貨としたBが善意のCに譲渡した）の場合の取扱いが問題となる。

前主たるBは無権利者であり、登録に公信力が認められない以上、Cは権利を取得しないのが原則である。また、AB間には通謀虚偽表示が存在しないから、94条2項を直接適用することもできない。

しかし、事情を知らなかったCが保護されないとするのは取引の安全を害し妥当でない。

そこで、94条2項を類推適用してCを保護すべきである。

（理由）

94条2項の趣旨は、帰責的に作出された外観を信頼した者がいる場合に、その外観どおりの法律効果を認めようとする外観法理に基づき、取引の安全を図る点にある。

とすれば、通謀の事実はなくとも、①虚偽の外観が存在し、②その作出につき権利者に帰責性が認められ、③第三者が虚偽の外観を信頼して取引関係に入った場合には、94条2項の趣旨が同様に妥当するから、同項の類推適用を認めるべきである。

□判例による94条2項類推適用の例
① 建物を新築したAがBの承諾を得てB名義で保存登記をし、その後Bが勝手にCに処分した場合に、94条2項の類推適用を認め、Cを保護した例。
② A所有不動産についてBに仮登記を与えたところ、BがAの印鑑を無断使用して本登記に改め、Cに処分した場合、94条2項、110条を重複して類推適用し、第三者の無過失という要件を加え、Cを保護した例。このような事案では、第三者の信頼した外形全体について本人側の帰責事由が認められるわけではないことから、保護要件として無過失まで要求したものと解される。

解説　事例1－4

CがAからBへの特許権移転が形式上のものであることについて悪意の場合である。

Aとしては、そもそもBに特許権を移転したことはなく（Bは無権利者である）、Bと譲渡契約をしたCもまた無権利者であると主張することが考えられるが、そうであっても、Cが94条2項の類推適用（そのロジックについては上記参照）により「善意の第三者」に当たれば、Aの請求は認められない。

従って、AがCに対して、Cが真の特許権者ではないことを理由にその権利行使を拒むのは、Cが、AからBへの特許権移転が形式上のものであることについて悪意の場合である。

4 錯誤

事例 1-5

　複数の特許権を保有するA株式会社は、B株式会社との間でA社の保有する特許権の売買契約を締結したが、A社は売買の対象とする意思のある特許権α、特許権βのほか、その対象とする意思のない特許権γについても誤って売買契約書に記載しており、この契約に基づきB社に対し各特許権の移転登録がされた。なお、特許権γにかかる発明はA社の主力商品に実施されている。

(1) この場合にA社が特許権γの売買の効力を否定するために考えられる主張及びこれに対するB社の反論として考えられる主張を述べよ。

(2) A社がB社に対し錯誤による意思表示の取消しの主張をした時点で、既にB社から、事情を知らない第三者（C株式会社）に対し特許権γが売却され、C社への移転登録もされていた場合、A社は特許権γを取り戻すことができるか。

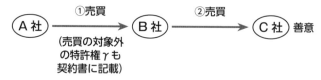

事例 1-6

　Y株式会社は、X株式会社の保有する甲特許権にかかる発明（甲特許発明）の実施品を製造販売することを計画し、X社にその旨を伝えた上で、甲特許権の通常実施権許諾契約を締結し、Y社はX社に対し実施料500万円（一括払）を支払ったが、契約締結後、甲特許発明は実施不能であることが判明した。

　この場合、Y社はX社に対し支払った実施料500万円の返還を求めることができるか。なお、実施不能であることについては契約締結時においてX社もY社も知ることができなかったものとする。

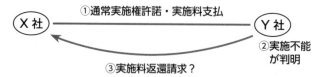

(1) 意義・態様

　錯誤とは、表意者がその真意と表示行為に食い違いがあることに気付かずに意思表示をすることをいい、その態様により①表示行為の錯誤（意思表示に対応する意思を欠く錯誤。95条1項1号）と②動機の錯誤（表意者が法律行為の基礎とした事情についてのその認識が真実に反する錯誤。同項2号）に分類される。①の錯誤には、表示上の錯誤（表示行為そのものに関する錯誤）と表示行為の意味に関する錯誤（内容の錯誤。表示行為の意味を誤解している場合）が含まれる。

　①②の錯誤に基づき意思表示がされ、その錯誤が法律行為の目的及び取引上の社会通念に照らして重要なものであるときは、表意者はその意思表示を取り消すことができる（同項柱書）。

□表示上の錯誤の例としては10万円を100万円と言い違えた場合が、表示行為の意味に関する錯誤（内容の錯誤）の例としては1万円と1万ユーロの価値を同じと考えて円のつもりでユーロと言った場合が挙げられる。一方、動機の錯誤の例としては、鉄道が敷かれるので値上がりすると思って土地を買ったが実際にはそのような計画はなかったという場合が挙げられる。

(2) 動機の錯誤

　動機の錯誤（95条1項2号）による意思表示の取消しは、表意者が法律行為の基礎とした事情について、法律行為の基礎とされていることが表示されていたときに限り、することができる（同条2項）。これは、錯誤の多くは動機の錯誤であり、表示行為の錯誤との区別も必ずしも明確でない場合もあることから、動機の錯誤についても一定の要件の下で取消しの主張を認めるべきであるが、動機は、通常、外形から知ることができないものであるから、表示を要求することによって、表意者保護と取引の安全を調和させたものである。

(3) 要件

① 錯誤に基づき意思表示がされたこと（因果関係）

　上記(1)①②の錯誤がなかったならば、表意者自身がその意思表示をしないであろうと認められるほどに錯誤と意思表示との間に因果関係があることが必要である（95条1項柱書）。

② 錯誤の客観的重要性

　錯誤が法律行為の目的及び取引上の社会通念に照らして重要なものである場合にのみ取り消すことができる（95条1項柱書）。これは、表意者にとって重要なものであればよいとすると取引の安全を害することから、錯誤が客観的に重要なものであることを

必要としたものである。

③　錯誤が表意者の重大な過失によるものであった場合、原則として、表意者は意思表示の取消しをすることができない（95条3項本文）。このような場合まで相手方の犠牲のもとで表意者を保護する必要はないからである。

但し、次の各場合には例外的に取消しが認められる。

ア　相手方が表意者に錯誤があることを知り、又は重大な過失によって知らなかったとき（同項1号）

　　落ち度がある相手方を保護する要請は低いからである。

イ　相手方が表意者と同一の錯誤に陥っていたとき（同項2号）

　　当事者が互いに誤解していた以上、法律行為の効力を維持して相手方を保護する要請は低いからである。

□重大な過失（重過失）とは、単なる過失（軽過失）と異なり、注意義務を欠く程度が著しいことである。具体的には表意者の職業、行為の種類・目的に応じて判断される。

(4) 効果

ア　錯誤による意思表示は、原則として取り消すことができる（95条1項柱書）。

イ　錯誤による意思表示の取消しは、善意無過失の第三者に対抗することができない（95条4項）。善意無過失の第三者を保護し、取引の安全をはかる趣旨である。

　ａ．95条4項の「第三者」の意味

　　　95条4項の「第三者」とは、錯誤による意思表示の当事者及びその包括承継人以外の者で、錯誤による意思表示によって生じた法律関係に基づき、新たな法律上の利害関係を取得した者をいうものと解される。

　　　95条4項は取消しの遡及効（121条）により影響を受ける第三者を保護するために、一定の保護要件を備えた第三者については取消しの遡及効を制限することを目的とするから、錯誤に基づく取消し前に利害関係を取得した者は95条4項の第三者に当たるが、取消し後に利害関係を取得した者は第三者に当たらないと解される。

　ｂ．「対抗することができない」の意味

　　　錯誤による意思表示をした者がこれを取り消すと、法律行為は遡及的に無効となる（121条）が、表意者は、善意無過失の第三者に対しては、この無効を主張できない（錯誤による意思表示の当事者間では主張できる）。一方、95条4項は「対抗することができない」と定めていることから、第三者から当事者に対して無効を主張することは妨げられない。

　ｃ．主観的保護要件

□錯誤については平成29（2017）年の民法改正により、効果が無効から取り消すことができるものに変更されるとともに第三者保護規定が設けられたが、第三者の意義・範囲等については虚偽表示に関する94条2項や詐欺に関する96条3項における議論が参考となろう。

95条4項の第三者は善意のほか無過失も要する。前述のとおり、虚偽表示に関する94条2項の第三者は善意で足りるが、これと比べ、錯誤による意思表示をした者は自ら虚偽の外形を作出したわけではなく、帰責性が小さいことから、主観的保護要件として無過失まで必要とされている。

解説 事例1－5

(1) A社は特許権γの売買にかかる意思表示につき錯誤による取消しの主張をすることが考えられる（95条1項柱書、同項1号）。

A社は特許権γを売る意思がないのにその旨の意思表示をしているから同項1号の錯誤に当たり、また、この錯誤がなかったならば、A社はその意思表示をしないであろうと認められる。そして、本問の売買契約の対象は、その発明がA社の主力商品に実施されている特許権γであり、錯誤が法律行為の目的及び取引上の社会通念に照らして重要なものであるといえるからである。

これに対するB社の反論としては、A社に重過失があることにより取消しをすることはできない旨の主張が考えられる（同条3項柱書）。企業間の取引でもあり、この主張が認められる可能性は高いといえよう。なお、この場合であっても、①B社がA社に錯誤があることを知り、若しくは重大な過失によって知らなかったとき、又は②B社がA社と同一の錯誤に陥っていたときは、A社は取消しをすることができる（同項1号、2号）。

(2) C社がA社の錯誤を知らなかったことにつき過失があるときは取り戻せるが、過失がないときは取り戻せない（95条4項）。同項の「第三者」とは、錯誤による意思表示の当事者及びその包括承継人以外の者で、錯誤による意思表示によって生じた法律関係に基づき、新たな法律上の利害関係を取得した者をいうと解されるところ、C社はこれに当たる。そして、錯誤による意思表示の取消しは善意でかつ過失がない第三者に対抗することができないからである。

解説 事例1－6

Y社は本問の実施許諾契約にかかる意思表示に錯誤（95条1項2

号）があるとして取消しを行い、X社に支払った実施料500万円につき返還を求めることができる（121条の2第1項）。

まず、Y社は甲特許発明の実施品を製造販売することを計画して甲特許権の通常実施権許諾契約を締結したのに、契約締結後、この発明が実施不能であることが判明したものであるから、Y社の錯誤は表意者が法律行為の基礎とした事情についてのその認識が真実に反する錯誤（95条1項2号）に当たる。また、この場合に意思表示の取消しをするには、その事情が法律行為の基礎とされていることが表示されていることが必要であるところ（同条2項）、Y社はX社に対し上記計画を伝えているから、この表示が認められる。

次に、実施許諾にかかる特許発明が実施できないことを知っていれば、Y社はその意思表示をしないであろうと認められ、また、本問の契約は特許実施料として500万円もの金額を支払うことを内容とするものであって、錯誤が法律行為の目的及び取引上の社会通念に照らして重要なものであるといえるからである。

□実施許諾の対象となる特許発明が実施不能である場合に、実施権者による錯誤無効の主張を認めた裁判例として、東京地裁昭和52年2月16日判決参照。なお、実施許諾の対象となるノウハウが実施不能である場合に許諾者の瑕疵担保責任を認めた裁判例として神戸地裁昭和60年9月25日判決があり、本問のY社はこのような法律構成（平成29（2017）年の民法改正による契約不適合責任）を取ることも考えられる。

□実施権者の製品が実施許諾の対象となる特許発明の技術的範囲に属しないことが要素の錯誤に当たるか否かが争点となった「石風呂装置」事件につき、知財高裁は、このような点に関する誤信は要素の錯誤に当たらず、仮にこれに当たるとしても実施権者には重過失がある旨を判示し、錯誤無効の主張を認めた原審判決（東京地判H20.8.28）の判断を覆した（知財高判H21.1.28）。本問においても、このような知財高裁判決の考え方が及ぶ可能性があることに注意を要する。

5 詐欺

事例 1-7

(1) 乙は、X特許権を保有する甲株式会社の代表者Aを騙し、甲社から乙へのX特許権譲渡契約を締結させ移転登録を行った。後日甲社がX特許権を取り戻すための民法上の制度としては、いかなるものが考えられるか。
　　乙が甲社の代表者Aを脅し、甲社から乙へのX特許権譲渡契約を締結させ移転登録を行った場合はどうか。
(2) (1)の各場合において、甲社がX特許権を取り戻そうと思った時点において、既に乙から甲社や乙とは無関係の丙株式会社にX特許権が譲渡され、移転登録がされていた場合、甲丙間の法律関係はどうなるか。

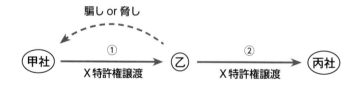

(1) 意義

詐欺とは、欺罔によって人を錯誤に陥れることをいう。詐欺による意思表示は内心の効果意思と表示行為が一致しており、これを無効とする必要はないが、民法は、他人の違法な行為によって動機づけられたという点を重視して取消権を与えたものである。

□内心の効果意思と表示行為が一致しているが、その内心の意思決定過程に瑕疵がある場合であることから、瑕疵ある意思表示と呼ばれる。

(2) 要件

① 欺罔行為

欺罔行為は、信義則に反する程度の違法性を備えていることが必要である（ex. 小売商が商品を多少オーバーに褒めても、直ちに欺罔行為に当たるものではない。）。また、欺罔行為は作為、不作為を問わない。沈黙も信義則上相手方に告知する義務がある場合には欺罔となる（判例）。

② 錯誤による意思表示

③ ①と②の因果関係（欺罔行為が錯誤による意思表示をもたらしたこと）

④ 詐欺の故意

相手方を欺罔して錯誤に陥らせること及びその錯誤によって意思を表示させることに関する故意（二段の故意）が必要である。

(3) 効果

ア　詐欺による意思表示は、取り消すことができる（96条1項）。

イ　第三者が詐欺を行った場合は、相手方がその詐欺の事実を知り、又は知ることができたときに限り、意思表示を取り消すことができる（96条2項）。善意無過失の相手方を保護する必要があるからである。

【図解】

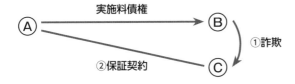

ウ　詐欺による意思表示の取消しは、善意無過失の第三者に対抗できない（96条3項）。善意無過失の第三者を保護し、取引の安全をはかる趣旨である。

a．96条3項の「第三者」の意味

96条3項の「第三者」とは、詐欺の当事者及びその包括承継人以外の者で、詐欺による意思表示によって生じた法律関係に基づき、新たな法律上の利害関係を取得した者をいう。

□第三者による詐欺の例としては、主たる債務者Bが友人Cを騙して債権者Aとの間で保証契約を締結させる場合が挙げられる（96条2項に即していうと、第三者がB、相手方がAとなる）。

□第三者の範囲は虚偽表示におけるものと同様に考えられる。

96条3項は取消しの遡及効（121条）により影響を受ける第三者を保護するために、一定の保護要件を備えた第三者については取消しの遡及効を制限することを目的とするから、詐欺に基づく取消し前に利害関係を取得した者は96条3項の第三者に当たるが、取消し後に利害関係を取得した者は第三者に当たらないとするのが判例・通説である。

b．「対抗することができない」の意味
　　詐欺による意思表示をした者がこれを取り消すと、法律行為は遡及的に無効となる（121条）が、表意者は、善意無過失の第三者に対しては、この無効を主張できない（詐欺の当事者間では主張できる）。一方、96条3項は「対抗することができない」と定めていることから、第三者から当事者に対して無効を主張することは妨げられない。

c．主観的保護要件
　　96条3項の第三者は善意のほか無過失も要する。前述のとおり、虚偽表示に関する94条2項の第三者は善意で足りるが、これと比べ、詐欺による意思表示をした者は自ら虚偽の外形を作出したわけではなく、帰責性が小さいことから、主観的保護要件として無過失まで必要とされている。

6 強迫

(1) 意義
　　強迫とは、他人に害意を示し、畏怖の念を生じさせることである。強迫による意思表示も瑕疵ある意思表示であるが、表意者には帰責性がないため、詐欺以上に保護されなければならない。

(2) 要件
① 違法な強迫行為
② 畏怖による意思表示
③ ①と②の因果関係（強迫行為が畏怖による意思表示をもたらしたこと）
④ 強迫の故意

(3) 効果
ア　強迫による意思表示は常に取り消すことができる（96条1項）。
イ　取消しの効果は善意の第三者にも対抗できる（判例・通説）。
　　96条3項の反対解釈から、強迫には96条3項は適用されない。これは落ち度がみられない表意者を保護する趣旨である。

□96条3項の適用については対抗要件の要否も問題となるが、94条2項について述べたところと同じ理由により、対抗問題としての対抗要件は不要である。また、詐欺においては表意者の帰責性は小さいが、本人の利益との調整は第三者に無過失を要求することで足りるから、第三者は権利保護要件としての対抗要件を具備することも不要である（通説）。

□相手方を強迫して畏怖させること及びその畏怖によって意思を表示させることに関する故意（二段の故意）が必要である。

□第三者による強迫の場合でも、相手方の知・不知にかかわらず常に取り消すことができる（96条2項反対解釈）。

解説 事例1-7

(1) 前段の場合、甲社は詐欺を理由に譲渡契約にかかる意思表示を取り消すことが考えられる（96条1項）。後段の場合、甲社は強迫を理由に譲渡契約にかかる意思表示を取り消すことが考えられる（96条1項）。

(2) 詐欺の場合、第三者保護規定があるため（96条3項）、丙社が善意無過失の第三者に当たる場合には、甲社は詐欺による意思表示の取消しを丙社に対抗できず、X特許権を取り戻すことができない。

これに対し、強迫による取消しの場合には、詐欺の場合と異なり第三者保護規定がないため、甲社は強迫による意思表示の取消しを丙社に対抗でき、X特許権を取り戻すことができる。

7 意思表示の到達と受領

(1) 意思表示の効力発生時期

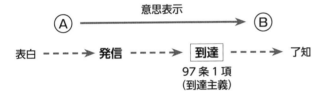

ア　相手方のない意思表示

意思表示は意思の表白によって完了するから、原則として意思表示は成立と同時に効力を生ずる（遺言の効力発生時期に関する985条など特別の規定がある場合もある）。

イ　相手方のある意思表示

a．一般原則として到達主義をとる（97条1項）。すなわち、意思表示は到達の時点をもって効力を生ずる。

相手方が正当な理由なく意思表示の通知が到達することを妨げたときは、その通知は、通常到達すべきであった時に到達したものとみなされる（同条2項）。

b．例外として発信主義をとる場合

発信主義は、当該行為をめぐる表意者と相手方との利害の調整として適切であるとの判断により、限定的に採用されている。

ウ　到達の意義

□ここでは解約申入れなど大多数の単独行為や契約の申込みのことが念頭におかれている。

□発信主義の例としては、制限行為能力者の催告に対する確答(20条)が挙げられる。これは法律関係を速やかに確定させる趣旨である。

到達とは、意思表示が相手方の勢力範囲内に入ること、すなわち、社会観念上一般に相手方の了知しうる客観的状態を生じたと認められることである。相手方が通知の有無・内容を了知することを必要としない。

　a．発信後到達前の撤回

　　到達前の撤回は可能である。遅くとも同時に撤回の意思表示を相手方に到達させるか、又はその意思表示が、相手方に到達することのない状態を生じさせなければならない。

　b．発信後の表意者の死亡・意思能力喪失・行為能力制限

　　意思表示の効力は妨げられない(97条3項)。発信のときには、既に意思表示は成立していると考えられるからである（なお、契約に関する例外につき、第4編第1章第1節第1款参照）。

□郵便が郵便受けに投入された場合はもちろん、本人の住所で同居の親族、同居する内縁の妻が受領した場合でも到達となる。

□郵便物が配達された場合に、正当な理由なく受領を拒絶したときは、到達があったものと認められる。

(2) 公示による意思表示（98条)

相手方不明、又は相手方の所在不明の場合には、公示による意思表示が認められている（98条1項）。

(3) 意思表示の受領能力（98条の2）

相手方が意思表示の受領当時、意思能力を有しなかったとき又は未成年者若しくは成年被後見人であったときは、その意思表示をもってその相手方に対抗できない（98条の2本文）。到達しても実質的には了知できる状態が生じたとはいえないからである。もっとも、意思表示を相手方の法定代理人、意思能力を回復し又は行為能力者となった相手方が知った後は意思表示がされたことを対抗することができる（同条ただし書1号、2号）。

□被保佐人及び被補助人には受領能力がある。

□表意者が対抗できないということであるから、受領者側から到達を主張することは妨げられない。

第3節 代理

1 総説
(1) 意義
代理とは、他人（代理人）の法律行為（意思表示）によって、本人が直接にその法律効果を取得する制度をいう。

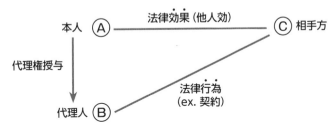

□法律行為の効果は、その行為者自身に帰属するのが原則であるが、代理の場合、代理人の行為の効果は代理人には帰属せず、全面的に本人に帰属する（他人効）点に特色がある。

ア　代理制度の機能（存在理由）
　　a．私的自治の補充…制限行為能力者が法律関係を結ぶことができるように代理制度（法定代理）が要請される。
　　b．私的自治の拡張…能力者が自己の活動圏を拡張させるために代理制度（任意代理）が要請される。
イ　代理における行為者
　　99条及び101条1項の文言を根拠に、代理における行為者は代理人であり、その法律効果だけが本人に帰属するとするのが通説である（代理人行為説）。

(2) 要件・効果（99条1項）
ア　要件
　　① 本人のためにすることを示すこと（顕名）
　　② 代理人の法律行為が有効に成立すること（代理行為）
　　③ 代理権の範囲内にあること（代理権）
イ　効果
　　代理人の法律行為の効果は直接本人に帰属する。

(3) 代理に類似する制度
ア　間接代理…問屋、仲買人のように、他人の計算において自己の名で法律行為をしながら、その経済的効果を本人に帰属させる場合をいう。法律的には、効果はいったん行為者に帰属し、改めて本人に移転することになる点で代理と異なる。
イ　使者…他人（本人）の決定した効果意思を表示するもの（表示機関）、又は完成した意思表示を伝達するもの（伝達機関）をいう。いずれも効果意思を決定するのが本人である点で代理と異なる。

<具体的相違点>
a．代理人のした法律行為の効果は本人に帰属し、代理人には何ら不利益は生じないことから、代理人には行為能力は不要である。もっとも、代理においては、意思表示の主体は代理人であるから、代理人の意思能力は必要であり、法律行為の要件の具備は代理人を基準に判断される。これに対して、使者が用いられる場合、意思表示の主体は使者ではなく本人であるから、法律行為の要件は本人について決定され、使者には意思能力さえ必要ない。

b．代理人が本人に与えられた権限を越えて意思表示をした場合は無権代理（113条1項）となり、相手方が善意無過失のときは表見代理（110条）により有効となる余地があるのに対して、使者がした表示行為に対応する効果意思を本人が有していなかった場合には錯誤（95条）の問題となると解されている。もっとも、錯誤の重要性の要件を充たさないときや本人に重過失があるときは、錯誤取消しは認められない。

c．代理の場合、復任について一定の制限が課される（104条）。これに対して、使者の場合、使者には意思決定権限はなく、一般に権限が小さいことから、復任について原則として制限は課されず、広く認められる。

d．代理人あるいは使者が相手方から意思表示等を受領する場合、代理の場合には代理人が受領したときに本人が受領したのと同じ効果が生じるのに対して、使者の場合には、書面なり口上なりが本人に伝達されたときにはじめて本人に対して効力が生じることになる。

<使者と代理人の比較>

	意思決定の自由	意思能力の要否	法律行為の要件	錯誤となる場合	権限を越えた場合の取扱い	復任権の有無	本人に効力を生ずる時点
使者	なし	不要	本人について決する	使者の表示と本人の意思のくい違い	110条の適用なし（類推適用説あり）	広く認められる	本人に意思表示を伝達した時点
代理人	あり	必要	代理人について決する(101条1項)	代理人の表示と意思のくい違い	110条の適用あり	制限がある（104条、105条）	代理人が意思表示を受領した時点

ウ　代表…法人の機関は法人を代表する。代表機関の行為そのものが法人の行為となる点で代理と区別されるとする説（法人実在説）が通説であるが、代理の一種とする説（法人擬制説）もある。

エ 代理占有…他人が所持することにより、占有権が本人に帰属する場合をいう。他人が行うのが意思表示ではなく占有である点で、代理と異なる。
オ 授権…自己（Ｂ）の名において法律行為をすることによって、他人効（Ａへの効果帰属）を発生させる権限をいう。顕名をしない点で代理と異なる。

□ここにいう「授権」は、代理権授与という意味の「授権」とは異なる。

(4) 種類
ア 任意代理と法定代理
任意代理とは、本人の信任を受けて代理人となるものをいい、法定代理とは、本人の信任によらず法律の規定に基づいて代理人となるものをいう。
イ 能働代理と受働代理
能働代理とは、代理人が意思表示をする場合の代理をいい、受働代理とは、代理人が相手方の意思表示を受ける場合の代理をいう。
ウ 復代理と本代理
復代理とは、代理人が自己名義でさらに代理人を選任して本人を代理させることをいい、本代理とは、復代理人が選任された場合のもとの代理をいう。

□復任権については104条〜106条が規定している。

(5) 代理の認められる範囲
ア 意思表示についてだけ認められるのが原則である（99条）。不法行為、事実行為には認められないが、準法律行為のうち、意思の通知と観念の通知にも認めるのが通説である。
イ 意思表示のうち、本人自らの意思決定を絶対的に必要とするものについては認められない（ex. 婚姻、縁組、認知、遺言）。

2 代理行為

(1) 顕名主義
ア 意義
顕名主義とは、代理行為が効果を生ずるためには、「本人のためにすることを示」すこと（99条1項）、すなわち法律行為の効果の帰属者（本人）を明らかにすることが必要であるとする原則をいう。
イ 「本人のためにすることを示して」の意味
a．「本人のためにする」とは、代理行為の効果を本人に帰属させようとする意思（代理的効果意思）をいう。この意思があれば、本人の利益を図る意思がなくてもよい。
b．顕名の方法は、本人のためにすることを表示すること（ex.「A

　　　　代理人B」）である。
　　ｃ．代行方式（直接本人名義でする行為）の場合も顕名ありとするのが通説である。
　　　（理由）
　　　　　顕名主義とは、代理が効果を生ずるためには、代理人のした意思表示の効果が直接本人に帰属することが分かるようにしなければならないとする原則である。とすれば、代理人が自己の名を出さずに本人の名だけを示して行為した場合にも、本人の名は告知されているのだから、実質的に顕名主義の要請をみたしていると考えてよい。
　ウ　顕名がないとき（100条）
　　　代理人が顕名せずにした意思表示は、代理人自身のためにしたものとみなされる（100条本文）。すなわち、代理人の法律行為の効果は代理人に帰属する。
　　　これは、表意者（代理人）が、その真意は代理人として行為するつもりであったとして錯誤取消しを主張して、自己に効果が帰属しないようにすることを封じ、表意者を効果帰属主体であると信じた相手方の利益を保護する趣旨である。
　　　この場合、代理人は錯誤を主張できない。また、本人も相手方も当該行為が代理行為であったことを主張できない。
　　　但し、顕名がなくても、相手方が代理人の代理意思を知り、又は知ることができたときには、適法な代理行為として直接本人に効果が帰属する（100条ただし書）。

(2) **代理行為の瑕疵**
　　代理行為に瑕疵があるか否かは、代理人について決定する（101条1項、2項）。代理においては、意思表示は代理人によってされるからである（代理人行為説）。
　　但し、特定の法律行為を委託された代理人がその行為をしたときは、公平の見地から、本人は、自ら知っていた事情について代理人が知らなかったことを主張することはできない（101条3項）。

(3) **代理人の能力**
　　制限行為能力者が代理人としてした行為は、行為能力の制限によっては原則として取り消すことができない（102条本文）。
　　代理においては代理人が行為をするため、法律行為としての有効要件は、原則として代理人を基準として判定される（101条1項、2項）。しかし、代理行為の効果は全て本人に帰属し、代理人に何ら不利益を及ぼすものではなく、また、本人も制限行為能力者であ

□代理人Ｂが「私はＡです。」と名乗った場合がこれに当たる。

□代理人が代行方式によって権限外の行為をした場合において、相手方がその行為を本人自身の行為と信じたときは、代理人の代理権限を信じたものではないが、その信頼が取引上保護するに値する点においては、代理人の代理権限を信頼した場合と異なるところはないから、本人自身の行為であると信じたことについて正当な理由がある場合に限り、110条を類推適用すべきであるとするのが判例である。

□代理人Ｂが「私はＢです。」と名乗った場合がウに当たる。

□制限行為能力者が他の制限行為能力者の法定代理人としてした行為については行為能力の制限により取り消すことができる（同条ただし書）。

るのを承知の上で代理人にするのであるから、代理人保護のためにその能力を問題にする必要はないのである。

3 代理権

(1) 代理権の発生

ア　意義

代理人の行為によって、本人は直接にその法律効果を取得するが、この本人への効果帰属に必要な、本人と代理人であるという特殊な関係を、主に代理人の側から見て代理権という。

代理権ないし代理関係は、本人・代理人間における実質的な権利義務関係（委任等の事務処理契約関係）、すなわち内部関係と区別される。

イ　法定代理権の発生原因

法定代理権は、本人の意思とは無関係に、それぞれの場合ごとに法規の定めるところに従って発生する。

ウ　任意代理権の発生原因

任意代理権は本人の代理権授与行為に基づいて発生する。

(2) 代理権の範囲

ア　代理権の範囲の確定

任意代理権の範囲は、代理権授与行為によって定まり、法定代理権の範囲は、各種の法定代理人につき、それぞれの法規の定めるところによって定まる。

103条は代理権の範囲が明確でない場合のための補充規定である。

イ　代理権の濫用

事例 1-8

A特許権を保有するX株式会社の知的財産部長のYは、X社がYに与えた、A特許権に関する通常実施権許諾権限に基づき、X社の代理人として、Z株式会社との間でA特許権につき通常実施権許諾契約を締結したが、Yは、当初から、この契約締結の直後に一括前払いで支払われる実施料を着服する意図であり、YはZ社に対し、Y個人名義の預金口座に実施料を振り込むよう求めた。これに対しZ社は、X社に対し何の確認もせず、Yの要求に従って振り込みを行い、Z社はA特許発明の実施を開始した。

この場合に、X社がZ社の実施権を否定するための民法上の主張として、どのようなものが考えられるか。

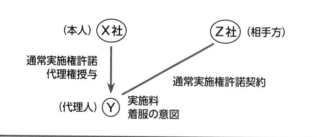

　代理人が自己又は第三者の利益を図る目的で代理権の範囲内の行為をした場合（代理権の濫用）において、相手方がその目的を知り、又は知ることができたときは、その行為は代理権を有しない者がした行為、すなわち無権代理行為とみなされる（107条）。

　この場合、代理人は代理権の範囲内の行為をしているが、代理人が自己又は第三者の利益を図る目的であることを相手方が知り、又は知ることができたときにまで代理行為の効果を本人に帰属させるのは不当である。そこで民法は、このような代理行為を無権代理行為（113条1項）とみなすことにした（無権代理については後記4で詳述する。）。

□無権代理行為である以上、本人は代理行為の効果を自己に帰属させた方が得だと判断すれば追認することもできる（113条1項）。

解説　事例1-8

　X社は、代理人YがZ社と締結した通常実施権許諾契約は無権代理行為とみなされ（107条）、その効果はX社に帰属しないため、Z社は実施権を有しないと主張することが考えられる（113条1項）。

　Yは当初からX社に支払われるべき実施料を着服する意図であったから、自己の利益を図る目的がある。そして、当事者が法人であるのに振込先がY個人名義の預金口座であるのは不自然であるにもかかわらず、Z社はX社に対し何の確認もしていないため、Yが自己の利益を図る目的であると知ることができたといえるからである。

　　ウ　自己契約・双方代理・利益相反行為
　　　a．自己契約・双方代理
　　　　自己契約（同一の法律行為において当事者の一方が相手方の代理人になること）及び双方代理（同一人が、同一の法律行為の当事者双方それぞれの代理人となること）は原則として許されず、無権代理行為とみなされる（108条1項本文）。これは

事実上、代理人が自分ひとりで契約することになり、本人の利益が不当に害されるおそれが大きいからである。

自己契約・双方代理は、本人の利益を害する危険がない場合については禁止する必要はない。そこで民法は、「債務の履行」と「本人があらかじめ許諾した行為」を除外している（同項ただし書）。この場合には、代理人によって新たな利害関係が創造されるのではなく、既に成立している利害関係の決済にとどまるからである。本条の趣旨からすれば、これらの除外は例示であり、同条ただし書は広く利害の衝突のない行為に適用されるものと考えられている。

b．利益相反行為

自己契約・双方代理以外の代理人と本人との利益が相反する行為についても原則として許されず、無権代理行為とみなされる（108条2項本文）が、自己契約・双方代理と同様に、本人の利益を害する危険がない場合については禁止する必要はないことから、民法は、「本人があらかじめ許諾した行為」を除外している（同項ただし書）。

c．適用範囲

本条は法定代理・任意代理の両者に適用がある。但し、法定代理における利益相反行為の禁止規定（826条、860条）は本条に対する特別規定であると解されている。

(3) 復代理

ア　意義

復代理とは、代理人がその名において選任した者（復代理人）が、直接に本人を代理して法律行為をする場合をいう。

a．復代理人は、直接本人の代理人となる（106条1項）。代理人の代理人ではない。従って、復代理人が本人のために行った代理による法律行為の効果は、復代理権の範囲内で直接本人に帰属する。

b．復代理人は、代理人が自己の名において選任した者である。従って、代理人の復代理人選任行為は代理行為ではない。

イ　復任権

復任権とは、復代理人を選任する権限をいう。

復任権は、本人の許諾又は直接法律の規定によって付与される権限である。

a．任意代理人の復任権（104条）

任意代理人は、本人の信任に基づくものであり、またいつで

□許容範囲・禁止範囲の拡張
1.「債務の履行」（108条1項ただし書）とは、弁済期の到来した代金の支払などをいう。
2. 本条の趣旨より、狭義の債務の履行に属さない行為でも、新たな利益の交換でない行為は妨げられない（ex. 売買に基づく登記申請行為）。
3. 債務の履行であっても、代物弁済、弁済期未到来の債務、消滅時効にかかった債務などの弁済は、本人に不利益を及ぼすおそれがあるため許されない。

　　　　も辞任できることから、原則として復任権はない。本人の許諾を得たとき又はやむを得ない事由があるときでなければ、復任権は認められない。

　　　ｂ．法定代理人の復任権
　　　　常に復任権がある。法定代理人の権限が広範囲にわたり（処理すべき事務が多い。）、かつ、その辞任も容易でなく、また、本人の信任に基づいて代理人となったものではないことから、復任権に制限がないのである。

　ウ　復代理人の代理権
　　　代理権の範囲は授権行為によって定まるが、原代理権より広いものではありえない。また、代理人の代理権が消滅すれば、復代理人の代理権も消滅する。復代理人の代理権は、代理人の代理権を基礎とするからである。

　エ　復代理をめぐる内部関係
　　ａ．本人・代理人間
　　　復代理人を選任しても、代理人は代理権を失わない。代理人・復代理人は同等の立場でともに本人を代理する。
　　　(a)　任意代理人の責任
　　　　復代理人を選任した任意代理人の責任については、本人・代理人間の委任契約における債務不履行一般の問題として処理される。
　　　(b)　法定代理人の責任
　　　　復代理人の行為について全責任を負う（105条前段）が、やむを得ない事由により復代理人を選任した場合は、本人に対してその選任・監督についての責任のみを負う（105条後段）。
　　ｂ．代理人・復代理人間
　　　復代理人は、代理人自身の名において選任されるものであるから、両者間には通常、委任・雇用等の契約関係が存在する。
　　ｃ．本人・復代理人間
　　　復代理人は、代理人の名において選任されるものであり、復代理人・本人間には選任行為はない。しかし、復代理人と本人間の便宜をはかるため、復代理人は本人及び第三者に対し、その権限の範囲内において、代理人と同一の権利を有し、義務を負うこととした（106条2項）。従って、本人・復代理人間の法律関係は、復代理人の権限の範囲内において、本人・代理人間の法律関係と同様に処理される。

□「やむを得ない事由」とは、本人の所在が不明で許諾を得ることができないような場合である。代理人が病気で入院した場合には、辞任の申入れが可能であるから、これに当たらない。

□法定代理人は広範な復任権を有する一方、復代理人の選任・監督について過失がなくても、原則として全責任を負う（無過失責任）が、やむを得ない事由（病気など）があれば責任は軽減される。

(4) 代理権の消滅

ア 任意代理・法定代理に共通の消滅原因（111条1項）

　a．本人の死亡

　　任意代理においては、①授権行為において別段の定めをした場合、②対内関係が存続させられる特別の場合（例：654条）はその範囲において、また、③授権行為が商行為である場合（商506条）は、それぞれ例外的に代理権は消滅しない。

　b．代理人の死亡（但し、上記①及び②の例外あり）

　c．代理人の破産又は代理人が後見開始の審判を受けた場合

イ 任意代理に特有の消滅原因～内部関係の消滅

　代理関係と内部関係とは理論上区別されるが、代理権授与行為は内部関係の実現手段であるから、内部関係の消滅は原則として代理権消滅原因となる（111条2項は内部関係が委任である場合につき、この趣旨を示したものである。）。

ウ 法定代理に特有の消滅原因

　それぞれの法定代理の規定による（834条など）。

□委任の終了事由（653条）
①委任者又は受任者の死亡
②委任者又は受任者の破産
③受任者が後見開始の審判を受けた場合

4 無権代理

事例 1-9

A特許権を保有するX株式会社の知的財産部長Yは、X社の代表者Wに無断で、X社の代理人として、Z株式会社との間でA特許権の譲渡契約を締結した（以下、「本件譲渡」という。）。Yは通常実施権の許諾については自己の権限で行うことができるが、専用実施権及び担保権の設定と権利の譲渡については権限がなかった。Yは、X社とZ社との間のA特許権を用いた事業に関する交渉の担当者であり、その過程で本件譲渡に及んだものである。

(1) Z社はX社に対して本件譲渡に基づくA特許権の移転登録請求をすることができるか。

(2) (1)の請求のほかに、Z社がX社に対して何らかの請求を行うとした場合、どのような請求が考えられるか。

(3) Z社がYに対して何らかの請求を行うとした場合、どのような請求が考えられるか。

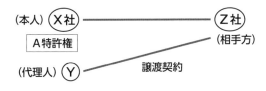

(1) **総説**

　無権代理とは、代理人として代理行為をした者に代理権がない場合をいう。

　無権代理行為は代理権を欠くものであるから、本人に対して効果は帰属しないはずである。また、代理意思をもってされた行為であるから、代理人に対しても効果は帰属しないはずである。

　しかし、これでは、取引の相手方の保護として十分でないし、代理制度に対する信用を失う結果となる。そこで、民法は無権代理行為を当然に無効とはせず、本人に効果が帰属しないものとし、本人による追認を認める（113条1項）とともに、一定の場合に表見代理の成立を認め（109条、110条、112条）、また、無権代理人に特別の責任を負わせた（117条1項）。

＜無権代理行為がされた場合の法律関係の整理＞

(2) **本人の追認権・追認拒絶権**

　ア　追認権

　　a．意義

　　　本人は無権代理行為を追認して、正当な代理権を伴ってされた場合と同じ効果を生じさせることができる（113条1項）。これを追認権という。その性質は形成権である。

　　　追認は単独行為であり、その意思表示は相手方又は無権代理人に対して行う。黙示でもよい。

　　　但し、追認が無権代理人に対してされた場合は、相手方が知るまでは、相手方に対して追認の効果を主張できない（113条2項）。これに対して、相手方から本人や無権代理人に対して追認のあったことを主張することは可能である。

　　b．効果

　　　別段の意思表示がなければ、追認により、契約の時に遡って適法な代理行為であったことになり、本人について効力を生ずる（116条）。但し、追認の遡及効は第三者の権利を害することはできないとされる（116条ただし書）。

　イ　追認拒絶権

本人は積極的に追認を拒絶することもできる。不確定無効がこれにより確定無効（効果不帰属）となる。意思表示の相手方等は追認の場合と同様である（113条2項）。

(3) 相手方の催告権・取消権

無権代理人の相手方は不確定な状態におかれ、著しく不利益である。そこで民法は、これを救済するために催告権（114条）と取消権（115条）を与えた。

ア　催告権（114条）

無権代理人のした契約について、相手方は本人に対し、相当の期間を定めて、その期間内に追認するかどうかを確答すべき旨を催告することができる（114条前段）。

本人が、その期間内に確答すれば、確答の内容に従って、無権代理契約は有効又は無効なものとして効果が確定する。しかし、この期間内に確答しないときは、追認を拒絶したものとみなされる（114条後段）。

催告権は、契約の当時、相手方が無権代理であることを知っていた場合にも認められる（115条ただし書参照）。

イ　取消権（115条）

相手方は、その一方的意思表示によって、無権代理による契約を取り消すことができる（115条本文）。

取消しの意思表示は、本人・無権代理人のいずれに対してしてもよいが、本人が追認する前に行う必要がある。また、契約の当時、その契約をした者（無権代理人）に代理権がないことを知らなかった場合でなければならない（同条ただし書）。

(4) 無権代理人の責任

ア　意義

無権代理人が本人の追認拒絶により無効に確定した場合、無権代理人は、相手方の選択に従い、契約の履行又は損害賠償の責任を負う（117条1項）。これは、代理行為の相手方を保護するとともに、代理制度の信用を維持するための規定である。

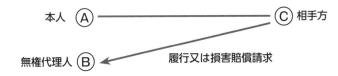

イ　要件
① 代理人が代理権を証明することができないこと（117条1項）
② 本人の追認がないこと（同項）

□①〜⑤は、相手方が訴訟でこれらを立証しなければ責任が認められないという

③　相手方が代理人に代理権がないことを知らないこと（同条2項1号）
　　④　相手方が代理人に代理権のないことを知らないことにつき過失がないこと（同項2号）
　　　但し、この代理人が自己に代理権がないことを知っていたときは、この要件は不要である（同号ただし書）。
　　⑤　代理人が行為能力の制限を受けていないこと（同条2項3号）。
　　⑥　相手方が115条による取消しをしないこと
　　　明文規定はないが、これを要件とするのが通説である。
　ウ　責任の内容（効果）
　　　契約を履行する責任又は損害を賠償する責任である（117条1項）。この責任は、無権代理人に過失があるかどうかを問わず認められる無過失責任である。また、本条による損害賠償責任は、履行利益の損害賠償責任であり、信頼利益の賠償にとどまらない。
　エ　表見代理の要件を充たすときでも相手方は無権代理に関する規定の適用を主張できるか。
　　a．113条～116条の適用を主張できることについては特に問題がない。
　　b．117条
　　　ⅰ）　適用否定説
　　　　（理由）
　　　　　表見代理が成立する場合には、相手方はそれによって所期の目的を達成することができるのだから、他に117条による無権代理人の責任追及を認める必要はない。
　　　ⅱ）　適用肯定説（判例）
　　　　　相手方は、表見代理としての効果と無権代理としての効果を選択的に主張することができる。
　　　　（理由）
　　　　　①　表見代理は相手方保護の制度であるから、相手方に選択権を与えることが制度の趣旨に合致する。
　　　　　②　無権代理人が表見代理の成立を立証すれば責任を免れるとするのは不当である。

(5)　表見代理
　ア　意義
　　　無権代理人が相手方との間でした法律行為の効果は、代理人に権限がない以上、本人に帰属しないのが原則であるが（113条1項）、本人と無権代理人との間に、相手方にとって代理権の存在

意味での要件ではなく、無権代理人の側でこれらがあることを立証することで責任を免れるという意味の要件である。

□無権代理人が本人から契約の目的物を入手するなどして相手方に引き渡すことがあり得るため履行責任も規定したものであるが、履行ができない場合、結局、相手方は損害賠償で満足するほかない。

□不法行為責任との違い
無権代理の相手方は、無権代理人の責任（117条1項）を追及できるほか、不法行為による損害賠償責任（709条）の追及もできる。両者の違いは、前者の場合には無権代理人は無過失責任を負う一方、相手方の善意無過失が必要であるのに対し、後者の場合には無権代理人の故意・過失が必要である一方、相手方の過失は過失相殺（722条2項）の対象となるに過ぎない点にある。なお、相手方は無権代理人に対し債務不履行による損害賠償責任（415条）は追及できない。契約の当事者となるのは、あくまで本人と相手方だからである。

□その例外が追認（113条1項）と表見代理である。

を信じさせるだけの外観を有する一定の事情が認められる場合に、外観法理に基づき、外観を信じた相手方を保護するために、有権代理とほぼ同じ効果（無権代理人と相手方との間の法律行為の効果の本人への帰属）を与えたのが表見代理である。

表見代理は、本人と無権代理人との間の事情如何により、①代理権授与の表示による表見代理（109条1項）、②権限外の行為の表見代理（110条）、③代理権消滅後の表見代理（112条1項）の3つに分かれる。また、①と②が重なり合う場合（109条2項）、②と③が重なり合う場合（112条2項）もある。

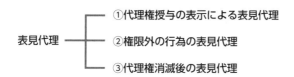

イ　代理権授与の表示による表見代理（109条）

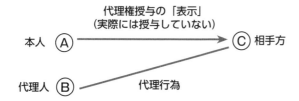

a．109条1項

109条1項は、本人が相手方に対して、他人に代理権を授与した旨を表示したが、実際には代理権を授与していなかった場合につき本人に責任を負わせた（無権代理人と相手方との間の法律行為の効果を本人に帰属させた）ものである。

109条1項の要件は、以下のとおりである。
① 本人が第三者（相手方）に対し、当該代理行為に先立って代理権授与の（他人に、ある内容の代理権を授与した旨の）表示をしたこと
② 表見代理人によって代理権授与表示の範囲内の代理行為がされたこと
③ 第三者（相手方）が表見代理人に代理権があると信じ（善意）、かつそう信じたことについて正当な理由があること（無過失）

b．109条2項

109条2項は、代理人が代理権授与の表示において示された代理権の範囲を越えて代理行為をした場合（同条1項と110条

□109条によって保護を受ける「第三者」の範囲は、原則として代理権授与の表示を受けた直接の相手方に限られる。但し、この表示が白紙委任状の場合や公告による場合は直接の相手方に限定されない。

□代理権授与の表示の相手方は、特定人でも不特定人でもよく、その方法は口頭でも文書でもよい。

□代理権の授与がない場合には代理権授与行為の無効・取消しの場合も含まれる。

が重なり合う場合）に関する規定である（109条1項の要件②の代理権の「範囲内」が「範囲外」に変わる）。
ウ　権限外の行為の表見代理（110条）

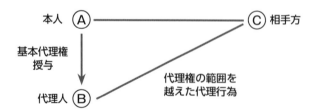

　110条は、他人が何らかの代理権（基本代理権）を有しており、その代理権の範囲を越えて（踰越して）代理行為をした場合につき本人に責任を負わせたものである。
　a．要件
　　①　基本代理権の存在
　　　本人の静的安全保護のための最小限度の要件とされる。
　　②　基本代理権の範囲外の事項につき代理行為がされたこと
　　③　第三者（相手方）が表見代理人に代理権があると信じ（善意）、かつそう信じたことについて正当な理由があること（無過失）
　　　この点、わが国における実印の果たす役割の重大性に鑑みれば、無権代理人が本人の実印を所持している場合は、特段の事情がない限り、正当理由があるといえるが、特段の事情があるときは、相手方は本人の意思を確認すべきであり、その手段を講じなかったときは、正当理由は認められない。
　b．表見代理によって保護される者の範囲
　　ⅰ）　直接の相手方限定説（判例・通説）
　　　（理由）
　　　　110条は「第三者が代理人の権限があると信ずべき正当な理由」を保護要件としているところ、転得者はその前者に権利があると信頼することはあっても、前者と契約した代理人の権限を信頼することはない。
　　ⅱ）　転得者等包含説
　　　（理由）
　　　　取引安全の見地からは、転得者等も表見代理の規定によって保護すべき必要がある。
エ　代理権消滅後の表見代理（112条）

□これに対して、相手方や第三者の取引の安全のことを動的安全ということがある。
□無権代理行為と基本代理権によって本来予定されていた行為との間に同種性・同質性が存在することは必要ではないとするのが判例・通説である。
□実印の所持と正当理由
1. 無権代理人が実印・印鑑証明書を託されていた場合は、特段の事情がない限り正当理由がある（実印尊重の取引慣行から）。
2. 特段の事情のあるときは、本人の意思を確認しなければ正当理由は認められない。
3. 特段の事情の有無の判断に当たっては、
・本人と代理人の関係（ex. 代理人が本人の配偶者である場合、実印を所持していても特段の事情ありとされることがある。）
・代理行為の性格（代理人と本人との利益相反をも

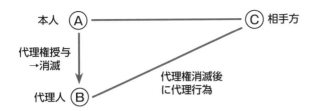

a．112条1項

112条1項は、代理権が消滅した後に、なお代理人として代理行為をした場合につき本人に責任を負わせたものである。112条1項の要件は、以下のとおりである。

① 代理人として行為した者が以前に代理権を有していたこと
② 以前に存在した代理権の範囲内の代理行為がされたこと
③ 第三者（相手方）が表見代理人に代理権があると信じ（善意）、かつそう信じたことについて正当な理由があること（無過失）

b．112条2項

112条2項は、代理人がかつて有していた代理権の範囲を越えて代理行為をした場合（112条1項と110条が重なり合う場合）に関する規定である（112条1項の要件②の、代理権の「範囲内」が「範囲外」に変わる）。

解説　事例1－9

(1) Yの行為は権限を越えるものであるから無権代理となり、原則としてZ社は請求できない。しかし、①X社による追認がある場合（113条1項）、又は②表見代理（110条）が成立する場合には請求できる。110条の表見代理が成立するためには基本代理権の存在と相手方の正当理由（代理権を越えることについての善意無過失）が必要であるところ、本問ではYには通常実施権許諾に関する代理権があるから基本代理権は存在する。従って、Z社が、本件譲渡がYの代理権を越えることについて善意無過失であれば110条の表見代理の成立が認められる。

(2) 使用者責任の規定（715条1項）に基づき損害賠償請求を行うことが考えられる。使用者責任が成立するためには、①使用関係、②事業執行性、③被用者の行為が不法行為（709条）に該当すること、④免責事由（同項ただし書）の不存在が必要であるところ、YはX社の知的財産部長であるから①を充たし、XZ間のA特許権を用いた事業に関する交渉の過程で本件譲渡が行われているか

たらすものか）
・基本代理権の内容と現実の代理行為との食い違いの程度
・表見代理の成立を認めることによって本人が受ける損失の程度
・相手方の職業（ex. 金融業者であれば注意義務は重い。）
等の諸要因を総合的に考慮する。

□使用者責任の詳細については715条の解説参照。

□催告権（114条）や取消権（115条）は「請求」ではないため(2)の解答にはなりえない。

ら②を充たす。権限がないのに本件譲渡をしたことはZ社との関係で不法行為に当たるから③も充たし、④に当たる事情は見当たらないことから、上記結論に至る。

(3) X社による追認がない限り、①無権代理人の責任追及としての損害賠償請求（117条1項）又は②不法行為による損害賠償請求（709条）を行うことが考えられる。①を行うには代理権不存在に対する相手方の善意無過失が必要であるから（117条2項1号、2号本文）、Yに本件譲渡の代理権がないことにつきZ社が善意無過失であることが必要である。但し、Yが自己に代理権がないことを知っていたときは、Z社に過失があっても①を行うことができる（同項2号ただし書）。

□無権代理人の責任については、Yが代理権の不存在につき善意無過失であっても発生する無過失責任である反面、Z社はYに代理権がないことについて原則として善意無過失でなければならない。一方、不法行為による損害賠償責任については、Yが代理権の不存在を知っていたか（故意）、知らなかったことについて過失があるときに限り発生するが、Z社に過失があることは過失相殺（722条2項）の問題として考慮されるにとどまる。

第4節　無効及び取消し

1 無効・取消し制度

(1) 意義

無効・取消しは、公益の擁護、当事者の個人的利益の保護の必要性、効果意思の欠如などを理由として、意思表示ないし法律行為の効果の発生を阻止する制度である。

法が特定の場合を無効とするか、取消しとするかは、理論の問題ではなく、法政策の問題に過ぎない。

また、法律行為が無効事由と取消事由に該当する場合には、いわゆる無効と取消しの二重効を認めることができる（意思無能力による無効と制限行為能力による取消し）。

なお、無効の行為、取り消された行為といえども、法律行為としては効力を生じないというだけで、法律上まったく無意味になるというわけではない（返還義務相互間の同時履行関係等）。

(2) 無効（公序良俗違反による）と取消しの差異

	無効	取消し
効力	特定人の行為をまたず、最初から当然に効力を有しない	一応有効（取り消さない間は効力があるとして取り扱われる）
追認の可否	追認によっても有効とならない（119条）	追認により確定的に有効となる（122条）
期間制限	なし	あり（放置しておくと126条により取消権は時効消滅し、有効に確定する）

2 無効

当事者が意図した法律効果は、初めから当然に発生せず、当事者間では、表見的に生じた債務は発生しなかったことになる。既に履行されたときは原状回復義務が生じる（121条の2。3(4)参照）。

3 取消し

(1) 意義

ア　取消しは、意思表示に瑕疵がある場合、いったん発生した意思表示の効力を破棄する旨の表意者の意思表示である。取消しにより、意思表示は初めに遡って無効となり、その結果、その意思表示を構成要素とする法律行為も取り消されたことになり、初めに遡って無効となる。

イ　また、取消しは、制限行為能力者の行った法律行為の効果が一応制限行為能力者に帰属しているのを排除する旨の、制限行為能力者側の意思表示を意味することがある。これにより、制限行為

□意思表示・法律行為が無効となり、又は取り消すことができる行為となる場合

無効・取消しには、法律行為が無効であり、又は取り消すことができる場合と、その法律行為を構成する法律事実としての意思表示が無効であり、又は取り消すことができる場合とがある。

1. 法律行為が無効となる場合

内容の不確定な法律行為、実現不能な法律行為、強行規定に反する法律行為、公序良俗に反する法律行為（90条）、意思表示が無効あるいは取り消された場合、既成条件付き法律行為の一部（131条）

2. 法律行為が取り消すことができる行為となる場合

制限行為能力者のした法律行為（5条2項、9条本文、13条4項、17条4項）

3. 意思表示が無効となる場合

虚偽表示（94条1項）…双方の意思表示が無効となる。

意思無能力、心裡留保の例外（93条1項ただし書）…一方の意思表示が無効となる。

4. 意思表示が取り消すことができる行為となる場合

錯誤（95条1項柱書）、詐欺・強迫（96条1項）

□無効は原則として全ての人に対して主張することができるが、例外として、心裡留保又は虚偽表示による無効の効果は善意の第三者に対して主張できない（93条2項、94条2項）。

能力者の関与した法律行為は、初めに遡って制限行為能力者に帰属しなかったことになる。

(2) **適用範囲**

意思表示の瑕疵（錯誤、詐欺・強迫）及び当事者の制限行為能力に基づくものに限られる。

ア　身分行為の取消しには適用を制限される。

ex. 婚姻取消しの効果についての遡及効の制限（748条）、詐欺・強迫による縁組の取消しについての遡及効の制限（808条）

イ　「取消し」が撤回（意思表示ないし単独行為を行ったものが、行為者自身が欲しないことを理由として、その行為をしなかったものとする行為）の意味に使われている場合、本条は適用されない。

□撤回の例
　撤回の例としては、契約申込の取消し（521条、524条）、解除の意思表示の取消し（540条2項）、書面によらない贈与の取消し（550条）、相続の承認・放棄の取消し（919条）、遺言の取消し（1022条）などがある。

ウ　特殊な意味の「取消し」が規定されているもの

夫婦間の契約の取消し（754条）や、詐害行為の取消し（424条1項）は、完全に有効に成立した法律行為について、それぞれの理由に基づき、法的効力の遡及的消滅・原状回復を認めるものである。

(3) **当事者**

ア　取消権者（120条）

民法は、行為能力が制限された状態で、又は錯誤、詐欺、若しくは強迫により意思表示をした者を保護するため、これらの者やその関係者（代理人、承継人、同意権を有する者）に限り取消権を与えている（120条）。

a．制限行為能力者（120条1項）

制限行為能力者が単独で取消しをするときは完全に取消しの効力を生じる。取り消すことができる取消しになるのではない（通説）。法律関係をいたずらに煩雑にするだけだからである。また、120条の文理及び同条が代理人を掲げる点からすれば、同条は、単独で取消しができる者を列挙したと解すべきだからである。

□制限行為能力者が他の制限行為能力者の法定代理人としてした行為については当該他の制限行為能力者も取消権者となる（120条1項、102条ただし書）。

b．瑕疵ある意思表示をした者（120条2項）

錯誤、詐欺又は強迫によって意思表示をした者

c．代理人（120条1項・2項）

上記の者の任意代理人及び法定代理人である。もっとも、任意代理人の場合は授権の範囲内でなければならない。

d．承継人（120条1項・2項）

e．同意権者（120条1項）

保佐人（13条1項）と補助人（17条1項）である。
　イ　取消しの方法
　　　取り消すことができる行為の相手方が確定している場合は、相手方に対する意思表示によって行う（123条）。
(4)　効果
　ア　遡及的無効
　　　取り消された法律行為は、初めから無効であったものとみなされる（121条）。
　イ　当事者間における効果
　　ａ．原則
　　　　無効な行為に基づく債務の履行として給付を受けた者は、相手方を原状に復させる義務を負う（121条の2第1項）。
　　ｂ．例外
　　　　次の各場合には、「その行為によって現に利益を受けている限度」（現存利益）において返還義務を負う（同条第2項、第3項）。
　　(a)　無効な無償行為に基づく債務の履行として給付を受けた者が給付を受けた当時その行為が無効であること（給付を受けた後に取消しにより初めから無効であったものとみなされた行為にあっては給付を受けた当時その行為が取り消すことができるものであること）を知らなかったとき（同条2項）
　　　　無効又は取消可能であることを知らずに無償で給付を受けた者は自由に費消、処分、さらには滅失させることができると考えており、そのような者に原状回復義務を負わせるのは酷だからである。
　　(b)　行為の時に意思能力を有しなかった者又は行為の時に制限行為能力者であった者が返還義務を負う場合（同条3項）
　　　　行為時に判断能力がなく、又は不十分であった者に原状回復義務を負わせるのは酷だからである。
　ウ　第三者に対する効力
　　　取消しの効果は原則として全ての人に主張することができるが、例外として、錯誤又は詐欺による取消しの効果は善意無過失の第三者に主張できない（95条4項、96条3項）。

4 取り消すことができる行為の追認

(1)　意義
　　追認とは、取り消すことができる行為を確定的に有効にする意思表示をいい、取消権放棄の意思表示という意味を有する。

□双務契約が取り消された場合、当事者双方の返還義務は互いに同時履行の関係に立つ（判例）。

□現存利益とは、利益が有形的に現存する場合のみならず、制限行為能力者の受けた利益がこの者のために有益に消費されて財産の減少を免れた場合をも含む。例えば、利得した金銭で借金を支払ったり、生活費にあてたりした場合には、自己の出捐をそれだけ免れたわけであるから現存利益があるといえる。一方、浪費した場合には現存利益は存しない（判例）。

(2) 追認権者

取消権者と同じである（122条、120条）。

(3) 時期

ア　追認は、取消しの原因となっていた状況が消滅し、かつ、取消権を有することを知った後にしなければ効力を生じない（124条1項）。

イ　これに対し、次の各場合には、追認の時期に制限はない。

　　a．法定代理人又は制限行為能力者の保佐人若しくは補助人が追認をするとき（同条2項1号）

　　b．成年被後見人を除く制限行為能力者が法定代理人、保佐人又は補助人の同意を得て追認をするとき（同項2号）

□成年被後見人による追認は124条1項の場合に限られるため除外されている。

(4) 方法

取り消すことができる行為の相手方が確定している場合は、相手方に対する意思表示によって行う（123条）。

(5) 効果

追認がされると法律行為は有効なものに確定する（122条）。

5 法定追認（125条）

(1) 意義

取り消すことができる行為について、125条所定の行為がされたときは、これを追認したものとみなし、以後、取り消すことができない。法律関係の早期安定を図る趣旨である。

□取り消すことができる行為は一応有効であることから、この点に対する相手方の信頼を保護し、法律関係の安定を図るため、黙示の追認があったと推定されるような一定の事由が存在する場合に、一律に追認があったものと擬制したのが法定追認である。

(2) 無権代理行為の追認への適用の可否

125条は、無権代理行為の追認には一切適用されないものと解するのが通説である。

（理由）

125条が追認を擬制したのは取り消すことができる行為が一応有効であることによるところ、原則として無効である無権代理行為とは根本的に異なる。

6 取消権の消滅時効（126条）

(1) 意義

取り消すことができる法律行為が不確定のまま長期間存続することは、相手方や第三者の地位を不安定にするため、民法は取消権について消滅時効の定めを設けた。

(2) 時効期間

次のいずれかの期間の満了によって取消権は消滅する。

ア　各取消権者につき、「追認をすることができる時から5年間」

追認をすることができるとは、取消原因となっていた状況が消

滅し、かつ、取消権を有することを知ったということである（124条1項）。従って、制限行為能力による取消しについては、本人の取消権と法定代理人等の取消権とで消滅の時期が異なるという事態も生じうるが（124条2項1号）、この点、両者の取消権は発生原因が同じであること、及び法律関係をできるだけ速やかに安定させようとする126条前段の趣旨に鑑み、法定代理人等の取消権が5年の行使期間を過ぎて消滅した場合には、制限行為能力者の取消権も消滅すると解する見解が有力である。

イ　一律に、「行為の時から20年」

(3) **不当利得返還請求権との関係**

判例は、5年以内に取消権の行使があれば、その時点で、取り消すことができる法律行為に基づき交付された金銭その他の物に関する不当利得返還請求権が発生し、この請求権はさらに消滅時効にかかるとする。

第5節　条件及び期限

1 条件

(1) 意義
条件とは、法律行為の効力の発生又は消滅を、成否未定の事実にかからせる、法律行為の付款である。

(2) 条件の種類
ア　種類
a．停止条件…法律行為の効力の発生に関する条件
b．解除条件…法律行為の効力の消滅に関する条件
c．既成条件…過去の事実
d．不法条件…条件の不法性により法律行為全体が不法となるような条件
e．不能条件…社会通念上不能な条件
f．純粋随意条件…当事者の一方の意思にかかる停止条件

イ　条件となる事実は、将来確定すべき事実でなければならない。過去の事実は、たとえ当事者が知らなくても客観的には既定の事実であるから、既成条件（131条）であり、本来の条件ではない。

(3) 条件成就の効果
停止条件が成就すれば法律行為は効力を生じ、解除条件が成就すれば法律行為は効力を失う（127条1項・2項）。

条件成就の効果は、原則として条件成就の時に発生し、遡及しない（127条1項・2項）。但し、「当事者が条件が成就した場合の効果をその成就した時以前にさかのぼらせる意思を表示したときは、その意思に従う。」（127条3項）。

2 期限

(1) 意義
期限とは、法律行為の効力の発生・消滅又は債務の履行を、将来到来することが確実な事実の発生にかからせる、法律行為の付款をいう。このうち、確定期限とは、到来する時期も確定しているものをいい、不確定期限とは、到来は確実でもその時期が不確定のものをいう。

期限のうち、債務の履行に関するもの（履行期限）又は法律行為の効力の発生に関するもの（停止期限）を始期、法律行為の効力の消滅に関するものを終期という。

(2) 期限到来の効果
債務履行に始期があるときは、その期限到来のときから履行の請

□条件と期限との差異
発生するか否かが不確実である点が、条件と、到来確実な事実に関する期限との本質的な差異である。
なお、期間とは、ある時点からある時点まで継続した時の区分をいい、期限とは区別される（第6章参照）。

□いわゆる出世払いの約束は、条件である場合（成功したら払う）と期限である場合（成功したか否かが判明する時期まで弁済が猶予される）とがある。

□条件成就の妨害等（130条）
1. 条件が成就することによって不利益を受ける当事者が故意にその条件の成就を妨げたときは、相手方は、その条件が成就したものとみなすことができる（同条1項）。
2. 条件が成就することによって利益を受ける当事者が不正にその条件を成就させたときは、相手方は、その条件が成就しなかったものとみなすことができる（同条2項）。

求ができ（135条1項）、法律行為の効力に始期が付けられたときは、この期限が到来したときに効力を生ずる。また、法律行為の効力に終期が付けられたときは、その期限が到来したときに消滅する（135条2項）。

(3) 期限の利益

期限の利益とは、期限が付されていることにより、その間の当事者が受ける利益をいう。

期限の利益は、通常債務者側に存在するものと推定される（136条1項）が、無償寄託のように債権者（寄託者）が期限の利益を有することもあり、定期預金契約のように債務者（銀行）、債権者（預金者）双方が有することもある。

□例えば、金銭消費貸借の借主が有する期限の利益を貸主が一方的に奪い、期限前の弁済を求めることはできない。

期限の利益は権利ではないが、権利と同様に法的保護を受けるとともに、その放棄あるいは喪失が可能である。

ア　放棄

期限の利益を有する者は、原則としてその利益を単独で（相手方の承諾を得ないで）放棄することができる（136条2項）。但し、期限の利益の放棄は相手方の利益を害してはならない（同条ただし書）。

□このため、定期預金債権の債務者である銀行が自己の都合により期限前に弁済するには期限までの利息を付けなければならない。

期限の利益の放棄は将来に向かって発生し、遡及効はない。

イ　喪失

破産手続開始決定、債務者による担保の滅失、損傷又は減少、担保供与義務の不履行が生じたときは、債務者は期限の利益を主張しえなくなり、履行の請求に応じなければならない（137条）。債務者に信用がなくなり、これ以上の猶予を認めることは公平でないからである。

□不法行為責任とは異なるので、債務者の故意・過失を要しない。

ウ　期限の利益喪失約款

法定の期限の利益喪失事由以外に、当事者が合意により期限の利益喪失約款を定める場合がある。

期限の利益喪失約款には、所定の事実の発生で、当然即時に期限が到来するという趣旨のものと、所定の事実の発生があったとき、債権者が期限の利益を失わせることができる（債権者側の意思表示が必要）という趣旨のものの二つがある。

第6章　期　間

1 意義
期間とは、ある時期から他のある時期まで継続した時の区分をいう。

2 期間の計算

(1) 時・分・秒で定めた場合
期間を時・分・秒で定めた場合は、自然的計算法による（139条）。

(2) 日・週・月・年で定めた場合
期間を日・週・月・年で定めた場合は、暦法的計算法による（143条、140条）。具体的には次のとおりとなる。

ア　起算点
初日不算入（140条）

イ　計算方法
週・月・年は日に換算せずに暦に従って計算する（143条1項）

ウ　満了点
 a．週・月・年を単位としたときは、起算日に応当する日の前日をもって満了する（143条2項本文）が、月又は年によって期間を定めた場合において、最後の月に応当日がなければ、その月の末日をもって満了日とする（143条2項ただし書）。
 b．以上のいずれも、「末日の終了」（＝24時）をもって期間の満了とする（141条）。なお、末日が祝・休日であって、その日に取引をしない慣習があるときは、その翌日の終了をもって満了とする（142条）。

□例えば、10月10日午後5時に6か月間の約束で500万円を借りた者は、翌11日から起算して6か月先の応当日である翌年4月11日の前日である4月10日までに返済しなければならない。

□民事訴訟法95条1項は、「期間の計算については、民法の期間に関する規定に従う。」と規定しているため、例えば控訴期間（同法285条）を正しく把握するには民法の期間に関する規定の理解が必要となる。

第7章 時　効

第1節　総　則

1 時効制度

事例 1-10

Aは、Bが2024年5月1日に開かれた、あるイベントにて行ったとみられる、Aの保有する甲特許権を侵害する乙製品の販売行為について、不法行為による損害賠償請求訴訟を提起しようと考え（損害額は1000万円とする。）、2027年5月28日、弁護士Xと弁理士Yに事件の解決を依頼した。XとYが資料を検討したところ、準備に時間がかかり、時効期間内の訴え提起は不可能と見込まれる。

この場合に、この損害賠償請求権を時効にかからせないため、2027年5月28日の時点で、XとYはAの代理人としていかなる措置を講じるべきか。なお、Aは上記Bの行為を2024年5月31日に知ったものとする。

(1) 意義

時効とは、一定の事実状態が永続する場合に、それが真実の権利関係と一致するか否かを問わず、そのまま権利関係として認めようとする制度である。

このうち、取得時効とは、権利者としての事実状態（物の占有）を根拠として、真実の権利者とみなす場合をいい、消滅時効とは、権利不行使の事実状態を根拠として、権利の消滅を認める場合をいう。

本書の性格上、以下、時効の総則と消滅時効について説明する。

(2) 消滅時効に類似する制度

ア　除斥期間

除斥期間とは、一定の権利について法律の定めた存続期間をいう。すなわち、権利消滅の蓋然性とはかかわりなく、時が経つと権利自体の存否が不明確になるという権利自体の性質、あるいは権利関係を速やかに確定しようという公益上の必要に基づき、権

　　　　利の行使期間を限定することをいう。
　　　＜消滅時効との差異＞
　　　　ａ．当事者の援用を必要としない（cf.145条）
　　　　ｂ．完成猶予や更新が認められず、その期間は固定的である（cf. 147条）
　　　　ｃ．権利が発生した時を起算点とする（cf.166条1項、2項）
　　　　ｄ．権利消滅の効果は遡及しない（cf.144条）
　　イ　権利失効の原則
　　　　ａ．権利失効の原則とは、権利者が信義に反して権利を長期にわたり行使しないでいると、消滅時効や除斥期間を待つまでもなく、権利の行使が阻止されるという原則をいう。その根拠は信義則（1条2項）に求められる。
　　　　ｂ．消滅時効との差異
　　　　　(a)　画一的な一定期間の権利不行使によるのではなく、具体的場面における当事者の利益状況に鑑み、突然の権利主張が信義則に反すると認められる場合にその行使を封ずるものである。
　　　　　(b)　権利が消滅するわけではなく、その行使を封ずる抗弁権を相手方の側に発生させるに過ぎない。
　(3)　時効制度の存在理由
　　ア　長期にわたって継続した事実状態を、法律上も尊重することによって、社会の法律関係全体の安定をはかることが必要である（社会秩序の維持）。
　　イ　長期にわたって権利を行使しないことにより、権利関係の立証が困難となりがちである。そこで継続的事実は真実を反映させる蓋然性が大きいので、その事実を基礎にして裁判を行うことが望ましい（立証困難の救済）。
　　ウ　権利の上に眠っている者（権利を有しながらそれを行使しようとしない者）は、法の保護をうけるに値しない（義務からの解放）。

2 時効の遡及効

　時効が完成し援用されると権利の得喪が発生するが、どの時点で発生するかについて、民法は、「時効の効力は、その起算日にさかのぼる。」（144条）と定める。時効の援用は、時効期間が満了した後に初めてすることができるが、その効果としての法律関係の変動は、時効期間の開始時点に遡って生ずるのである。

3 時効の援用（145条）

　(1)　意義
　　　援用とは、時効の利益を享受する旨の意思表示である。

□消滅時効や除斥期間の規定があることに加え、信義則という一般条項を根拠とするものであることから、安易に権利失効の原則によることは許されない。判例（最判S30.11.22）も、解除権の失効が争われた事案において、「解除権を有するものが、久しきに亘りこれを行使せず、相手方においてその権利はもはや行使せられないものと信頼すべき正当の事由を有するに至つたため、その後にこれを行使することが信義誠実に反すると認められるような特段の事由がある場合には、もはや右解除は許されない」と判示し、この原則を一般論としては認めたが、当該事案への適用は否定した。

時効の利益を受けることは、当事者の良心に反する場合もありうるため、時効の利益を享受するか否かを当事者の意思にかからせたものである。

(2) 援用権者

時効を援用できるのは当事者（消滅時効については保証人、物上保証人、第三取得者その他権利の消滅について正当な利益を有する者を含む。）である。

(3) 援用の効力

時効の援用権者が数人ある場合に、その1人の援用・不援用は他の者に影響を及ぼさない（相対効、判例・通説）。

（理由）

永続した事実状態のみならず、個人の意思も尊重しようという援用の趣旨からすれば、絶対効を認めて時効利益の享受を欲しない者に援用の効果を押しつけることは妥当でない。

4 時効利益の放棄

(1) 意義

ア　時効が完成する前に、あらかじめ時効の利益を放棄することは許されない（146条）。これは、時効完成前にあらかじめ時効利益を放棄することを認めるのは時効制度の存在理由（1(3)ア）に悖ること、また、特に契約上の債権についてこのような放棄が許されるとすれば、債権者が債務者を強いて放棄させるおそれがあることによるものである。

イ　一方、時効完成後の放棄は自由である。相手方に放棄の意思表示をすれば、時効の効力は確定的に消滅する。

(2) 時効完成後の承認

時効完成前に権利の承認をすると、時効はその時から新たにその進行を始める（時効の更新、152条1項）。また、時効完成後に時効完成の事実を知りながら権利の承認をすれば、時効利益の放棄（意思表示）があったものとして完成した時効の効力が消滅する。

それでは、時効完成の事実を知らずに権利の承認（弁済猶予の懇請等）をしたときはどうなるか。その者は、もはやその時効を援用できないとする点に異論はないが、その根拠については説が分かれている。この点、判例は、債務の承認をした以上、時効完成の事実を知らなかったときでも、相手方は債務者はもはや時効を援用しないものと考えるのが通常であり、以後、その債務について、時効の援用をすることは信義則（1条2項）に照らし許されないとしている。

(3) 効力

□時効利益の放棄は、援用権放棄の意思表示であるから、時効の完成を知って、これを行う必要がある。

放棄した者に限り援用権を失う（相対効）。

5 時効の完成猶予及び更新

(1) 意義

ア　時効の完成猶予

当該事由がある場合に、時効の完成が、法律で定められた期間、猶予されることをいう。

イ　時効の更新

当該事由がある場合に、当該事由が終了した時点から、新たに時効期間が進行することをいう。

(2) 完成猶予事由及び更新事由

ア　裁判上の請求等（147条）

a．完成猶予

(a)～(d)の事由がある場合、その事由が終了する（確定判決又は確定判決と同一の効力を有するものによって権利が確定することなくその事由が終了した場合にあってはその終了の時から6か月を経過する）までの間、時効の完成は猶予される（同条1項）。

(a)　裁判上の請求（同項1号）

(b)　支払督促（同項2号）

(c)　訴え提起前の和解（民事訴訟法275条1項）又は民事調停法若しくは家事事件手続法による調停（同項3号）

(d)　破産手続参加、再生手続参加又は更生手続参加（同項4号）

b．更新

a(a)～(d)の事由がある場合において確定判決又は確定判決と同一の効力を有するものによって権利が確定したときは、時効は、それらの事由が終了した時から新たにその進行を始める（同条2項）。

イ　催告による時効の完成猶予（150条）

催告とは、相手方に義務の履行を求める意思の通知をいう。催告があったときは、その時から6か月を経過するまでの間、時効の完成は猶予される（同条1項）。

催告によって時効の完成が猶予されている間にされた再度の催告は、この規定による時効の完成猶予の効力を有しない（同条2項）。ここに「時効の完成が猶予されている間」とは、時効が本来完成すべき時が到来しているものの、完成猶予事由の効力によって時効の完成が猶予された状態をいう。

ウ　協議を行う旨の合意による時効の完成猶予（151条）

□平成29（2017）年の民法改正により、従来の時効の中断及び停止が、時効の完成猶予及び更新に再構成された。

□括弧書きの「権利が確定することなくその事由が終了した場合」の例としては訴えや申立ての取下げが挙げられる。その場合、旧法下の判例は、「裁判上の催告」として6か月以内に提訴など裁判所における権利行使手続を執ったときは時効中断効を認めていた。括弧書きはこれを時効の完成猶予として明文化したものである。

□強制執行等による時効の完成猶予及び更新については148条、仮差押え等による時効の完成猶予については149条参照。

□6か月の期間は、催告が相手方に到達した時から開始する。

a．趣旨

　権利をめぐる紛争を解決するための協議中であっても、時効完成が迫ると、完成を阻止するため、提訴など裁判所における手続を利用しなければならず、自発的で柔軟な紛争解決の障害となっていた。そこで民法は一定の要件の下、協議中は時効の完成が猶予されることとした。

b．要件

① 権利について協議を行う旨の合意（同条1項）
② 書面又は電磁的記録（同条1項、4項）

c．催告との関係（同条3項）

　催告によって時効の完成が猶予されている間にされた同条1項の合意は、この規定による時効の完成猶予の効力を有しない。また、この規定により時効の完成が猶予されている間にされた催告についても同様である。

d．完成猶予の期間等

(a) 期間

ⓐ 合意時から1年経過時まで（151条1項1号）
ⓑ 合意において1年未満の協議期間を定めたときは、その期間の経過時まで（同項2号）
ⓒ ⓐ又はⓑの経過時までに当事者の一方から相手方に対して協議の続行を拒絶する旨の通知が書面又は電磁的記録でされたときは、その通知の時から6か月経過時まで（同項3号、同条4項、5項）

(b) 再度の合意

　協議を行う旨の合意により時効の完成が猶予されている間に再度この合意がされると、そこから(a)に従って時効の完成が更に猶予される（同条2項本文）。この合意は繰り返せるが、時効の完成が猶予されなかったとすれば時効が完成すべき時から通じて5年を超えることができない（同項ただし書）。

エ　承認による時効の更新（152条）

　時効は、権利の承認があったときは、その時から新たにその進行を始める（同条1項）。ここに承認とは、時効の利益を受けるべき者から、時効によって権利を失うべき者に対して、その権利の存在を知っていることを表示（黙示でもよい）することをいう。承認が更新事由とされるのは、権利の存在が確認され、かつ権利者の権利の不行使の怠慢を責められなくなるからである。

オ　天災等による時効の完成猶予（161条）

□書面には署名や記名押印がなくてもよい。また、1通の書面でなく電子メールとこれに対する返信メールでもよい。

□このため、例えば202X年10月31日をもって時効が完成する甲の乙に対する実施料債権について、甲は乙に対し、同年5月31日に催告したが、乙は支払をしなかったという場合において、その後、同年11月10日に甲乙間で協議を行う旨の合意（同条1項）がされたとしても、この合意により時効の完成が更に猶予されることはない。本来10月31日をもって時効消滅する債権の時効完成が催告により11月30日まで猶予されている状態で合意がされても151条3項前段により、更に猶予はされないため、甲の債権は11月30日の経過により時効消滅する。

□判例上「承認」に当たるとされたもの
・支払猶予を懇請すること
・利息の支払（元本債権の承認となる。）
・一部の弁済（一部としての弁済であれば、全部（残額）についての承認となる。）

時効の期間の満了の時に当たり、天災その他避けることのできない事変のため147条1項各号又は148条1項各号に掲げる事由に係る手続を行うことができないときは、その障害が消滅した時から3か月を経過するまでの間、時効の完成は猶予される。

(3) 完成猶予又は更新の効力が及ぶ者の範囲

ア 原則

原則として、完成猶予又は更新事由が生じた当事者及びその承継人の間にのみ生ずる（153条）。

イ 例外

主たる債務者に対する時効の完成猶予及び更新は、保証人に対しても効力を生ずる（457条1項）。

・反対債権による相殺（たとえ相殺の主張が撤回されたとしても、受働債権承認の効果は残る。）

解説 事例1－10

XとYは、2027年5月31日までに、配達証明付き内容証明郵便等によってBに甲特許権の侵害による損害賠償として1000万円の支払を求める催告を行い、時効の完成猶予を受けるべきである（150条1項）。不法行為による損害賠償請求権は、被害者又はその法定代理人が損害及び加害者を知った時から3年間行使しないときは時効消滅する（724条1号）ことから、XとYは上記のとおり催告をBに到達させる必要がある。

そして、Bが応答しなかったり、交渉してもまとまらない場合には、上記催告がBに到達した時から6か月以内に裁判上の請求等（147条）を行い、更に時効の完成猶予を受けるべきである。

□未成年者又は成年被後見人と時効の完成猶予については158条、夫婦間の権利の時効の完成猶予については159条、相続財産に関する時効の完成猶予については160条参照。

第2節 消滅時効

1 消滅時効にかかる権利
ア 債権（166条1項）
イ 債権又は所有権以外の財産権（166条2項）

2 要件
消滅時効の要件は、起算点から一定期間（時効期間）が経過したことである。

3 時効の起算点（166条）

(1) **主観的起算点**

債権者が権利を行使することができることを知った時（同条1項1号）

権利行使を期待されてもやむを得ない程度に債権者が権利の発生原因と権利行使の相手方である債務者を認識した時をいう。

(2) **客観的起算点**

権利を行使することができる時（同条1項2号）

権利を行使するのに法律上の障害がなくなった時をいう。

4 時効期間

(1) **債権**

ア 原則

次のa、bのうちいずれか早い方（166条1項）

a．債権者が権利を行使することができることを知った時から5年（同項1号）

この点、契約に基づく債権であって確定期限の定めのあるものについては、契約時に債務者はもちろんのこと、債権の発生原因の存在と確定期限の定めの認識も有しているため、期限到来から5年経過すると債権は時効により消滅する。

b．権利を行使することができる時から10年（同項2号）

この規定により、主観的起算点から5年以内でも、客観的起算点から10年経過すれば債権は時効により消滅する。

ex.

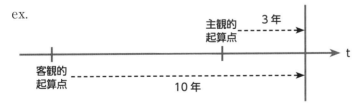

イ 不法行為による損害賠償請求権の消滅時効

次のa、bのうちいずれか早い方（724条）

□166条2項に当たる例としては用益物権(地上権・永小作権・地役権)が挙げられる。

□時効の一般的要件としての援用も必要である（第1節参照）。

□消滅時効の起算点に関しては、本文の他にも次の特則がある。
・取消権（126条）
・相続回復請求権（884条）

a．被害者又はその法定代理人が損害及び加害者を知った時から3年（同条1号）
　　　b．不法行為の時から20年（同条2号）
　ウ　生命・身体の侵害による損害賠償請求権の消滅時効
　　　生命・身体という保護法益の重要性に鑑み、次のいずれの場合も短期5年、長期20年とされている。
　　a．不法行為構成による場合
　　　(a) 被害者又はその法定代理人が損害及び加害者を知った時から5年（724条の2、724条1号）
　　　(b) 不法行為の時から20年（イb）
　　b．債務不履行構成による場合
　　　(a) 債権者が権利を行使することができることを知った時から5年（アa）
　　　(b) 権利を行使することができる時から20年（167条、166条1項2号）

(2) **債権又は所有権以外の財産権**
　権利を行使することができる時（客観的起算点）から20年間行使しないとき（同条2項）

＜履行遅滞が生ずる時期と時効の起算点の比較＞

	履行遅滞が生ずる時期	時効の客観的起算点
確定期限ある債権	期限の到来時（412条1項）	期限の到来時
不確定期限ある債権	債務者がその期限の到来後に催告を受けた時とその期限の到来を知った時のいずれか早い時（412条2項）	期限の到来時
期限の定めのない債権（ex.不当利得返還請求権）	催告時（412条3項）	債権が成立した時
債務不履行による損害賠償請求権	催告時（期限の定めのない債権とされる）	本来の債権について履行請求できる時（∵本来の債権との同一性）
契約解除による原状回復請求権	催告時（期間の定めのない債権とされる）	契約解除時（∵解除により成立する債権である）
返還時期の定めのない消費貸借	催告後、相当期間経過後（591条）	債権成立後、相当期間経過後
不法行為による損害賠償請求権	不法行為時（判例・通説）	不法行為時（724条2号）

□長期20年は旧法下では除斥期間と解されていたが、新法では時効期間であることが明確化されたため、時効の完成猶予や時効の更新の対象となる。また、20年が経過した後に被害者やその遺族が被害の事実を知った場合も、時効の援用に対する信義則違反や権利濫用法理により被害者の救済を図ることができる。

□判決で確定した権利の消滅時効（169条）
　確定判決、裁判上の和解、調停その他確定判決と同一の効力を有するものによって確定した権利（確定の時に弁済期の到来していない債権を除く。）については、10年より短い時効期間の定めがあるものであっても、その時効期間は10年とされる。

□一般の債権に関する時効の主観的起算点は、時効の客観的起算点となる時期が到来し、かつ権利行使を期待されてもやむを得ない程度に債権者が権利の発生原因と権利行使の相手方である債務者を認識した時となる。

□不法行為による損害賠償請求権に関する時効の主観的起算点は被害者又はその法定代理人が損害及び加害者を知った時である（724条1号）。

第 2 編

物　権

　物権とは、特定の物を直接支配して利益を受ける排他的権利をいい、特定の他人（債務者）に対して一定の行為（給付）を請求する権利である債権と異なります。このような権利の内容から、物権は権利として法律上保護される限り、これと抵触する内容の物権が、同一物上に併存することは許されず（排他性）、また、物権を侵害する者に対して妨害の排除等を請求する権利（物権的請求権）が認められます。

　本編では、各種の物権に共通する事項について定める物権総則と、各種の物権の概要について学びます。民法の物権に関する規定は有体物を念頭に置いているため、無体物に対する権利である知的財産権については当てはまらない点も多いですが（このため、本書の性格上、本編の記述はごく基本的なものに留めています。）、一般法である民法の物権に関する規定を学ぶことにより、特別法である知的財産権法の理解も深まることでしょう。

第2編 物権

第1章 総則

1 物権の概念

(1) 物権と債権の差異

物権とは、特定の物を直接支配して利益を受ける排他的権利をいう。

物権と債権の本質的差異は、権利の内容にある。物権は物を直接支配する権利であるのに対し、債権は一定の人（債務者）に一定の行為（給付）を請求することができるだけである。

更にこのことから、物権は権利として法律上保護される限り、これと抵触する内容の物権が、同一物上に併存することは許されない（排他性）。債権では、債務者の自由意思による行為（給付）を内容とするから、同一内容の債権の併存を認めても（ex. 二重契約）、その本質に反しない（履行できなかった債務につき不履行の責任が問題となるだけである。）。

これらの差異から、妨害排除請求権の有無、物権の優先的効力などの問題が派生する。

□債権とは、特定の他人（債務者）に対して、一定の行為（給付）をすることを請求する権利をいう。
□直接性とは、物に対する支配権であり、他人の行為の介在を要しないことをいう。
□排他性とは、一つの物権が存する物には、同じ内容の物権は両立しないことをいう。

＜物権と債権の比較＞

	物　権	債　権
権利の客体	物（対物権）	人（対人権）
物に対する支配	直接支配	間接支配
排他性	あり	なし
追及力 （追及効）	絶対性（対世権） →追及力あり	相対性（対人権） →追及力なし
優先性 （優先的効力）	あり（物権相互間、債権に対する関係）	なし（債権者平等の原則）
法的規制	物権法定主義、公示の要請大	契約自由の原則、公示の要請小さい

□物権は、目的物がどこに移転しても、原則として権利内容の実現を請求することができる。これを物権の追及力という。これに対して、債権は債務者に対してしか権利の内容の実現を請求できない（追及力がない）。

(2) 物権の客体

物権の客体となるには、有体物であること（85条）のほか、解釈上、ア．支配可能性、イ．特定性・単一性、ウ．独立性が要求される。

ア　支配可能性

物権の客体となるには、権利の主体による排他的な支配が可能であることが必要である。

イ　特定性・単一性

□物権の客体となるには有体物であることが要求されることの例外としては、権利質（362条）及び地上権や永小作権を目的とする抵当権（369条2項）などが挙げられる。

物に対する排他的支配を認めるためには、その対象が特定している必要がある。このため、例えば、ワイン1ダースといった不特定物（種類物）の上には債権は成立しても物権は成立しえない。また、物権の客体は単一のものでなければならないのが原則であるため、たとえ特定したとしても、1ダースのワインに対し一つの物権が成立することはない。

もっとも、この要件については例外が認められている（ex. 流動集合動産譲渡担保）。

ウ　独立性

物権の客体は独立した物でなければならず、物の一部は物権の客体となりえない。

□不特定物（種類物）については第3編第1章参照。

□この場合、1ダースを構成するワイン1本ごとに一つずつ物権が成立することになる。

□一物一権主義
　これには2つの意味がある。すなわち、①独立性と単一性の要件を合わせることにより導かれる、「一つの物権の客体は一つの物である」という意味と、②物権の排他的効力に基づく、「一つの物の上には同じ内容の物権は一つしか成立しない」という意味である。

2 物権の効力

(1) 物権一般の効力

直接支配性
- **排他的効力**　物権間の優先的効力→効力は物権の成立順
  - （例外）・公示方法を具備しない場合及び公示の順番が成立の順番と異なる場合
  - ・先取特権内の順位及び他の物権に対する順位
  　　　　　　　　　　　　　　　　　(329条〜331条、334条、339条)
  - ・占有権には優先的効力なし
- **債権に対する優先的効力**（「売買は賃貸借を破る」）
  - （例外）・仮登記を備えた不動産物権の変動を目的とする債権
  - ・公示方法を具備した不動産賃借権
  - ・特許権、実用新案権、意匠権の通常実施権
- **物権的請求権**

(2) 物権的請求権

物権的請求権とは、物権の内容の円満な実現が妨害され、又はそのおそれがある場合に、妨害又はそのおそれを生じさせている者に対して、物権をもつ者がその妨害の排除などを請求する権利をいい、具体的には、物権的返還請求権、物権的妨害排除請求権、物権的妨害予防請求権の3つからなる。

物権的請求権については、これを正面から認める規定がないことから、その肯否が問題となるが、以下の理由から肯定するのが一般的である。

（理由）
① 物権の直接支配性を実現するために必要である。
② 自力救済の禁止
　物権を有する者でも、実力を行使することは原則として許されないため、物権の物に対する直接支配権としての実効性を保つ

□行為請求権説（判例・通説）からの定義である。

めに、物権的請求権が必要である。
③ 仮の権利ともいうべき占有権の妨害について、占有の訴えの規定（197条以下）が設けられている。
④ 占有の訴えの他に「本権の訴え」が認められている（202条）。
⑤ 特に物権的請求権によって保護する必要のない場合には、これを否定する趣旨の明文規定が設けられている（302条、333条、353条）。

3 物権法定主義

物権の種類及び内容を法律上限定することを、物権法定主義という（175条）。

（趣旨）
① 土地に関する複雑な封建的物権関係を整理・単純化して、近代的土地所有権を確立する必要があった（民法制定時の趣旨）。
② 物権は絶対的・排他的権利であることから、物権の種類を法定し、その公示の徹底をする必要がある。

4 物権の変動

(1) 意思主義の原則

「物権の設定及び移転は、当事者の意思表示のみによって、その効力を生ずる。」（176条）と規定していることから、わが国の民法が意思主義を採用していることについて異論はない。

意思主義とは、物権変動を生ずるためには、意思表示のみで足りるとする立法主義である。これに対して、形式主義とは、物権変動を生ずるためには、意思表示のほかに一定の形式（登記・登録など）を必要とする立法主義である。

□工業所有権の移転やその専用実施権（専用使用権）の設定・移転、及びこれらを目的とする質権の設定・移転は登録しなければその効力を生じないとされていること（ex. 特許法98条1項各号）とは大きく異なる。

(2) 所有権移転時期（物権変動の時期）

契約成立時説が判例・通説であり、これによれば、契約が成立した時に、原則として直ちに物権変動の効果を生ずるが、不特定物売買や他人物売買などのように、契約時に物権変動を生ずるにつき障害がある場合には、その障害が除去された時に所有権が移転する。また、当事者の合意により、所有権移転時期につき別段の定めをしたときは、これに従う。

5 公示の原則

(1) 物権変動と公示

物権は物に対する直接支配権であり、それゆえ排他性を有するが、かように強力な権利についてその所在や変動が外部から判断できないとすれば、取引の安全を著しく害する。そこで民法は、物の種類に応じて公示の制度を設けている。

具体的には、不動産については登記であり（177条）、動産については引渡しである（178条）。なお、自動車や航空機等は動産であるが登録制度が採用され、また、立木や未分離の果実等については明認方法が認められている。

(2) 公示の原則と公信の原則の差異

公示の原則	物権の変動は、常に外界から認識することができる何らかの表象（登記・登録・占有・標識）を伴うことを必要とするという原則	表象のないところには、物権変動はないであろうという消極的信頼の保護。この限度で取引の安全に役立つ。
公信の原則	物権の存在を推測させる表象を信頼した者がいる場合、たとえその表象が実質的な権利を伴わないものでも、その信頼を保護しなければならないという原則	公示があれば、それに対応する物権変動があったであろうという積極的信頼の保護

わが国の民法は、動産の物権変動にのみ公信の原則を採用している（192条、即時取得）。

□即時取得については第2章第2節参照。

6 不動産物権変動の対抗要件

事例 2-1

特許法98条1項1号は特許権の移転については登録しなければその効力を生じない旨規定している。ところで、不動産所有権の移転の場合、民法の原則によれば次の設例(1)〜(3)はどうなるか。

〔設例〕乙は甲からその所有するA土地を買い受ける契約をしたが、登記は未了である。

(1) その後、甲はA土地を丙に対しても売却し、丙に移転登記を行った。丙が甲との売買契約の時点で甲乙間の売買契約の存在を知っていた場合、乙は丙に対しA土地の所有権を主張することができるか。

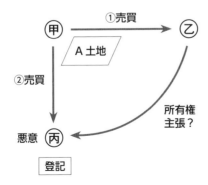

(2) A土地を不法に占有する丁がいる場合、乙は丁に対し所有権に基づき明渡しを求めることができるか。

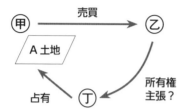

(3) その後、甲は死亡し、唯一の相続人戊が相続した。戊はA土地を占有している。乙は戊に対し所有権に基づき明渡しを求めることができるか。

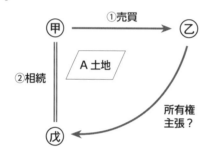

(1) **177条の趣旨**

177条は、「不動産に関する物権の得喪及び変更は、不動産登記法（平成十六年法律第百二十三号）その他の登記に関する法律の定めるところに従いその登記をしなければ、第三者に対抗することができない。」と規定する。

これは、物権が特定の物を直接支配する排他的権利であることに鑑み、権利の所在、変動につき公示を徹底させることによって、取引の安全を図る趣旨である。

(2) **「対抗することができない」の意味**

「対抗することができない」とは、物権変動の効果を第三者に対し主張することができないという意味である。

ここで、176条（意思主義）と177条（対抗要件主義）の関係が問題となる。

すなわち、二重譲渡の場合、177条によれば譲渡人Aからの第2譲受人Cが先に登記を備えれば、所有権の取得を第1譲受人Bに対抗できることになる。一方で、176条は意思主義を採用しており、物権変動には意思表示のみで足り、登記の移転は不要であることから、第1譲渡によりAは無権利者となり、Cは所有権を取得できないはずではないか、という疑問をどう解決するかの問題である。

□二重譲受人B、Cがともに登記をしていない場合には、いずれの説を採っても、BもCも相手方に対して、自己の所有権取得を主張できない（訴えを起こした方が敗訴する）。

【図解】

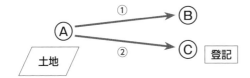

i) 不完全物権変動説（多数説）

登記がなくても意思表示のみで第三者に対しても有効な物権変動が生じるが、排他性のない不完全なものであって、Aもまた完全な無権利者ではなく、Cへの二重譲渡も可能であるとする。

(理由)
① 所有権は、ある法律効果を主張する際の根拠として用いられる観念的存在に過ぎないので、AがCとの関係では完全な無権利者ではないと観念しうる。
② 176条が、177条や178条の存在によって制約されている関係を、不完全物権変動と表現することができる。

(批判)
BCともに不完全な物権しか取得しないはずなのに、登記を備えたCがなぜ完全な物権を取得できるのかが不明である。

ii) 公信力説

A−B間の譲渡により、Aは完全な無権利者となるが、それでも登記を備えたCが所有権を取得するのは、Aの所有者らしい外観＝登記を信頼して取引に入ったことが法的に保護されるからであるとする。

(理由)
① 意思主義、物権の排他性、一物一権主義に忠実な構成である。
② 登記懈怠者に第三者に権利を取得させるという形での制裁を加える際には、第三者側にも保護事由（善意無過失）を要求するのは民法の一般原則であり、また、公平な結果を得られる。

(批判)
① 177条の「第三者」は主観的要件が要求されていない。
② 177条は178条と同じく対抗要件主義を定めたものであり、公信の原則を定めたものではない。

(3) 登記されるべき権利

ア 不動産物権（177条、不動産登記法1条）
イ 物権以外で、なお対抗力取得のため登記を要するもの
ex. 不動産賃借権（605条）、不動産買戻権（581条）など

(4) 「物権の得喪及び変更」の意味

意思表示による物権変動に限らず、全ての物権変動について登記

□ 177条は「対抗することができない」と規定するだけであるから、第三者の側から、登記のない物権変動の効力を認めることは差し支えない。

を必要とするとする無制限説が判例・通説である。

(理由)
① 177条の趣旨は公示による取引安全という点にあるところ、この趣旨は176条(意思表示)による物権変動のみに妥当するものではなく、それ以外の場合にも同様に妥当する。
② 176条以外による物権取得者も登記を備えられる以上、登記を要求しても不当ではない。

(5) 「第三者」の範囲
177条の「第三者」とは、当事者及びその包括承継人以外の者であって、登記欠缺を主張するにつき正当の利益を有する者をいい、かかる利益を有しない者には、登記がなくても物権変動を対抗できるとするのが判例・通説である。

(理由)
① 不動産取引の安全を図るために、登記を公示方法とした177条の立法趣旨にかなう。
② 例えば、家屋を権限なく破壊した不法行為に対し、家屋所有者が損害賠償を求めても、登記の欠缺を理由にこれを拒めるという結果は不当である。

(6) 背信的悪意者排除論
ア 177条の「第三者」は善意であることを要するか。
  i) 善意必要説
   (理由)
    不動産登記制度は、公示されていない物権変動の存在によって第三者が不測の損害を被ることを予防しようとするものであるが、悪意者は不測の損害を被ることはないのだから、これに177条の保護を与える必要はない。
  ii) 善意・無過失必要説
    外観法理による救済を受けるために、後の譲受人は善意・無過失でなければならない。
   (理由)
    ① 公信力説からの帰結。
    ② (公信力説に立たない説から)自由競争の原理が働くのは、例えばAの不動産をB、Cのいずれが買うかという契約締結段階においてであり、一方が先に契約をしたのに、契約成立要件ではない登記がなければ悪意の第三者に負けるとするのは自由競争ではなく横領の奨励にほかならない。そして、建物の敷地の譲渡の場合、第三者は当該敷地が既に第1譲受人

のために譲渡されていないか調査する義務を負うものと解すべきである。

iii) 善意不要説

（理由）
① 177条は第三者の善意を要求していない。
② 物権公示の原則は、具体的場合の善意悪意を問わず、外形によって画一的に処理することにより、その目的を達成することができる。

iv) 背信的悪意者排除説（判例・通説）

177条の「第三者」は単なる悪意者を含むが、社会生活上正当な自由競争の域を超えて信義則上是認できない程度の悪意者は排除すべきである。

（理由）
① iii) 説の理由①②。
② 自由競争原理の逸脱を放置することは、信義則に反する。

イ 背信的悪意者の該当性の判断

登記の欠缺を主張する第三者の行為態様、否認される権利・利益の種類・内容等諸般の事情を、信義則に照らして、総合的に判断することになる。

具体的には、第1の譲渡行為の登記欠缺を主張することが自己の行為に矛盾し、信義則に反する場合や、第2の譲渡行為が反倫理的な意図動機にもとづくものであって、信義則に反する場合、第2の譲受人と譲渡人とが実質的に同一であるか、両者が密接な関係にある場合は背信的悪意者として扱われる。

ウ 背信的悪意者の類型

　a．信義則違反→相対的無効類型

　　第1譲受人に対する関係でのみ、背信的悪意者としてその権利取得が信義則上許されないとされるにとどまり、他の者との関係では、有効な登記を備えた所有者として扱われる。

　b．90条公序良俗違反→絶対的無効類型

　　背信性が特に著しい場合、その第2譲受人はいかなる意味においても実質的無権利者として扱われる。

エ 転得者の地位

　i) 絶対的無効説

　　背信的悪意者は完全な無権利者であって、登記に公信力がない以上、転得者は物権的には保護されない。

　ii) 相対的無効説（判例・通説）

□判例による分類
1.「第三者」に当たる者
・物権取得者（二重譲受人、競落人など）
・賃借人
・目的物に支配を及ぼした債権者（差押債権者、仮差押債権者、処分禁止の仮処分債権者など）
2.「第三者」に当たらない者
・不動産登記法5条が挙げる者
・実質的無権利者とその譲受人
・転得者
・不法占拠者
・不法行為者
・一般債権者
・転々移転した前主・後主
・受寄者
・背信的悪意者

背信的悪意者は全くの無権利者ではなく、信義則上、第1譲受人との相対的な関係でのみ登記の欠缺を主張できないだけである。よって、上記ウbの場合でない限り、転得者は、自分自身背信的悪意者でなければ保護される。
オ　背信的悪意者に当たらない者からの転得者が背信的悪意者であった場合の取扱い
　　ⅰ）相対説
　　　具体的妥当性を重視し、転得者が第1譲受人との関係で背信的悪意者であれば、第1譲受人の登記の欠缺を主張することができないとする。
　　ⅱ）絶対説
　　　法的安定性を重視し、第2譲受人が背信的悪意者でない以上、それ以降の転得者は例え背信的悪意者であっても第三者に含まれるとし、藁人形の介在に対しては、信義則による権利主張制限をする。

解説　事例2-1

(1) できない。177条は「不動産に関する物権の得喪及び変更は、不動産登記法（平成十六年法律第百二十三号）その他の登記に関する法律の定めるところに従いその登記をしなければ、第三者に対抗することができない。」と規定している。ここに「第三者」とは、当事者及びその包括承継人以外のものであって登記欠缺を主張するにつき正当の利益を有する者をいうものと解されているところ（判例）、二重譲渡の一方譲受人はこれに当たりうる。そして、177条の「第三者」は、文言上善意を要件としていないこと、先行する譲渡契約の存在を単に知りつつ譲渡を受け、先に登記を備える行為は自由競争の範囲内のものと評価できることから、先行譲受人を害する目的で譲渡を受けるなどした、いわゆる背信的悪意者に当たらない限り、悪意者であっても「第三者」に該当する（判例）。
　　従って、二重譲渡の一方譲受人が善意であればもちろん、丙のような単純悪意者も「第三者」に当たるため、登記を備えていない乙は、丙に対し、A土地の所有権を主張することはできない。
(2) できる。不法占有者は登記欠缺を主張するにつき正当の利益を有しないため、177条の第三者に当たらないからである。

(3) できる。戊は当事者甲の包括承継人であり、177条の第三者に当たらないからである。

7 擬似的対抗問題

擬似的対抗問題とは、純然たる対抗問題ではないが、利益衡量の結果、対抗問題として扱うのが妥当であると判断される場合をいう。当事者にとって公平であること、取引の安全にも役立つことから、判例・通説によって認められている。

(1) **取消しと登記**

ex. AはBに不動産を売り、所有権移転登記を行ったが、Aは制限行為能力・詐欺・強迫等を理由にBとの売買契約を取り消した。その一方で、Bからこの不動産を譲り受けたCがいる場合、AとCの優劣はどのように決められるか。

【図解】

ⅰ) 判例・通説

ア 取消し前に出現したCとの関係については、Aの取消しによってAB間の物権変動は遡及的に消滅し（121条）、はじめから所有権はAからBに移転していなかったことになるから、BC間の所有権移転も原因を欠いて無効となり、Aは登記がなくてもCに所有権の帰属を主張できる。但し、詐欺による取消しは、善意のCに対して所有権の帰属を主張できない（96条3項）とする。

イ 取消し後に出現したCとの関係については、取消しの遡及効の問題ではなく、対抗要件の問題として処理する。すなわち、取消しによるBからAへの所有権復帰と、BからCへの所有権移転とは、二重譲渡と同様の関係が認められるから、177条を適用し、Aは登記をしなければ所有権の復帰をCに対抗できないとする。

(理由)

① 取消し前の取得者に対する関係で、あらかじめ物権復帰の登記を要求することは実際上不可能であるのに対し、取消しの意思表示をしてその登記ができるようになったのに放置しておいても常に第三者に対抗できるとすることは、あまりにも公示の原則を無視することになる。

□本文に掲げる取消しや解除の他、取得時効や相続に関し擬似的対抗問題として取り扱われる場合があるが、本書の性格上割愛する。なお、対象を有体物とするここでの議論が工業所有権についてそのまま妥当するかについては疑問もある。

②　この説では、取消し後の取得者との関係では取消しの遡及効を認めないことになるが、取消しは、無効の場合と異なり、時の経過とともに見る限り物権の変動があることは事実であって、ただそれが初めから生じなかったように擬制されるにすぎないのだから、取消しの後には、物権の復帰を第三者に対抗するために登記を要すると解することには十分な理由がある。

(批判)
①　取消し前に出現した第三者との関係では遡及効を貫く一方で、取消し後の第三者との関係ではこれを無視し、あたかも復帰的物権変動であるかのように考える点で理論的に一貫しない。
②　取消しの遡及効を前提にする以上、転得者保護は本来、公信の原則によるべき問題なのに、公示の原則による対抗問題として処理するため、取消し後に出現した第三者は悪意であっても保護されることとなり不当である。

ii）無権利説

取消しの遡及効による無権利の法理を取消しの前後ともに貫く。取消しがされた以上、Bは当初から無権利者となるのであり、177条適用の余地はないとし、第三者保護については、96条3項や94条2項により図ろうとする。

A）96条3項説

詐欺の場合にのみ、取消しの前後を問わず、96条3項を適用する説と、強迫の場合にも取消しの前後を問わず、96条3項を類推適用する説とに分かれる。

B）94条2項類推適用説

登記を信頼した第三者を、94条2項の類推適用により保護すべきであるとする。どの時点から94条2項を類推適用すべきかについては以下の諸説がある。

a）取消権者が取り消すことができる行為の外形たる登記を除去することが可能となった時点から、94条2項を類推適用するとする説

(批判)
①　登記除去可能時の基準が不明確で、立証が困難である。
②　取消しをするか否かは、取消権者の自由であるから、取消しをしないことが帰責事由に当たるということはできない。

β) 取消しの場合一般について、取消しの前と後を区別し、取消し前の第三者保護は民法の用意した第三者保護規定により（96条3項のみ）、取消し後の第三者保護は94条2項の類推適用によるとする説

（理由）

94条2項の類推適用のためには、本人（＝この場合、取消権者）の帰責事由が必要であるところ、取消しの前と後では、本人の登記除去の懈怠の程度には顕著な差があるから、取消し前に94条2項を類推することは適当でない。

(2) 解除と登記

相手方の債務不履行を理由とする契約解除の場合にも、取消しと登記の問題と同じ状況になる。但し、解除前の第三者との関係については、取消しの場合とは異なる議論となる。すなわち、解除の効果については121条のような遡及効について規定する明文がないので、遡及的構成（直接効果説）を採らない間接効果説・折衷説も有力に存在し、これらの説によれば、既履行のものについては新たに返還債務が生ずると考えるので、まさに二重譲渡の問題として処理されることになる。従って、間接効果説・折衷説に立ち、解除の前後を問わず対抗問題（177条）であるとして処理する考え方も有力である。

他方、判例・通説によれば、545条1項ただし書の「第三者」は、善意であることは不要だが、保護要件としての登記（不動産の場合。動産の場合は引渡し）を備えることが必要であるとされ、この場合の登記は、保護要件としての機能を営むとされている。従って、解除前の第三者が保護されるためには、保護要件たる登記が必要であることになり、結局、判例・通説（直接効果説）の立場でも解除の前後を問わず、登記の有無で第三者の保護が決せられることになる（但し、いつまでに登記を備えるべきかの問題がある。詳しくは債権各論参照。）。

8 動産物権変動の対抗要件

動産物権変動の対抗要件は、「引渡し」（178条）であり、引渡しとは占有の移転をいう。

動産においては、不動産のような公示方法は技術的に困難であり、しかも取引が頻繁であることから、引渡しをもって公示方法とした。

178条の「引渡し」は、①現実の引渡し（182条1項）、②簡易の引渡し（182条2項）、③占有改定（183条）、④指図による占有移転（184条）を指すものとされる。

□対抗要件は、本来、物権の二重譲渡があった場合の優劣を決する場面で必要とされるものであるが、法の規定（例えば本文の545条1項ただし書）により保護を受けるための資格として登記等の対抗要件の具備が要求されることがあり、これを保護要件としての対抗要件という。

□引渡しを対抗要件としない動産の例としては、以下のものが挙げられる。
・船舶、自動車、航空機などは特別法（商法687条、道路運送車両法5条、航空法3条の3）に基づき登記又は登録によって公示される。

9 物権の消滅

物権の消滅原因には、物権一般に共通するものと、各種の物権について特有のもの（289条、396条〜397条など）とがある。物権一般に共通する消滅原因は次のとおりである。

ア　目的物の滅失

イ　消滅時効（166条2項、397条、361条）

所有権は消滅時効にかからない（166条2項。ただし取得時効（162条）が成立したときに所有者が反射的に所有権を失う場合があるのは別論である。）。また、占有という事実状態を基礎とする占有権も、消滅時効にかかる余地はない。

ウ　放棄

所有権及び占有権の放棄については、特定人に対する意思表示は不要であるが、所有権以外の物権の放棄については、放棄により直接利益を受ける者に対する意思表示が必要である。

エ　混同

混同とは、併存させておく必要のない2つの法律上の地位が同一人に帰することをいう。2つの物権が混同すれば、併存させておく必要がないため、原則として一方が消滅することになる（179条）。

オ　公用収用

・法人がする動産譲渡については、「動産及び債権の譲渡の対抗要件に関する民法の特例等に関する法律」（動産・債権譲渡特例法）において、動産譲渡登記により第三者対抗要件を備えることが認められている（同法3条）。

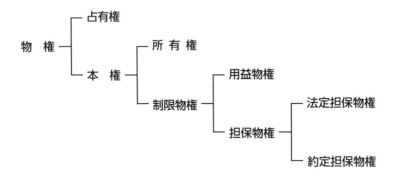

＜物権の種類＞

第2章　占有権

第1節　占有権の取得

1 占有の取得

(1) 占有制度の意義

占有制度は、事実的支配状態をそのまま法律的に保護する制度である。

(2) 占有・占有権・本権

占有は占有権の基礎となる事実をいう。わが国では、所持（事実的支配関係）に何らかの主観的要件が加わってはじめて占有（占有権の基礎）となる（主観主義）。

占有権は、占有を法律要件として成立する物権であって、種々の効果を生ずる根源をなす1個の権利である。

本権は、物の支配を法的に正当化する権利である。

> □本権が観念的権利であるのに対し、占有は事実的支配状態であり、このような状態をそのまま法律的に保護したのが占有権である。

(3) 占有取得の要件（180条）

① 「所持」（客観的要件）

社会観念上、ある人が、物について事実上支配していると認められる客観的関係があればよい。

② 「自己のためにする意思」（主観的要件）

所持による事実上の利益を自分に帰属させようとする意思である。

> □自己のためにする意思は、その時々の主観的な意思ではなく、所持を生じさせた原因（権原）によって客観的に判断される。この意思は占有取得の要件であって、占有継続の要件ではない。

(4) 占有の効果

ア　占有保護機能

占有訴権（197条～）

イ　本権公示機能

占有物について行使する権利の適法を推定した上で（188条）、即時取得（192条～）、借家権の対抗要件（借地借家法31条1項）など。

ウ　本権取得機能

これに関するものとして取得時効（162条）、果実取得権（189条）、無主物先占（239条）、遺失物拾得（240条）、留置権（295条）、質権（344条）など。

2 代理占有

代理占有とは、他人（占有代理人）の所持を通じて本人が占有することをいい、占有代理人の例として、賃借人、受寄者、質権者、地上権者などが挙げられる。代理占有により、本人が占有権を取得する。

> □占有代理人と占有補助者（占有機関）は、前者が本人とともに独立の占有者と認められるのに対して、後

3 占有の種類

(1) 自主占有・他主占有（権原の性質から客観的に区別）

自主占有とは、所有の意思をもってする占有をいい、他主占有とは、所有の意思のない占有をいう。

「所有の意思」の有無は内心とは関係なく、占有権原の性質に応じて客観的に定まる。例えば、買主や盗人にはあり、賃借人・受寄者・質権者にはない。

両者の区別は、取得時効（162条）、無主物先占（239条）等において意味がある。

(2) 権原に基づく占有・権原に基づかない占有

権原に基づく占有とは、占有をすることのできる権利（本権）に基づく占有をいい、権原に基づかない占有とは、本権に基づかない占有をいう。

(3) 善意占有・悪意占有（権原に基づかない占有について）

善意占有とは、権原に基づかない占有のうち、占有者が権原（本権）があると誤信している占有をいう。

悪意占有とは、権原に基づかない占有のうち、占有者が権原のないことを知っている占有をいう。

両者の区別は、取得時効（162条）、果実取得（189条、190条）、占有者の責任（191条）、即時取得（192条）、費用償還請求権（196条）等において意味がある。

ここにいう「善意」は、一般の用法と異なり、占有者が本権の有無につき疑いを持っている場合を含まない。

「善意」は推定されるが（186条1項）、無過失は推定されない。

(4) 過失ある占有・過失なき占有（善意占有について）

過失ある占有とは、善意占有のうち善意（権原があると誤信すること）について過失のある占有をいう。

過失なき占有とは、善意占有のうち、善意について過失のない占有をいう。

両者の区別は、取得時効（162条以下）、即時取得（192条）において意味がある。

(5) 瑕疵ある占有・瑕疵なき占有

瑕疵ある占有とは、悪意、過失、強暴、隠秘、不継続など全て完全な占有としての効果を生ずるのに妨げとなる事情を伴う占有をいう。

瑕疵なき占有とは、これらの事情がなく、完全な占有として効果を生ずる占有をいう。

者は独立の占有者とは認められず、占有の効果は全て本人に帰属する点において異なる。

両者の区別は、取得時効（162条以下）、即時取得（192条）や、占有の承継（187条2項）等において意味がある。

善意、平穏、公然、継続は、通常、占有者に推定される（186条）。

4 占有権の承継～移転の態様

(1) 現実の引渡し（182条1項）
現実の引渡しとは、占有移転の合意と物の現実的支配の移転によって行われる占有権の譲渡方法である。

(2) 簡易の引渡し（182条2項）
簡易の引渡しとは、譲受人が現実に物を所持している場合に、占有移転の合意だけによって行われる占有権の譲渡方法である。

(3) 占有改定（183条）
占有改定とは、譲渡人が物を譲渡した後も引続き所持していたい場合に、譲受人のために占有する意思表示によって行われる占有権の譲渡方法である。

(4) 指図による占有移転（184条）
指図による占有移転とは、譲渡人が占有代理人によって物を占有する場合に、これに対する命令（指図）と譲受人の承諾によって行われる占有権の譲渡方法である（占有代理人の承諾は不要）。

5 占有の態様等の推定

(1) 占有者に推定される占有態様
占有者は、所有の意思をもって、善意で、平穏に、かつ公然と占有をするものと推定される（186条1項）。

(2) 占有の継続の推定
前後の両時点において占有をした証拠があるときは、占有は、その間継続したものと推定される（186条2項）。

6 占有の承継

占有権が承継される場合には、占有承継人の占有は二面性を有する。すなわち一面では前主の占有と同一性を有する占有が継続するものと考えられ、他面では自己みずから新たな占有を始めたとみられる。187条は、占有の二面性を認めて、占有承継人はその選択に従って「自己の占有のみ」又は「自己の占有に前の占有者の占有を併せて」主張できるとする規定である。

□占有改定により譲渡人と譲受人の間に占有代理関係が設定されることになる。
占有改定は譲渡担保に多く用いられ、特に動産譲渡担保においては重要な作用を営む。

□動産物権変動の対抗要件（178条）としての「引渡し」には占有改定を含むが、即時取得（192条）の場合の「占有を始めた」には占有改定は含まれないとするのが判例である。

第2節　占有権の効力等

1 権利の推定

　占有者が占有物の上に行使する権利は、これを適法に有するものと推定され（188条）、占有者は本権を有するものと推定される。物を占有して、その上に権利行使の外観を有する行為をしている者は、多くの場合適法な本権を有するという蓋然性を基礎として規定されたものである。188条と186条1項により、特段の事情のない限り、占有者は所有者と推定される。

　なお、占有権原を譲り受けた前主に対する関係（ex.賃貸借契約における賃貸人（前主）と賃借人の関係）においては、占有の推定力は働かず、証明責任に関する一般原則によって律せられる。前主との間（＝当事者間）では権利の取得が問題となっているのであり、権利の存在ないし帰属についての規定である188条は適用されないからである。

　また、占有の推定力は不動産についても働くとするのが判例であるが、既登記不動産については、占有の推定力は排除されるとするのが通説である。

2 即時取得（192条）

(1) 意義

　即時取得（善意取得）制度は、前主の占有に公信力を与え、前主を真の所有者と誤信した者の信頼を保護しようとする制度である。例えば、ZがYから、Yが占有する腕時計をYの所有物であると過失なく信じて買ったところ、後になってこの腕時計はYがXから預かっていたものを勝手にZに売ったことが判明したという場合、Zは、即時取得の成立要件を充たす限り、真の所有者Xから腕時計の返還を求められても、これに応じる必要はない。即時取得の規定により、動産取引の安全が図られることになる。

(2) 要件

　即時取得の成立には、①対象が動産であること、②有効な取引による取得であること、③相手方に処分権限がないこと、④占有を取得すること、⑤占有取得時に平穏・公然・善意・無過失であること（186条1項により平穏・公然・善意は推定され、188条により前主の占有に適法の推定が働く結果、無過失についても推定される。）が必要である。

　なお、④の要件について、判例は、占有の取得が占有改定による場合（183条）には、即時取得の成立は認められないとする。

□但し、即時取得が成立する場合であっても、当該動産が盗品・遺失物であった場合については原権利者には盗難又は遺失の時から2年間、回復請求権が認められる（193条）。一方、盗品又は遺失物であっても、即時取得者が、これを競売若しくは公の市場において、又は当該動産と同種の物を販売する商人から買い受けたときは、原権利者は代価弁償をしなければ回復することができない（194条）。

(3) 効果

所有権（質権設定の場合、質権）の原始取得である。

□このため、当該動産に付いていた制限は消滅する。

3 占有の訴え

占有の訴え（占有訴権）は、社会の法秩序を維持するため、自力救済を抑制する手段として設けられたものである（197条〜202条）。

占有の訴えの主体は占有者であり、占有権原がないことを知って占有する悪意の占有者であっても占有の訴えは提起できる。

占有の訴えは、占有妨害の態様により、占有保持の訴え（198条）、占有保全の訴え（199条）、占有回収の訴え（200条）に分けられる。

□占有の訴えの対象となる権利は、従来、占有訴権と呼ばれてきたが、その性質は実体法上の請求権である。

4 占有権の消滅

(1) 意義

占有権は、占有者が占有の意思を積極的に放棄し、又は、占有物の所持を失うことにより消滅する（203条本文）。但し、占有回収の訴えを提起したときは、この限りでない（同条ただし書）。

(2) 代理占有の消滅（204条）

代理占有は、①本人が占有代理人によって占有をさせる意思を放棄したとき、②占有代理人が本人（間接占有者）に対して、以後、自己（占有代理人）又は第三者のために占有物を所持する意思を表示したとき、③占有代理人が占有物の所持を失ったときに消滅する。

5 準占有

準占有とは、物以外の利益についての事実上の支配関係をいう。205条は、占有権に関する規定が、自己のためにする意思をもって財産権の行使をする場合（準占有）に準用される旨を規定している（但し、規定の性質上、準用されないものもある。）。

第3章 所有権その他の本権

第1節 所有権と用益物権

1 所有権の意義・内容

所有権は、物を一般的・全面的に支配することができる物権であり、所有者は、法令の制限内で、自由に目的物を使用・収益・処分できる（206条）。

このような所有権に対して、その権能が所有権の有する使用・収益・処分の各権能の一部に制限された物権を制限物権という。制限物権は、権利の内容に応じて、用益物権と担保物権（第3節）に分類することができる。

＜所有権の内容＞

2 用益物権

用益物権とは、物の使用収益（利用）を内容とする物権であり、地上権、永小作権、地役権、入会権がこれに当たる。

(1) **地上権（265条～）**

地上権とは、工作物又は竹木を所有するために他人の土地を使用する物権をいう。

(2) **永小作権（270条～）**

永小作権とは、耕作又は牧畜を行うために他人の土地を利用する物権をいう。

(3) **地役権（280条～）**

地役権とは、特定の土地（要役地）の便益のために他人の土地（承役地）を利用する物権をいう。

(4) **入会権（263条、294条）**

入会権とは、山林原野に対する村落住民の共同収益を保護するため、それぞれ他人の土地を利用する物権をいう。

□本書の性格上、詳細な説明は省略する。

□元となる権利（所有権と工業所有権）の性質の違いがあるため完全に重なるものではないが、地上権（物権）は専用実施（使用）権に対応し、賃借権（債権）は通常実施（使用）権に対応するものといえる。

第2節 共有

> **事例 2-2**
>
> 特許法73条は、特許権の共有の場合の取扱いを定めているが、不動産の共有の場合、民法は、次の各事項につき、どのような取扱いをしているか。
> (1) 当該不動産に対する共有持分の譲渡
> (2) 当該不動産全部の使用
> (3) 当該不動産に関する賃貸借契約締結
> (4) 当該不動産の所有権侵害に関する妨害排除請求
> (5) 当該不動産の所有権侵害に関する損害賠償請求

1 共同所有

共有とは、数人が一つの物を所有することをいう。

(1) 共同所有形態

共有・合有・総有の諸形態がある。

ア 共有は、数人が別個・独立に所有権をもつものであり、ただ目的物が一つであるために、持分という割合の上で制約されているに過ぎない。共有は、複数の権利主体の下で、所有権の本質をそのまま反映している。

イ 合有は、数人が共同目的のため協力する団体的結合関係にあり、持分権を潜在的にしか有しない。合有は、持分が拘束された状態にある点で、共有と区別される（ex. 組合財産（668条））。

ウ 総有は、各個人の持分が潜在的にも存しない。各個人は目的物に対する使用収益権能を有するのみである（ex. 権利能力なき社団の財産）。

(2) 共有関係の成立

当事者の意思に基づく場合と基づかない場合がある。後者の例としては、共同相続財産（898条）、主従を区別できない動産の付合（244条）、埋蔵物発見（241条）などがある。

2 持分権

(1) 共有の内容

各共有者は、その持分を自由に譲渡することができ、担保の設定も原則として自由である（cf. 特許法73条1項）。

(2) 持分権の主張

持分権は、観念的には単独所有における所有権と性質を同じくす

□民法は共同所有につき「共有」の用語を用いているが（249条、668条など）、講学上、共同所有の性質により、共有、合有、総有に分類されている。

□2(1)につき、明文の規定はないが、共有とは数人が別個独立に所有権を持つものであり、ただ目的物が一つであるために持分という割合の上で制約されているに過ぎないものであることなどから、上記講学上の「共有」については、持分の譲渡や担保の設定について原則として制約がないと考えられている。もっとも、目的物の引渡しを要件とする質権及び用益物権の設定は、その性質上、各共有者単独ではできないものと考えられる。

るから、単独で持分権の主張ができる。
ア　妨害排除請求

各共有者は、ａ. 他の共有者及び第三者に対して、単独で共有物全部の妨害排除請求権を行使でき、ｂ. 共有物に第三者が不法な登記名義を有するときは、各共有者は、単独でその抹消登記を請求できる。また、ｃ. 共有物を第三者が不法占有するときは、各共有者は、単独でその返還を請求できる。このように、第三者に対する目的物全部の妨害排除請求・返還請求を求める根拠について、判例は保存行為（252条5項）に当たるとしている。

イ　持分権確認請求

各共有者は、他の共有者及び第三者に対して、単独で自己の持分権の確認を求めることができる。

ウ　持分権による登記請求

ａ. 共有物の登記が他の共有者の単独名義になっているときは、各共有者はその持分につき、自己名義の登記を請求できる。

ｂ. 持分権の譲渡人に対し、共有者は単独で持分権に基づき移転登記を請求できる。

ｃ. 無権利である第三者の所有名義になっているときは、各共有者が単独でその抹消登記を請求できる。

エ　持分権に基づく損害賠償請求

共有物の所有権が侵害されたときは、各共有者は持分に応じた額の損害賠償請求権を行使できる。損害賠償請求権は金銭債権であって可分だからである。

3 共有物の使用・変更・管理

(1) 共有者の使用権（249条）

各共有者はその持分に応じて、所有者と同じく共有物の全部を使用できる（同条1項、cf. 特許法73条2項）。本条は使用についてのみ掲げるが、収益も含まれる。

持分に応じた具体的な使用方法（ex. 共有物のどの部分を使用するか）は、共有者間の協議によって決し、協議がまとまらないときは、持分の価格の過半数により決する（252条1項後段）。不満がある共有者は共有物の分割請求をするほかない（256条1項本文）。

共有者は、善良な管理者の注意をもって、共有物の使用をしなければならない（249条3項）。また、共有物を使用する共有者は、別段の合意がある場合を除き、他の共有者に対し、自己の持分を超える使用の対価を償還する義務を負う（同条2項）。

(2) 共有持分の割合（250条）

□工業所有権が共有に係る場合も、各共有者は保存行為として単独で権利侵害行為の差止めを請求することができると解するのが一般的である。

□共有に係る特許権について特許権者に対し審判を請求するときは、共有者の全員を被請求人として請求しなければならず（特許法132条2項）、また、特許権又は特許を受ける権利の共有者がその共有に係る権利について審判を請求するときは、共有者の全員が共同して請求しなければならない（同条3項）。
　一方、審決取消訴訟については、特許を受ける権利の共有の場合には共有者全員で行う必要があるとされているが（最判H7.3.7「磁気治療器」事件）、特許権の共有の場合には共有者の一人が保存行為として単独でできるものとされている（最判H14.3.25「パチンコ装置」事件）。

□このことは共有に係る工業所有権が侵害された場合についても同様である。

□ここにいう「収益」が可分の債権である場合（賃料、共有物に対する第三者の侵害があった場合の損害賠償請求権など）には427条が適用され、各共有者は、分割債権を取得する。

□一方、持分を超える使用でも自己の持分に基づく限度では使用権限があるため、共有者の一人が単独で共有物を占有している場合でも、他の共有者は当然に明渡請求をすることができるものではない（判例）。もっとも、共有者の協議により使用を禁じられた共有者が占有しているような場合には明渡請求が認められるものと考えられる。

各共有者の持分は、共有者間の合意や法律の規定によって定まるが、その割合が明らかでないときは、持分は平等と推定される。

(3) **共有物の変更（251条）**

共有は、単独所有と異なり、その目的物は他の共有者の共同所有の対象でもあるから、変更を加えるについては原則として共有者全員の同意を要する（同条1項）。ここに共有物の変更とは、共有物の形状又は効用を変更することをいう。例えば、物理的に共有物を変化させる場合（ex. 丸太→製材、宅地→農地、木材→パルプ）は形状又は効用の変更に当たり、また、共有物を法律的に処分する場合（ex. 売却）も共有物の変更に当たる。なお、形状又は効用の著しい変更を伴わない変更（目的や費用の多寡を問わず、客観的にみて、その変更が共有者に与える影響が軽微なもの）は、管理行為として各共有者の持分の価格の過半数による決定で行うことができる（251条1項括弧書、252条1項前段）。

(4) **共有物の管理（252条）**

ア　共有物の管理については、原則として各共有者の持分の価格の過半数によって決する（同条1項前段, cf. 特許法73条3項）。但し、保存行為は各共有者が単独ですることができる（同条5項）。

イ　管理行為とは、共有物の形状又は効用の著しい変更を伴わない保存・利用・改良行為をいい、共有物の管理者（252条の2第1項）の選任及び解任も含まれる（252条1項前段括弧書）。

保存行為とは、現状維持を図る行為（ex. 共有家屋の修理、共有土地の保存登記など）をいい、利用行為とは、共有物を変更しない範囲で収益を図る行為をいう（ex. 252条4項の期間を超えない賃貸借契約の締結）。また、改良行為とは、利用価値・経済価値の増加を図る行為（ex. 共有地の地慣らしなど）をいう。

ウ　契約の解除は、原則として共有者全員でする必要がある（544条1項、解除権の不可分性）が、共有物の賃貸借や使用貸借の解除は、共有物の管理事項というべきであるため、544条1項は適用されず、252条1項前段が適用され、各共有者の持分の価格の過半数によって決する。一方、売買の解除は、共有物の処分行為というべきであるため、251条1項により全員の同意が必要であると考えられている。

(5) **共有物の管理者（252条の2）**

ア　共有者は、各共有者の持分の価格の過半数による決定で、共有物の管理者を選任し、又は解任することができる（252条1項）。

イ　管理者は、共有物の管理に関する行為をすることができる（252

□共有者が他の共有者を知ることができず、又はその所在を知ることができないときは、裁判所は、共有者の請求により、当該他の共有者以外の他の共有者の同意を得て共有物に変更を加えることができる旨の裁判をすることができる（251条2項）。

□裁判所は、次の場合には共有者の請求により、1、2以外の共有者の持分の価格の過半数で共有物の管理に関する事項を決することができる旨の裁判をすることができる（252条2項）。
1. 共有者が他の共有者を知ることができず、又はその所在を知ることができないとき。
2. 共有者が他の共有者に対し相当の期間を定めて共有物の管理に関する事項を決することについて賛否を明らかにすべき旨を催告した場合において、当該他の共有者がその期間内に賛否を明らかにしないとき。

□共有物の管理に関する共有者の持分の価格の過半数による決定（252条1項、2項）が共有者間の決定に基づいて共有物を使用する共有者に特別の影響を及ぼすべきときは、その承諾を得なければならない（同条3項）。

□共有者は、各共有者の持分の価格の過半数による決定で、共有物に対して、所定の期間を超えない賃借権その他の使用及び収益を目的とする権利を設定できる（252条4項）。一方、この期間を超えるときは処分行為と同視され、全員の同意を要する（251条1項）ものと考えられている。

□共有物の管理者が共有者を知ることができず、又はその所在を知ることができないときは、裁判所は、共有物の管理者の請求により、当該共有者以外の共有

条の2第1項本文）一方、共有者の全員の同意を得なければ、共有物に変更（その形状又は効用の著しい変更を伴わないものを除く）を加えることができない（同項ただし書）。

ウ　管理者は、共有者が共有物の管理に関する事項を決した場合には、これに従ってその職務を行わなければならない（同条3項）。これに違反して行った共有物の管理者の行為は共有者に対して効力を生じない（同条4項本文）が、共有者は、この無効を善意の第三者に対抗できない（同項ただし書）。

□者の同意を得て共有物に変更を加えることができる旨の裁判をすることができる（252条の2第2項）。

(6) 管理費の負担（253条）

ア　各共有者はその持分に応じて管理の費用を支払い、その他共有物に関する負担を負う（同条1項）。

これは共有者の内部における管理費用等の負担を定めたものであって、対外的関係は、それぞれの法律関係による。例えば、管理費用を対外的に支払うべき債務は、その性質に応じて不可分債務か分割債務かが決定される。

イ　共有者が1年以内に管理費用等の負担義務を履行しなければ、他の共有者は相当の償金を支払ってその者の持分を取得できる（同条2項）。

□ここでの管理費用とは、共有物の管理・変更・保存に要する費用全てを含む。

4 共有物についての債権

共有者の1人が共有物につき他の共有者に対して有する債権を保護するため、次の方法が認められている。

ア　共有者の1人が共有物につき他の共有者に対して有する債権は、その特定承継人に対しても行使することができる（254条）。

この債権は、共有物の使用・収益・管理に関して共有者間に生じた全ての債権をいい、共有物購入にあたって他から融資を受けた債務などについて共有者間で生じた債権は含まれない。

イ　共有者の1人が他の共有者に対して共有に関する債権を有するときは、分割に際し債務者たる共有者に帰属する共有物の部分をもってその弁済に充てることができる（259条1項）。債権者はこの弁済を受けるため、債務者に帰属すべき共有物の部分を売却する必要があるときは、その売却を請求することができる（同条2項）。

5 持分の放棄等（255条）

共有者の1人がその持分を放棄したときは、その持分は他の共有者に帰属する（同条）。本来この持分は無主の財産として、動産であれば先占の対象となり（239条1項）、不動産であれば国庫に帰属する（同条2項）はずだが、255条は特則を設けて他の共有者にそれが帰属することとした。また、共有者の1人が相続人なく死亡したときも、そ

□持分の放棄は、その実質において所有権の放棄である。従って、その法的性質は相手方のない単独行為であり、そうだとすると、単に不行使の事実をもって放

の持分は他の共有者に帰属する（同条）。このような場合、相続財産は本来国庫に帰属する（959条前段）はずだが、同じく255条は特則を設けたものである。

6 共有物の分割

(1) 分割請求権

各共有者は、いつでも共有物の分割を請求することができる（256条1項本文）。

一物一権主義が民法の原則であり、共有は例外的事態であるため、原則に戻る手段として分割請求権を規定したものである。

分割請求権の法的性質は、各共有者間に何らかの方法で具体的に分割を実現すべき法律関係について、一方的な意思表示によって発生させる形成権である（通説）。

(2) 分割の方法

共有物の分割は、まず協議によりこれを行う（258条1項）。

分割の方法としては、①現物分割（各共有者に共有物を分量的に分割する方法）、②価格賠償（共有者に債務を負担させて、他の共有者の持分の全部又は一部を取得させる方法）、③代金分割（共有物を第三者に売却し、その代金を各共有者に分割する方法）があり、協議分割の場合、分割の内容・方法は当事者間で自由に決められる。

協議が調わず、又はできないときは、裁判所に分割請求することができる（同項）。この場合は①又は②によるのが原則であるが（同条2項）、例外として、これらの方法により共有物を分割することができないとき、又は分割によってその価格を著しく減少させるおそれがあるときは、裁判所は、その競売を命ずることができる（同条3項）。この場合には売却代金を分割することになる（③）。

(3) 分割の効果

① 分割により共有関係が終了し、各共有者は自己の取得した部分につき単独で所有する。

② 各共有者は他の共有者が分割によって取得した物につき、売主と同じくその持分に応じて担保の責任を負う（261条）。

7 準共有

(1) 意義

共有に関する規定は、法令に特別の定めがあるときを除き、数人で所有権以外の財産権を有する場合に準用される（264条）。数人で所有権以外の財産権を有する場合を準共有という。

(2) 準共有が認められる財産権

所有権以外の財産権、すなわち、各種用益物権、担保物権、債権、

棄ありとはいえず、外部から認識されうる程度に放棄の意思が表示されなければならない。

□不動産の共有につき持分の放棄があった場合、他の共有者は持分取得の登記をしなければ、第三者に持分の取得を対抗できない（177条）。

□共有物分割請求権は持分権（所有権）の属性と考えられるから消滅時効にかからない。

□各共有者は分割について協議する義務を負う。

□分割は、理論的には全体について持分権を有していた各共有者間における、交換ないし売買とみることができる。そこで、分割によって得た物につき、売主と同じくその持分に応じて担保の責任を負うものとされたのである。その結果、追完、代金減額、損害賠償、解除（分割のやり直し）が認められることになるが、裁判

株式、無体財産権、鉱業権などについて準共有が認められる。

また、債権のうち、賃借権、使用借権については共有の規定が準用されるが、金銭債権などについては多数当事者の債権に関する規定（427条～）が適用されるので、共有に関する規定の準用の余地はほとんどない。

(3) 「法令に特別の定めがあるとき」の例

解除権の不可分性（544条）、組合財産の共有（668条～676条）などが挙げられる。

による分割の場合には、その結果を覆すことになるため、解除はできないものと考えられている。

解説 事例2-2

不動産の共有の場合、民法は、次の各事項につき、それぞれ以下の取扱いをしている。

(1) 不動産に対する共有持分の譲渡は自由である（cf. 特許法73条1項）。この点、明文の規定はないが、共有とは数人が別個独立に所有権を持つものであり、ただ目的物が一つであるために持分という割合の上で制約されているに過ぎないものであること、合有と解されている組合財産に関する持分譲渡について制約があること（676条1項）から、共有については、持分の譲渡や担保の設定について原則として制約がないと考えられている。

(2) 不動産の共有者は、持分に応じた使用をすることができるにとどまり、全部について自由に使用することはできない（249条。cf. 特許法73条2項）。

(3) 共有不動産に関する賃貸借契約締結は、管理行為（252条本文）に当たり、共有持分の価格の過半数をもって決せられる（cf. 特許法73条3項）。

(4) 共有不動産の所有権が侵害されている場合、各共有者は保存行為（252条ただし書）として単独で妨害排除請求をすることができる。

(5) 共有不動産の所有権が侵害された場合、各共有者は持分に応じた額の損害賠償請求権を行使できる。損害賠償請求権は金銭債権であって可分だからである。

□例えば甲及び乙が商標権を共有しており、契約で共有者の一方は他方の同意を得ないで同商標権に係る商標を所定の態様以外の態様で使用してはならない旨の定めをしている場合で、乙が甲の同意を得ないで同商標権に係る商標を所定の態様以外の態様で付した同商標権に係る商品を製造し、販売しているときは、甲は乙に対し、甲乙間の契約に基づく使用差止請求（商標法35条、特許法73条2項「別段の定」参照）及び当該使用により甲に損害が生じたときは債務不履行による損害賠償請求（民法415条1項本文）をすることができる。なお、契約に違反した共有者は無権利の侵害者と変わらないから、商標権侵害による差止請求（商標法36条）や損害賠償請求（民法709条）を行うこともできると考えられる。

<共有物に関する権利の行使～民法の取扱いのまとめ>

共有者単独でできるもの	共有持分の価格の過半数で決するもの	全員でのみできるもの
①持分権の主張 　他の共有者に対して 　第三者に対して （例） ・持分権確認請求 ・持分権に基づく妨害排除請求 ・持分権に基づく登記請求（移転、抹消） ・持分権に基づく引渡請求 ②保存行為（252条5項） （例） ・不法占有者に対する妨害排除請求 ・登記名義人に対する抹消登記請求 ③持分権の譲渡・持分権に対する担保設定 ④共有物分割請求 　（256条1項） ⑤共有物の使用収益（持分に応じた）	共有物の管理に関する事項＝目的物の利用・改良行為 （例） ・賃貸借契約の締結・解除 ＊共有目的物の賃貸借契約の解除には、544条1項は適用されない。 ＊「持分の価格」（頭数ではない）の「過半数」（2分の1では足りない）という点に注意。	①共有関係の対外的主張 （例） ・所有権確認請求 ②共有物の変更 （例） ・共有物の処分 ・共有山林の伐採 ・共有不動産に対する担保の設定 ③共有物の分割（協議・裁判上の請求）

□所有者が不明若しくはその所在が不明又は管理不全な土地若しくは建物の増加が社会問題となる中、令和3（2021）年の民法改正により、これらの問題に対処するための諸規定（262条の2～3、264条の2～14）が設けられたが、本書の性格上割愛する。

第3節　担保物権

1 担保制度

担保とは、債権の弁済を安全・確実にするための制度であり、人的担保と物的担保に分かれる。

人的担保は、債務者以外の者の一般財産をもって担保とする。契約だけで設定することができ、登記や登録などがいらないため、手続が簡便であるというメリットがあるが、保証人・連帯債務者などの担保設定者の財産状態によって、その担保価値が変動することや、債権者平等の原則により、他に一般債権者がいる場合には、按分弁済を受けることができるにとどまるというデメリットがある。

これに対して、物的担保は、担保目的物の有する経済的価値によって担保するものであり、所有者の人的要素に依存しないから、債権の弁済が一般に確実であること（但し、1990年代の「バブル崩壊」の時のように担保目的物の経済的価値が著しく下落する場合もある。）や担保目的物については他の一般債権者に優先して弁済を受けることができるというメリットがある一方、登記や登録が必要であり、人的担保の場合と比べると手続がやや煩雑であるというデメリットがある。

2 担保物権の意義と種類

担保物権とは、債務者又は第三者（物上保証人）の特定財産の上に、債権者が債権の弁済を確保するために優先的に権利を行使することができる物権をいう。

担保物権には、民法が物権法において明文で定める典型担保と、そうでない非典型担保とがあり、典型担保には、法律の定める要件を充たせば当然に認められる法定担保物権と、設定契約が必要な約定担保物権とがある。

(1) 典型担保

　ア　法定担保物権

　　a．留置権…他人の物の占有者が、その物に関して生じた債権を有するときに、その債権の弁済を受けるまでその物を留置する権利をいう（295条〜）。

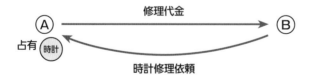

　　b．先取特権…民法その他の法律の規定に従い、一定の債権者が

□担保物権をめぐる問題は多岐にわたるが、本書の性格上、概要を示すにとどめた。

□債権者平等の原則については第3編序章参照。

□特許権に担保物権を設定する方法としては、質権の設定（特許法95条）と譲渡担保権の設定（明文規定なし）がある。

前者は権利内容が法定されており明確であるというメリットがある反面、特許を受ける権利については質権の設定ができない（同法33条2項）というデメリットがある。

後者は、担保権者が無効審判、差止訴訟について直接の当事者となると考えられ、これらについての情報が得られるというメリットがある反面、特許料の支払義務が発生すること、無効審判、差止訴訟について直接の当事者となることによる煩雑さがあるというデメリットがある。

これらの点は他の工業所有権についても同様である。

その債務者の財産につき、他の債権者に先立って自己の債権の弁済を受ける権利をいう（303条〜）。
イ　約定担保物権
　a．質権…債権者が、その債権の担保として債務者又は第三者から受け取った物を占有し、かつその物につき他の債権者に先立って自己の債権の弁済を受ける権利をいう（342条〜）。
　b．抵当権…債務者又は第三者が占有を移転しないで、債務の担保に供した不動産などにつき、他の債権者に先立って自己の債権の弁済を受ける権利をいう（369条〜）。

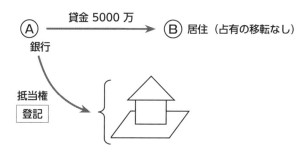

(2)　非典型担保
　非典型担保には様々なものがあるが、ここでは実務上多く見られる譲渡担保と所有権留保を挙げておく。
ア　譲渡担保
　譲渡担保とは、債権担保のため目的物の所有権その他の財産権を債権者に譲渡し、一定期間内に債務を弁済するときは、これを再び返還させるものをいう。

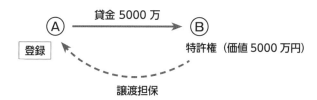

イ　所有権留保
　所有権留保とは、目的物は売主から買主に引き渡されるにもかかわらず、代金が完済されるまで売主が目的物の所有権を留保することをいう。

3 担保物権の効力

　担保物権の効力としては、ア.優先弁済的効力、イ.留置的効力、ウ.収益的効力がある。
ア　優先弁済的効力とは、物の交換価値を把握し、債務の弁済が得られない時に、目的物を換価した上、他の債権者に先立って弁済を受

ける効力をいう。
イ 留置的効力とは、目的物を債権者の手元に留置させ、債務者に心理的圧迫を加えることにより債務の弁済を促す効力をいう。
ウ 収益的効力とは、債権者が目的物からの収益より優先弁済を受ける効力をいう。

<担保物権の効力のまとめ>

		優先弁済的効力	留置的効力	収益的効力
留置権		×	○(295条1項)	△(298条2項、297条1項)
先取特権		○(303条)	×	×
質権	動産質	○(342条)	○(347条)	△(350条、298条2項、297条1項)
	不動産質	○(342条)	○(347条)	○(356条)
	権利質	○(342条)	△※1	△※2
抵当権		○(369条1項)	×(369条1項)	×

※1 権利質については、その性質上、原則として留置的効力は認められないが、有価証券の質入れの場合にはこれが認められる（指図証券につき520条の7、520条の2。記名式所持人払証券につき520条の17、520条の13。無記名証券につき520条の20、520条の13。）。

※2 権利質権者が質権の目的たる権利につき使用収益できるか否かは場合による。質権の目的が、ア．地上権・永小作権である場合、質権者は、これらの権利の範囲内で使用収益できる（362条2項、356条）。イ．債権質の場合、その効力は債権の利息にも及ぶ（362条2項、350条、297条1項）。ウ．株式質の場合、その効力は会社法所定の金銭等に及ぶ（会社法151条）。これらに対し、質権の目的が知的財産権である場合、各法により、契約で別段の定をした場合を除き、使用収益できないものとされている（特許法95条、著作権法66条1項等）。

4 担保物権の性質

担保物権が通常有する性質（通有性）としては、ア．付従性、イ．随伴性、ウ．不可分性、エ．物上代位性がある。

□留置権については、298条2項に、留置権者は「留置物を使用し、賃貸し、又は担保に供することができない」と定められており、不動産質のような収益的効力（356条）はないが、果実の収受については、その額が一般に低廉であることに鑑み、留置権者から留置物の所有者に対し、不当利得として返還させることなく、留置権者に優先的に取得させてよいと考えられたため、297条1項が設けられている。

□イについては87条2項の趣旨をその根拠とする見解もある。

ア 付従性とは、債権のないところに担保物権はないという性質をいい、以下の4つの段階で現れる。
  a．成立における付従性
    債権が発生しなければ担保物権も発生しない。
  b．存続における付従性
    担保物権を債権と分離して処分することはできない。
  c．消滅における付従性
    債権が消滅すれば担保物権も消滅する。
  d．優先弁済を受けるについての付従性
    担保目的物から優先弁済を受けるには、現実に発生している被担保債権によらなければならない。
イ 随伴性とは、債権が移転すれば担保物権もそれに従って移転するという性質をいう。
ウ 不可分性とは、担保権者は債権全部の弁済を受けるまで目的物全部の上に権利を行使することができるという性質をいう。
エ 物上代位性とは、担保権者は目的物の売却・賃貸・滅失・毀損等により、債務者が受ける金銭その他の物に対しても権利を行使することができるという性質をいう（304条1項、350条、372条）。

□特許法96条も同趣旨の規定である。

＜担保物権の性質のまとめ＞

発生根拠	民　法 （法定担保物権）		契　約 （約定担保物権）	
種　類	留置権	先取特権	質権	抵当権
付従性	○	○	○	○
随伴性	○	○	○	○
不可分性	○	○	○	○
物上代位性	×	○ （304条1項）	○ （350条、304条1項）	○ （372条、304条1項）
民法上の客体 （目的物）	動産、不動産	動産、不動産、一般財産	動産、不動産、権利	不動産、地上権、永小作権

□留置権には優先弁済的効力がないため物上代位性もない。

第3編
債権総論

　債権とは、特定の他人（債務者）に対して一定の行為（給付）を請求する権利をいいますが、債権法は、そのような債権の発生原因について定める債権各則と、主としてそれらに共通する事項について定める債権総則から成り立っています。
　本編では、このうち後者を債権総論として、具体的には債権の目的（対象）、債権の効力（債権を有していると法的にどのようなことが認められるのか）、多数当事者の債権債務（債権者又は債務者が複数である場合の取扱い）、債権譲渡・債務引受（債権が第三者に譲渡されたり、債務を第三者が引き受けたりした場合の取扱い）、及び債権の消滅（債権特有の権利消滅原因）について学びます。

第3編 債権総論

序章

1 債権の意義

債権とは、特定の他人に対して、一定の行為をすることを請求する権利をいう。

ここにいう「特定の他人」を債務者といい、その義務を債務という。また、「一定の行為」を給付という。給付は、財貨又は労務を供給する積極的な行為（作為）であっても、それらを供給しないという消極的な行為（不作為）であってもよいが、少なくとも財産的な性質がなければならない。

2 債権と物権の相違

物権が物に対する直接の支配権であるのに対し、債権は特定の債務者に対する給付請求権である。両者の相違は以下の点に現れる。

(1) **絶対性と相対性**

物権は誰に対しても主張できる絶対的な権利であるが、債権は債務者に対してのみ主張できる相対的な権利である。

このことから、物権には追及力があるが、債権には追及力がないという差異が生ずる。

(2) **排他性の有無**

物権においては、その直接支配性から、同じ物の上に同一内容の複数の物権は存在しえないとされるが（排他性）、債権においては、同じ債務者に対して同一内容の債権が複数成立することは可能であり、排他性はないとされる。

(3) **優先的効力の有無**

同一内容の物権と債権が同じ物の上に成立する場合には、物権が優先する（物権の優先的効力）。これは、具体的には「売買は賃貸借を破る」という原則（但し、不動産賃貸借については例外がある。詳しくは債権各論参照。）や、担保物権を有する者は一般債権者に優先するという形で現れる。

3 債権法の性格

債権法の規定は、原則として任意規定である。債権は、物権と異なり排他性がなく、第三者に影響を与えることが少ないことから、基本的に当事者の意思が尊重されるのである。なお、債権法は、人と人との関係を規律するものであることから、信義則（1条2項）の要請が強いという性格も有する。

□債権者平等の原則

債権には物権のような排他性がないため、債権者はその有する債権額に応じ、原則として平等に扱われる。

例えば、丁に対し、甲が500万円、乙が1000万円、丙が500万円の債権を有しているが、丁の資産が第三者に対する売掛金500万円しかない場合に、甲乙丙がこの売掛金に対する強制執行に参加したときは、甲は甲乙丙の債権額により按分した125万円しか受け取れない（乙は250万円、丙は125万円をそれぞれ受け取れる）。

一方、甲が丁の上記売掛金債権について質権を有する場合、甲は質権の実行により500万円全額を受け取れるが、乙丙は1円も受け取れない。

第1章　債権の目的

1 債権の目的

(1) 意義

債権の目的とは、債権の内容たる債務者の行為、即ち給付をいう。「債権の目的」には、債権の内容（給付）をいう場合と、債権者の意図をいう場合とがあるが、通常は前者の意味で使われる。なお、売買によって引き渡される物は、債権の目的物であって、債権の目的ではない。

給付を、その種類ごとに分類すると、以下のようになる。

(2) 給付の種類

物を引き渡す（占有を移転する）ことを内容とする債務を、与える債務といい、物の引渡し以外の債務者の行為を内容とする債務を、なす債務という。なす債務には、積極的に、ある行為をすることを内容とする場合（作為債務）と、「一定期間ある製品を販売しない」というように、消極的に、ある行為をしないことを内容とする場合（不作為債務）とがある。

与える債務となす債務を区別する実益は、履行を強制する方法が異なる点にある（後述）。

(3) 給付の要件

給付の内容は、当事者が自由にこれを定めることができる。ただし、次の一般的要件を充たさなければならない。

① 確定性

給付の内容は確定している必要がある。但し、債権成立時に確定していなくても、履行時までに確定できればよく、例えば売買代金につき鑑定評価額に従う、と定めても構わない。

② 適法性

強行規定や公序良俗（90条）に反する内容の給付は認められない。

(4) 給付の経済性

債権の目的は、金銭に見積もることができないものでもよい（399条、ex.医師、教師、弁護士の仕事）。債権の目的がこのようなものであっても、その効力においては、他の債権と同様に、不履行の場合には金銭による損害賠償の対象となる（417条）。

2 特定物債権

(1) 意義

特定物債権とは、特定物の引渡しを目的とする債権をいう。

□この点、物権法には物権法定主義（175条）があるため、当事者が物権の内容を自由に定めることはできない。

□債権の目的たる給付の要件と法律行為の内容についての有効要件（第1編第5章第1節参照）とは重なり合う。これは、債権のうち契約に基づかないもの（法定債権）については、給付の内容が法律上定められており、本文の各要件は当然に充たされているはずであるため、これらの要件の充足が問題となるのが、実際上、契約に基づく債権に限られることによる（そして契約は法律行為の典型である）。

ここに特定物とは、具体的取引において、当事者が、その個性に着眼して取引した物をいう。引渡しには、①占有の移転と、②占有及び所有権の移転がある。

(2) 効果

ア　特定物の引渡しを目的とする債権の債務者は、引渡しをするまで、契約その他の債権の発生原因及び取引上の社会通念に照らして定まる善良な管理者の注意（善管注意）をもって保存する必要がある（400条、善管注意義務）。

　　a．ここに「善管注意義務」とは、行為者の具体的な注意能力に関係なく、行為者の職業、社会的・経済的地位に応じて一般に要求される程度の注意義務をいう。これに対して、行為者の注意能力に応じた具体的な注意義務を、自己の財産に対するのと同一の注意義務（659条）などという（b．参照）。

　　b．善管注意義務を負う者としては、①留置権者（298条1項）、②質権者（350条、298条1項）、③特定物引渡義務を負う者（400条、ex. 特定物の売主や賃借人のほか、特定物を無償で贈与した者もこれに当たる。）、④受任者（644条）などがある。これに対して、自己の財産に対するのと同一の注意義務を負う者としては、①特定物の引渡しにつき受領遅滞がある場合（413条1項）、②無報酬の受寄者（659条）、③親権者（827条「自己のためにするのと同一の注意」）、④相続放棄者（940条1項「自己の財産におけるのと同一の注意」）などがある。

イ　契約その他の債権の発生原因及び取引上の社会通念に照らしてその引渡しをすべき時の品質を定めることができないときは、債務者は、引渡しをすべき時（履行期）の現状で引き渡すことを要し、かつそれで足りる（483条）。

3 種類債権

(1) 意義

種類債権とは、一定の種類に属する物（不特定物〔種類物〕）の一定量を引き渡すことを目的とする債権をいう。種類と数量のみで指示される債権であり、不特定物債権ともいわれる。

(2) 制限種類債権

制限種類債権とは、種類物の範囲に一定の制限が設けられた債権をいう。例えば、ある倉庫内のA社製B型パソコン200台を引き渡せ、という債権がこれに当たる。一定の場所にある一定量の種類物を給付することを定めれば制限種類債権となる。

通常の種類債権との違いは、物の調達義務の範囲にある。すなわ

□不特定物と種類物の意味は同じであるが、本書では、原則として、特定物との対比において紹介する際には不特定物といい、その他の場合には種類物ということにする。

ち、通常の種類債権の場合には、その種類物が調達できる限り履行不能とはならず、債務者は調達義務を負うが、制限種類債権の場合には、上記の例において、当該倉庫内のA社製B型パソコンがなくなれば履行不能となり、債務者はそれ以上の調達義務を負わない。

(3) 特定物と不特定物の区別

特定物と不特定物の区別は、当事者の意思に従い、主観的に決定される（cf. 代替物）。従って、例えば売買契約において、特定物売買か不特定物売買かの区別は、当事者が物の個性に着目したか否かによって決定される。

(4) 種類債権の特定

ア　意義

種類債権の特定（集中）とは、種類債権の目的物が特定のものに確定することをいう。

種類債権においては、債務者は同種の物が調達できる限り、他から調達して給付すべき義務を負っており、履行不能となる余地はないのが原則である（例外：制限種類債権）。

しかし、常にこのような取り扱いとすると、債務者の責任が不当に重くなり、余りに酷である。そこで民法は、債務者の責任を軽減するため、種類債権の特定の制度を設け、特定後は種類債務の履行が不能となりうるようにした。

イ　要件〜「物の給付をするのに必要な行為」

種類債権の特定が生じる時期について、401条2項は、「物の給付をするのに必要な行為」の完了時又は「債権者の同意を得てその給付すべき物を指定したとき」と定めているが、このうち前者は、具体的にはどのような場合をいうのであろうか。

この点、本条項が種類債権の特定を認めたのは、前述のとおり、種類債権においては、同種の物が調達できる限り履行不能とならず、債務者の責任が不当に重くなることに鑑み、債務者の責任軽減を図ったものであり、そうであれば、債務者が物の給付をするのに必要な行為を完了したときというのも、債務者の責任軽減を認めるのにふさわしい解釈をすべく、債務者としては、すべきことを全てしたといえる程度、言い換えると、履行の場所で債権者が受け取ろうと思えば受け取れる状態に物を置くことを要すると解されている。

具体的にいかなる行為が必要かについては、債務の履行方法により、以下のとおり分かれている（判例）。

a．持参債務（484条1項後段）

□種類債権が特定すると、債務者の目的物保管義務は特定物債権の場合と同様になるが、特定によって、当事者が物の個性に着目した取引に変わるわけではなく、種類債権が特定物債権そのものになるわけではない。

□選択債権

当事者の合意により、給付の目的をいくつかのものの中から選択できるようにした債権を選択債権という（406条〜411条）。選択債権は、異なる種類の複数のものの中から給付の目的が特定される点で、同じ種類の物の中からこれが特定される種類債権とは異なる。

債権者の住所において目的物を提供した時。
（理由）
持参債務は債権者の住所において履行すべき債務であり、このような行為があってはじめて債務者の責任を軽減させるのが公平である。

b．取立債務
給付物を分離し、そのことを債権者に通知した時。
（理由）
債務者の責任を軽減するためには、口頭の通知が必要とされるが、さらに履行の対象を明らかにするために、目的物を他の物と分離し、客観的に識別できる状態に置く必要がある。

c．送付債務
第三地における履行が債務者の義務であるときは、a．と同じく提供時。第三地における履行が、債務者の義務ではない（好意による）ときは、給付すべき物の発送時。
（理由）
後者の場合、発送さえすれば、到着しなくても特定を認め、債務者の責任を軽減するのが公平である。

ウ　契約の内容に適合しない物を提供した場合には特定は生じない。この場合、債権者は債務者に対し、不完全履行を理由として追完請求をすることができる。

(5) 効果
ア　債務者は、特定した物を給付すべき債務を負う（滅失すれば履行不能となる）。
イ　債務者は、特定した物を契約その他の債権の発生原因及び取引上の社会通念に照らして定まる善良な管理者の注意をもって保存し（400条）、必ずこの物を給付しなければならない。
ウ　特約がない限り、目的物の所有権が債権者に移転する。

4 金銭債権と利息債権

(1) 金銭債権
金銭債権とは、一定の金銭を支払うことを目的とする債権をいう。

(2) 利息債権
利息債権とは、利息の支払を目的とする債権をいう。ここに、利息とは元本債権から生ずる収益として元本額及び期間に比例して、一定の利率によって支払われる金銭その他の代替物である。

ア　利息の発生原因
法律行為によって発生する場合（約定利息）と、法律の規定に

□もっとも、種類債権は物の個性に重きを置かない債権であって、特定は種類債権を履行するための手段に過ぎないことから、債権者が他の種類物の給付を受けても、何ら不利益を被らない場合は、信義則上、債務者に変更権が認められるとするのが判例である。

よって発生する場合（法定利息）とがある。
イ　法定利率
　　a．ある債権に適用される法定利率は最初の利息発生時のもので確定し、その後の変動の影響を受けない（404条1項）。
　　b．利率は平成29（2017）年改正民法施行（令和2（2020）年4月1日）から3年間は年3パーセントとされ（同条2項）、その後は3年を1期とし、1期ごとの変動制とされる（同条3項）。
ウ　重利
　　重利（複利）とは、弁済期の到来した利息を元本に組み入れて、これを元本の一部として利息をつけることをいう。すなわち利息の利息である。重利には特約による場合（約定重利）と、法律による場合（法定重利、405条）がある。
エ　利息制限法
　　「金銭を目的とする消費貸借上の利息の契約」につき適用される。利息の契約が以下の制限利率を超えるときは、その超過部分について無効とされるなどの規定が設けられ、債務者の保護が図られている。

＜制限利率（利息制限法1条）＞

元本の額が10万円未満の場合	年2割
同10万円以上100万円未満の場合	年1割8分
同100万円以上	年1割5分

□商事法定利率（年6％、旧商法514条）は廃止され、商行為によって生じた債務についても民法の法定利率が適用されることとなった。
□404条3項以下の規定は、法改正によらずに法定利率が自動的に変動する仕組みを定めたものである。なお、本書の性格上、複雑な、変動する法定利率の計算方法（同条4項〜5項）については省略した。

第2章 債権の効力

1 総説

(1) 自然債務

ア 意義

　自然債務とは、債務者が任意に給付しない場合にも債権者がこれを訴求することができない債務をいい、このような概念を認めるのが判例・通説である。自然債務の例としては、不起訴の特約のある債務、破産手続において免責された債務（破産法253条1項）などが挙げられる。

□カフェーの女給（今でいうホステス）に対し、「浅いなじみの客」が相当多額の金を与える約束をした場合の債務を自然債務とした判例がある。

イ 効力

　債権の本質は、請求力と給付保持力にある。従って、自然債務も債権としての効力が認められることになる。自然債務の弁済を受けても不当利得とならず、債務者が履行すれば、債権者はこれを正当に受領できる。しかし、債務者が履行しないからといって、裁判所に権利の実現を求める手段はない。

(2) 債務と責任

　債務とは、債権に基づき債務者が給付の義務を負うことをいい、責任とは、（債務者の）財産が執行の目的となることをいう。

　債務については、それと同じ範囲で責任が認められるのが原則であるが、次の例外がある。

ア 債務はあるが責任はない場合（責任なき債務）
　　ex. 強制執行をしない旨の特約がある債務

イ 責任はあるが債務はない場合（債務なき責任）
　　ex. 物上保証人、抵当権などの目的となっている不動産の第三取得者

ウ 債務はあるが責任が限定される場合
　　ex. 限定承認をした相続人（922条）

(3) 第三者の債権侵害

ア 債権侵害に対する不法行為の成否

　債権はそもそも相対的なものであって、債務者以外の第三者に対してはその効力が及ばず、債務者以外の第三者が債権を侵害しても不法行為は成立しないのではないかが問題となる。

この点、債権が相対権といわれるのは債権の内容についてであり、債務者以外の第三者が債権を侵害した場合の不法行為の成否とは別の問題である。権利は不当に侵害されてはならないのであり、この意味における絶対性は、全ての権利に共通の性質であって、物権にのみ特有ということはできないとし、債権も権利の通有性として不可侵性を有する以上、債権を侵害すれば不法行為が成立すると解するのが判例・通説である。

イ　成立要件

　　このように、第三者の債権侵害につき不法行為が成立しうるとしても、債権は自由競争を背景とし、被侵害利益としては物権と比べて弱いことから、不法行為が成立するには侵害行為の違法性が特に強い場合でなければならないと解されており（相関関係説）、具体的には次のように分けて考えるのが一般的である。

　a．債権の帰属自体を侵害した場合（ex. 無権利者が受領権者としての外観を有する者として有効な弁済を受けた場合）には、第三者に過失があれば足りる。

　b．債権の目的たる給付を侵害して、債権を消滅させる場合（ex. 売買の目的物たる家屋を第三者が放火して焼失させ、売主がその債務を免れた場合や、債務者の行為を目的とする債権について、第三者が債務者を監禁して債務の履行をさせなかった場合）には、第三者に過失があれば足りる。

　c．債権の目的たる給付を侵害するが、債権は消滅しない場合（ex. 第三者が債務者と共謀して債権の目的物を破壊し、又は物権の二重譲渡など、債務者に債権者の信頼を裏切る行為をさせたような場合〜この場合、債務者の債務は損害賠償債務に変化して存続する）には、原則として不法行為は成立せず、不法行為が成立するには、特に違法性が強い場合でなければならず、第三者の故意（債務者との共謀ないし債務者に対する教唆）を要求すべきである。また、行為態様についても、全体として公序良俗に反すると評価しうる程度に違法性が強くなければならないと解すべきである。

ウ　債権に基づく妨害排除等請求の可否

　　例えば、賃貸借の目的物たる不動産を第三者が不法に占有している場合に、賃借人（債権者）は賃借権に基づいて、この者を排除し、又は明渡しを請求することができるであろうか。

　　前述のとおり、第三者による債権侵害があった場合、不法行為の規定（709条〜）により債権者は保護されるが、保護の内容は

□賃借人の保護を図る手段としては、他に、①債権者代位権（423条1項）により、賃貸人が不法占有者に対して有する、所有権に基づく妨害排除や明渡しの請求権を代位行使することや、②不動産の占有を賃借人が取得した後で、これを奪われたという場合であれば、占有訴権（197条〜）が考えられる。

金銭賠償に過ぎず（722条1項）、これでは賃借人の保護としては十分とはいえない。その一方、債権とは、債務者に対して給付を請求できる権利であり、このような権利の性質に鑑みれば、たとえ賃貸借の目的物たる不動産を不法に占有している者であっても、この者に対して無条件に妨害排除や明渡しの請求ができるとすることには疑問がある。

そこで、民法は、不動産の賃借人が登記その他の対抗要件を備えた場合に限って妨害排除や明渡しの請求を認めている（605条の4）。

□605条の4の文言上は妨害排除につき「妨害の停止」（第1号）、明渡しにつき「返還」（第2号）と規定されている。

2 履行の強制

(1) 意義

履行の強制とは、国家機関によって債権を強制的に実現することをいう。

債権を強制的に実現する手続（強制執行）は国家機関に独占され、私人による実現（自力救済）は認められていない。

強制執行をするためには、実現される権利の存在が公的に確認されなければならない。権利がないのに強制執行をすれば、相手方に不利益を与えるからである。権利の存在を公に確定し、強制執行の前提となる資格を債務名義という（民事執行法22条）。

□強制執行の手続については民事執行法等が詳細に定めている。

□債務名義の例としては、確定判決（民事執行法22条1号）、仮執行宣言付き判決（同2号）、執行証書（金銭の一定の額の支払又はその他の代替物若しくは有価証券の一定の数量の給付を目的とする請求について公証人が作成した公正証書で、債務者が直ちに強制執行に服する旨の陳述が記載されているもの。同5号）、確定判決と同一の効力を有するもの（同7号、その例として和解調書〔民事訴訟法267条〕）が挙げられる。

(2) 種類

履行の強制の方法には、①直接強制、②代替執行、③間接強制、④その他の方法がある（414条1項）。

ア　直接強制

国家権力によって、債務者の意思にかかわらず債権の内容をそのまま実現する強制履行の方法をいう（金銭債務につき民事執行法43条～、不動産につき同法168条～、動産につき同法169条1項）。

この方法は、与える債務（物の引渡債務）についてだけ認められ、なす債務（物の引渡し以外の債務者の行為を内容とする債務。これには作為債務と不作為債務がある。）には認められない。

イ　代替執行

裁判に基づき、第三者により債権の内容を実現させ、その費用を債務者から取立てる強制履行の方法をいう（民事執行法171条1項）。

この方法は、なす債務のうち、代替的給付（第三者が代わって実現できる）の場合（家屋を建築する、道路を修繕する、新聞に謝罪広告を出すなど）に認められる。従って、画家が絵を描く債

□(2)④その他の方法の例としては、意思表示の擬制が挙げられる（民事執行法174条1項）。すなわち、法律行為を目的とする債務について債務者に意思表示をせよと命ずる判決その他の裁判が確定し、又は訴訟上の和解等に係る債務名義が成立したときは、その確定又は成立の時に意思表示をしたものとして扱われ、現実の意思表示に代用できる（ex.不動産の売主が所有権移転登記手続に協力しない場合に、買主は売主が上記登記手続をするとの確定判決を得ることにより、売主が上記登記手続に必要

務などは一般に代替執行になじまない。
ウ　間接強制
　　債務者が債務を履行しない場合に、裁判所が、一定期間に履行しないときは一定額の金銭の支払をするよう命じることによって、債務者に心理的圧迫を加えて債権の内容を実現する強制履行の方法をいう（民事執行法172条）。
　　かつては、間接強制は債務者の意思を強制する点で強力な手段といえるが、債務者の人格尊重の理念に反するおそれがあるとして、間接強制によることができるのは不代替的作為債務及び不作為債務に限定され、他の方法によることができる場合には間接強制は行うことができないとされてきたが（間接強制の補充性）、平成15（2003）年の民事執行法改正により、物の引渡債務や代替的作為債務及び不作為債務についても、間接強制の方法によることが認められた（民事執行法173条）。

＜知的財産権侵害訴訟の判決で認められた各権利の執行方法＞

請求権の種類	執行の方法
損害賠償等の金銭支払請求権	直接強制
廃棄除却等請求権	代替執行 ＊間接強制によることも可
差止請求権	間接強制

な意思表示をしたものと扱われ、買主単独でその登記申請手続をすることができることが挙げられる（不動産登記法63条参照））。法律行為の成立に必要な同意、承諾等の意思表示をする債務は、債務者が実際にこれらの意思表示をすることが重要なのではなく、これと同一の法律効果が生じればその目的を達するからである。

3 債務不履行

事例　3-1

Bは、甲商標権を保有するAから通常使用権の許諾を受けた。その後、AはCに甲商標権を譲渡し、その移転登録がされた。CがBに対し甲商標の使用中止を求めたため、Bは中止を余儀なくされた。Bの通常使用権は登録されていない。この場合、BはAに対していかなる法的主張をすることが考えられるか。

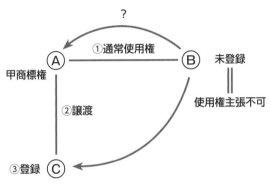

(1) 総説
　ア　意義
　　債務不履行とは、債務者が、債務の本旨に従った給付をしないことをいう。
　イ　態様
　　債務不履行の態様には、①履行遅滞（履行が可能であるのに履行期を徒過した場合（415条1項本文））、②履行不能（債権成立後に履行が不能となった場合（同））、③不完全履行（債務の履行はされたが給付が不完全な場合（同））がある。
　ウ　効果
　　ａ．本来の給付が実現可能で、債権者が給付の実現を望む場合には、強制的に実現することができる（履行の強制）。
　　ｂ．損害が生じている場合には、その賠償の請求が認められる。

□ 415条1項本文の「債務の本旨に従った履行をしないとき」には理論上①～③全てが含まれるが、これに②が含まれないとの誤解を避けるため、注意的に「又は債務の履行が不能であるとき」が規定されている。

　エ　不法行為責任との関係
　　両責任は並存し、損害を被った者は、そのいずれを選択して請求してもよいとする請求権競合説が判例・通説である。

□ 請求権競合説に対し、当事者間に契約関係がある場合には契約上の責任のみ追及できるとする反対説（法条競合説）がある。なお、請求権競合説に立った場合でも、請求できる損害額が倍となるわけではない。

＜債務不履行責任と不法行為責任との差異＞

	債務不履行	不法行為
①帰責事由の証明責任の所在	債務者	債権者
②損害賠償請求権の消滅時効の起算点と時効期間（ａ、ｂのうちいずれか早い方）	ａ．債権者が権利を行使することができることを知った時から5年（166条1項1号） ｂ．権利を行使することができる時から10年（同項2号）	ａ．被害者又はその法定代理人が損害及び加害者を知った時から3年（724条1号） ｂ．不法行為の時から20年（同条2号）
③過失相殺	責任の否定可。必要的斟酌（418条）	減額に限る。任意的斟酌（722条2項）

□ これらの差異が生じるのは、債務不履行責任は、不法行為責任とは異なり、契約関係の存在を前提とするものであり、そうであれば、①契約上の債務は履行されるのが当然であるため、不履行が自己の責めに帰することができない事由によるものであることを債務者に証明させるのが公平に適い、②偶発的な事故を典型的な場面とする不法行為責任の場合と比べれば時効期間は長くてもよく、③契約当事者として債務の履行に協力すべき債権者に過失があるときは、債務者につき相応の免責を認めるのが公平であるといえるからである。

(2) 履行遅滞
　ア　意義
　　履行遅滞とは、債務者が履行期に履行が可能であるにもかかわらず、履行をしないで履行期を徒過することをいう。
　イ　要件
　　履行遅滞が成立するには、以下の①～④に該当することが必要である。

① 履行が可能なこと

履行が不能であれば、その時から履行不能となる。不能か否かの判断は、契約その他の債務の発生原因及び取引上の社会通念に照らして定められる。物理的不能に限らない。

② 履行期を徒過したこと

履行遅滞が生ずる時期については412条が規定している。

＜履行遅滞が生ずる時期＞

確定期限ある債権	期限の到来時（412条1項）
不確定期限ある債権	債務者がその期限の到来後に履行の請求を受けた時とその期限の到来を知った時のいずれか早い時（412条2項）
期限の定めのない債権	催告時（412条3項）

③ 債務の不履行が契約その他の債務の発生原因及び取引上の社会通念に照らして債務者の責めに帰すべき事由（帰責事由）に基づくこと（415条1項ただし書）

契約は守られなければならないが（契約の拘束力、第4編第1章第1節参照）、債務不履行がその契約のもとで想定できなかった原因に基づく場合にまで債務者に損害賠償責任を負わせるのは酷であることから、債務者に帰責事由がない場合に免責を認めたものである。

帰責事由の判断が「契約その他の債務の発生原因…に照らして」行われるものとされているのは、それが債務の発生原因（これが契約の場合は契約の趣旨）に即して判断されることを明らかにするものである。また、「取引上の社会通念」という文言は、契約上の債務の不履行を念頭に、帰責事由は債務者の主観的状態（故意・過失）のみによって定められるものではなく、その契約の性質、契約の目的、契約に至る経緯などの事情を考慮して定められることを明らかにするものである。

④ 履行しないことが違法であること

債務者に留置権、同時履行の抗弁権等、履行の遅滞を正当化する事由がある場合には、履行遅滞とはならない。

ウ 履行補助者の行為と債務者の損害賠償責任

履行補助者とは、債務者が債務の履行のためにその履行過程に投入した者をいう。履行補助者を用いた場合、債務者の債務不履行を理由とする損害賠償責任の成否の判断に際し検討される、債務不履行の成否及び債務者の帰責事由（免責事由）の有無において履行補助者の行為が考慮されることになる。この点、契約上、

□消滅時効の客観的起算点との比較につき第1編第7章第2節参照。なお、不法行為による損害賠償請求権については、不法行為と同時に履行遅滞となるとするのが判例・通説である。

□ここでは説明の便宜上、債務不履行の成立要件の1つとして債務者の帰責事由を挙げているが、条文上は、債務不履行が「債務者の責めに帰することができない事由によるものである」ことが免責事由とされており、債務者がその証明責任を負っている（415条1項ただし書）ことに注意。

□履行補助者の例としては、債務者の従業員のほか運送人、請負人、倉庫業者、銀行などが挙げられる。

□履行補助者を用いた場合の債務者の損害賠償責任は、履行遅滞のみならず履行不能や不完全履行の場合にも同様に問題となる。

履行補助者の使用が禁止されている場合は、その使用自体が債務不履行となり、債務者の帰責事由も認められる（免責事由は認められない）一方、履行補助者を使用してもよいとされていたがその者がミスをしたというような場合は、債務者の帰責事由（免責事由）の有無が問題となる。

例えば、売主を乙、買主を甲として、一点ものの壺の売買契約が締結されたが、乙から納品を任された乙の従業員丙が、納品に行く途中、不注意により壺を地面に落下させて割ったため納品ができなくなってしまったという場合、甲と乙、甲と丙の法律関係は次のとおりとなる。このような場合は、乙が履行補助者を使用してよいとされていても、取引上の社会通念に照らし、債務者に帰責事由あり（免責事由なし）と考えられる。

【図解】

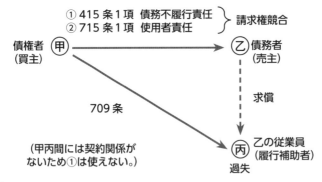

エ　効果
　a．遅延賠償
　　履行が遅滞したために生じた損害について賠償（遅延賠償）を請求することができる。
　b．填補賠償（債務の履行に代わる損害賠償）
　　たしかに、履行遅滞は債務の消滅をきたすものではなく、また遅滞後でも債権者は債務者の履行の提供を拒み得ないから、直ちに填補賠償を請求することを認めるのは適当ではないが、その一方で、常に契約を解除してからでないと填補賠償を請求できないというのは硬直に過ぎる。そこで民法は、債務不履行による損害賠償請求ができる場合（415条1項）のうち次のいずれかに該当するときに填補賠償の請求を認めている（同条2項）。
　　(a)　債務の履行が不能であるとき（同項1号）
　　(b)　債務者がその債務の履行を拒絶する意思を明確に表示したとき（同項2号）

□履行遅滞の場合は遅延賠償、履行不能の場合は填補賠償が基本となる。

□(b)(c)の場合、履行請求権と履行に代わる損害賠償請

(c) 債務が契約によって生じたものである場合において、その契約が解除され、又は債務の不履行による契約の解除権が発生したとき（同項3号）

オ　受領遅滞

a．意義

受領遅滞とは、債務者が履行の提供をしたのに、債権者が受領その他の協力をしないことをいう。

【図解】

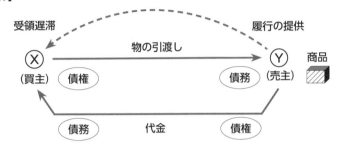

b．要件

受領遅滞が成立するには、以下の①〜②に該当することが必要である。

① 債務者が履行の提供をしたこと
② 債権者が債務の履行を受けることを拒み、又は受けることができないこと

c．効果

(a) 債務者の注意義務の軽減

債務の目的が特定物の引渡しであるときは、債務者は、履行の提供をした時からその引渡しをするまで、自己の財産に対するのと同一の注意をもって、その物を保存すれば足りる（413条1項）。

(b) 増加費用の債権者負担

債務の履行の費用が増加したときは、その増加額は債権者が負担する（同条2項）。

(c) 受領遅滞中の履行不能による危険の移転

受領遅滞中に当事者双方の責めに帰することができない事由によって債務が履行不能となったときは、債権者の責めに帰すべき事由によるものとみなされる（413条の2第2項）。その結果、債権者は、履行不能を理由に契約を解除することができず（543条）、また、双務契約において反対給付の履行を拒むことができない（536条2項前段）。

求権が併存し、債権者はその一方を請求した場合でも他方の請求をすることができる（なお、二重に請求できないことはもちろんである。）。これに対し、債務者は債権者のした請求に拘束され、例えば履行に代わる損害賠償請求を受けた場合に、履行することにより損害賠償請求を免れることはできない。

□②について債権者の帰責事由は不要であると解される。

□債務の目的が不特定物の引渡しである場合も、これが特定したとき（401条2項）は、債務者の注意義務は軽減される（第1章3参照）。

□売買における受領遅滞後の目的物の滅失・損傷に関する567条2項は、413条の2第2項並びに543条及び536条2項前段が適用される場合と重なり合うため、事実上、確認規定となっている。

(3) 履行不能

ア 意義

履行不能とは、債務の履行が契約その他の債務の発生原因及び取引上の社会通念に照らして不能であることをいう（412条の2第1項）。

イ 要件

債務不履行による損害賠償請求権の成立要件としての履行不能が成立するには、以下の①～③に該当することが必要である。

① 履行が不能であること（415条1項本文）

履行が不能となったかどうかの判断は、契約その他の債務の発生原因及び取引上の社会通念に照らして行われる。契約に基づく債務の場合、契約の内容（契約書の記載内容）、性質（有償か無償かを含む）、当事者が契約をした目的、契約の締結に至る経緯など契約をめぐる一切の事情を考慮し、取引通念も勘案して判断される。

契約に基づく債務の履行がその契約の成立の時に不能であった場合（原始的不能）でも、債務不履行による損害賠償請求（415条）をすることができる（412条の2第2項）。

② 債務の不履行が契約その他の債務の発生原因及び取引上の社会通念に照らして債務者の責めに帰すべき事由（帰責事由）に基づくこと（415条1項ただし書）

履行遅滞中に当事者双方の責めに帰することができない事由によって債務が履行不能となったときは、債務者の責めに帰すべき事由によるものとみなされる（413条の2第1項）。

③ 履行不能が違法なものであること

ウ 効果

本来の給付を目的とする請求権は消滅し、それに代わる損害の賠償（填補賠償）を請求することができる。

双務契約において、債権者が契約を解除することなく填補賠償請求した場合、自己の債務は免れないから、例えば売買代金が100万円、履行不能時の目的物の価値が120万円の場合、買主（債権者）は売主（債務者）に対し120万円の填補賠償を請求できる一方、売買代金の100万円を支払わなければならない。これに対し、債権者が契約を解除して填補賠償を請求した場合、債権者は自己の債務を免れるが、賠償額算定に当たって精算されることになるため、先の例の買主（債権者）は売主（債務者）に対し20万円の填補賠償を請求できる。

□原始的不能と後発的不能
　原始的不能か後発的不能かは、契約締結時を基準に判断するのが通説である。契約締結前に既に履行が不能であった場合が原始的不能であり、契約締結後に履行が不能となった場合が後発的不能である。

□412条の2第2項は原始的不能の場合に債務不履行による損害賠償請求を妨げない旨を定めるに留まるが、契約解除の要件を充たしていれば、解除も可能である。また、損害賠償の範囲については、債務不履行による損害賠償請求であることから、信頼利益（その契約を有効であると信じたことにより生じた損害（ex. 売買の対象となる土地を見に行くのに要した費用や代金支払のために融資を受けた際の利息））に留まらず、履行利益（契約が履行されたならば受けたであろう利益（ex. 目的物の利用や転売による利益））にまで及ぶことになる。

□履行不能は契約解除事由となるが（542条1項1号）、その場合、債務者の帰責事由は不要である。

(4) **不完全履行**
　ア　意義
　　　不完全履行とは、債務の履行は形式的にはされたものの、それが債務の本旨に従った完全なものではない場合をいう。
　イ　態様
　　　不完全履行の態様は債務の内容に応じて様々である。
　　ａ．物の引渡債務の場合
　　　(a)　瑕疵型
　　　　　給付された目的物に瑕疵がある場合（ex. ひよこを30羽給付したところ、そのうち10羽が病気であった場合）
　　　(b)　拡大損害型
　　　　ⓐ　給付された目的物の瑕疵が原因で給付された目的物以外に損害が発生した場合（ex. (a)の例で、病気のひよこのせいで買主が元から所有する他のひよこも病気になってしまった場合）
　　　　ⓑ　引渡債務の履行に際して債権者の生命・身体又は財産権を侵害した場合（ex. 家具の引渡しの際に不注意で債権者の家の壁を傷つけた場合）
　　ｂ．行為債務の場合
　　　(a)　結果債務の場合
　　　　　行為債務の内容が特定の結果を実現することである場合（ex. 自動車の修理、清掃業務）において、その債務が履行されていない場合
　　　(b)　手段債務の場合
　　　　　行為債務の内容が債務者として最善を尽くす、又は合理的な注意を払うことである場合（ex. 難しい病気や事件に関する医師や弁護士、弁理士の債務）において、最善を尽くし、又は合理的な注意を払ったとはいえない場合
　ウ　要件
　　　不完全履行が成立するには、以下の①～④に該当することが必要である。
　　①　一応は履行があったこと
　　　　履行がされたことが、履行遅滞や履行不能との違いである。
　　②　債務の本旨に照らして給付が不完全なこと
　　　　何をもって給付が不完全であるかは債務の内容に応じて様々である。
　　③　債務の不履行が契約その他の債務の発生原因及び取引上の社

会通念に照らして債務者の責めに帰すべき事由（帰責事由）に基づくこと（415条1項ただし書）
　　④　不完全履行が違法なものであること
　エ　効果
　　a．追完可能な場合
　　　債権者には債務の本旨に従った履行を求める権利（完全履行請求権）があるから、追完が可能なときは、債権者は追完を請求することができ、また、追完によって本来の履行期より債務の履行が遅れたときは損害賠償（遅延賠償）も請求することができる。
　　b．追完不能な場合
　　　債権者は給付に代わる損害賠償（填補賠償）を請求することができる。

(5)　信義則による契約上の義務（債務）の拡大
　ア　実益
　　　契約に基づく本来的給付（ex. 賃金の支払）のほかに、信義則によって契約上の義務（債務）の範囲を拡大し、これにより債務不履行による損害賠償責任を拡大しようとする解釈が広く行われている。その実益は、主に、①債務不履行による損害賠償請求権の方が不法行為による損害賠償請求権より消滅時効期間が長い場合があること、②過失の証明責任が債務不履行責任の場合は債務者にある（債務者において自己に過失がないことを証明しなければならない）ため、一般的には債務不履行責任を追及する方が責任追及が容易であるという点にある。以下の安全配慮義務はその一例である。
　イ　安全配慮義務
　　　安全配慮義務とは、雇用契約（623条）に基づいて使用者が負う信義則上の付随義務として、労働者の生命・健康について危険が生じないように配慮すべき義務をいうが、このような安全配慮義務を認め、この義務に違反した場合、使用者は債務不履行責任を負うとするのが判例・通説である。
　　（理由）
　　　使用者は、労働者から労務の提供を受けることで収益をあげており、また労働者の労務提供過程をどのように整備するかは使用者の権限に属し、労働者はこれに従わざるをえないものである以上、使用者が労務提供過程の安全に配慮すべき義務を負うと解するのが信義則上妥当である。

> **解説　事例3-1**
>
> BはAに対して、債務不履行（履行不能）に基づく損害賠償請求をすることが考えられる（415条1項）。Aは甲商標権をCに譲渡し、CはBによる甲商標権の使用中止を求めていることから、AのBに対する、甲商標権の使用をさせる義務の履行が契約の趣旨及び取引上の社会通念に照らして不能となったものと解されるからである。

(6) 損害賠償の範囲

ア　416条の解釈

判例・通説は、416条は、損害賠償の範囲は、債務不履行と相当因果関係ある全損害に及ぶことを定めた規定であるとし（相当因果関係説）、1項及び2項の意味について次のとおりであるとする。

a．1項は、賠償すべき損害の範囲は、事実的因果関係の認められる損害のうち、通常生ずべき損害であることを規定したものである（相当因果関係の原則）。

b．2項は、特別の事情によって生じた損害は、その事情が予見すべきものであったときは、1項の範囲で賠償する旨を規定したものである（予見の対象となっているのは、生じた損害ではなく、特別の事情である）。

（理由）

債務不履行から生ずる損害は、因果を辿れば無限に拡大するから、賠償すべき損害を通常予想される因果関係（相当因果関係）の範囲に限定して、賠償制度の目的である、当事者間における損害の公平な分担を図るのが妥当である。

イ　予見の主体・時期

特別の事情を予見すべきであったかどうかは、「債務者」が「債務不履行の時」に予見すべきであったかどうかにより判断される。

（理由）

損害の公平な分担の見地から、予見の主体は、損害賠償責任を負う債務者とすべきであり、また、そのような債務者が、債務不履行時において、損害の拡大する事情を予見すべきであったならば、それにもかかわらず不履行をした以上、賠償責任を負わされてもやむを得ない。

ウ　通常損害と特別損害

通常損害（通常生ずべき損害）とは、特別の事情がない限り、

□損害賠償の範囲をめぐっては学説上争いがあるが、本書の性格上、判例・通説たる相当因果関係説に従い、簡潔に説明するにとどめる。

□規定上は「当事者がその事情を予見すべきであったとき」とされている（416条2項）。

その種の債務不履行があれば、取引上の社会通念に従って通常発生すると考えられる範囲の損害をいい、特別損害とはそれ以外の損害をいうが、いずれに当たるかは債務の内容、目的物の性質、当事者の属性（債権者が一般の消費者か商人か）等を総合的に考慮してケースバイケースに判断される。

> □例えば商品の売買契約において、転売を業とする買主が売買代金の1～2割増しで転売契約を結んでいた場合の転売利益は通常損害といえるが、売買代金の3倍の価格で転売契約を結んでいた場合の転売利益は特別損害とされよう。

エ　損害賠償額算定の基準時

相当因果関係説は、損害賠償額算定の基準時の問題も、損害賠償の範囲の問題として、416条の適用によって解決すべきであるとする。具体的には、損害賠償請求権の発生時（一般に、履行遅滞の場合は履行期、履行不能の場合は履行不能時、不完全履行の場合は不完全な履行をした時）を賠償額算定の基準時とし（1項の通常損害）、その後の価格の変動による損害については、特別の事情によって生じた損害（2項の特別損害）として、債務者がその事情を予見すべきであったことを要件として、賠償額に加算されることになるとする。

(7) 損害賠償に関する特別の規定

ア　過失相殺

債務不履行又はこれによる損害の発生若しくは拡大に関して債権者にも過失があったときは、裁判所は、これを考慮して賠償責任の有無及び額を定める。これを過失相殺といい、公平の原則、債権関係を支配する信義則に基づき認められたものである（418条）。

債務不履行における過失相殺に関する418条は、不法行為における過失相殺に関する722条2項と異なり、過失があれば必ず考慮されなければならず（必要的斟酌）、債務者を免責することもできる。

> □これに対して、不法行為における過失相殺（722条2項）では、債権者に過失があっても考慮しなくてもよく（任意的斟酌）、また債務者を免責させることまではできない。

イ　金銭債務の不履行に関する特則

民法は、金銭債務の不履行による損害賠償請求権を確保するために、その要件及び効果について特則を設ける（419条）。これは、金銭が万能的作用と極度の融通性を有し、金銭債権が資本主義社会を支える上で重要な機能を果たすことに基づくものである。

a．債務者は不可抗力を抗弁とすることができない（同条3項）。415条の特則であり、無過失責任を認めたものである。

b．債権者は損害の証明をしなくてよい（同条2項）。一般に、損害賠償請求には損害の発生及び賠償額の証明が必要であるが、金銭の性質から、利息分の損害は必ず生じると考えられるからである。

c．賠償額は、原則として履行遅滞時の法定利率による（同条1

項本文、404条)。約定利率がこれより高い場合は約定利率による（419条1項ただし書)。

ウ　賠償額の予定

　賠償額の予定とは、債務不履行の場合に債務者が賠償すべき額をあらかじめ当事者間の契約で定めておくことをいう（420条1項)。債務の履行を確保することと、損害賠償に関する立証の負担を軽減することを目的とする契約である。

　賠償額の予定は、当事者間の契約による。従たる契約であるから、主たる契約の無効・取消しによって、賠償額の予定も無効となる。

　ａ．債権者は、債務不履行の事実さえ証明すれば、損害の発生、損害額の証明をすることなく予定賠償額を請求できる。

　ｂ．裁判所は、原則としてその額を増減できないが、賠償額の予定が著しく債務者に酷であるとき、暴利行為として公序良俗違反に関する90条により、その全部又は一部が無効となる場合がある。

　ｃ．損害賠償額の予定は、履行の請求又は解除権の行使を妨げない（420条2項)。

　ｄ．違約金

　違約金は賠償額の予定と推定される（同条3項)。

　ここに違約金とは、債務不履行の場合に債務者が債権者に支払うべきことを約束した金銭である。

エ　損害賠償者の代位

　債権者が、損害賠償として、その債権の目的である物又は権利の価額の全部の支払を受けたときは、債務者はその物又は権利について当然に債権者に代位する（422条)。例えば、寄託契約において自己の過失により寄託物を盗まれた受寄者が寄託者に対して損害額を全額賠償したときは、寄託物の所有権は当然に寄託者から受寄者に移転する。そうでないと債権者（寄託者）が二重に利益を受けることになるからである。

オ　代償請求権

　債務者が、その債務の履行が不能となったのと同一の原因により債務の目的物の代償である権利又は利益を取得したときは、債権者は、その受けた損害の額の限度において、債務者に対し、その権利の移転又はその利益の償還を請求することができる（代償請求権、422条の2)。例えば、債権の目的物を第三者Ｚが故意又は過失により破壊した場合、債務者ＹはＺに対し不法行為による

□このため、その後の法定利率の変動（404条3項～5項)の影響を受けない。

□違約金の定めが賠償額の予定ではなく、違約罰の趣旨であるときは、債権者は債務者に対し、別途、債務不履行による損害賠償請求をすることができるが、この場合、違約金とは別に損害賠償の請求をすることができる旨を契約書に明記しておくべきである。

□この支払には、供託、代物弁済、相殺等の弁済と同視できる事由も含まれる。

損害賠償請求権を取得するが、この破壊につきYに帰責事由があれば、債権者XはYに対し債務不履行による損害賠償を請求できる。これに対し、Yに帰責事由がなければYは債務を免れ、ZもYに損害がないことを理由に損害賠償責任を免れることになるが、これは明らかに不当であるため、民法は代償請求権を認めた。

4 責任財産の保全

(1) 総説

一般債権者（担保物権を有していない債権者）にとって、債務者が任意に金銭債務を履行しない場合に引当てとなる（執行の対象＝責任財産となる）のは債務者の一般財産（担保物権の目的となっていない一切の財産）であるため、一般債権者としては、それが十分にあればよいが、そうでない場合には、債権回収につき重大な支障が生じるおそれがある。そこで、債務者の一般財産（責任財産）の保全を図るため、民法は、債権者代位権（423条〜423条の7）と詐害行為取消権（債権者取消権、424条〜426条）の各制度を設けた。そして、債務者が、消極的に財産の減少を放置している場合には債権者代位権が、積極的に財産の減少を図った場合には詐害行為取消権が、それぞれ機能する。

□但し、423条の7は債務者の一般財産（責任財産）の保全を図るための制度ではない。この点については(2)ク（140頁）参照。

(2) 債権者代位権

> **事例 3-2**
>
> AはBに対し、Aの保有するα特許権に関する実施料請求権として、履行期の到来している1000万円の債権を有している。Bは唯一の資産として、Cに対する売掛金債権1500万円を有しているが、Bはこれを請求しないまま放置しているため、消滅時効に掛かる寸前にある。一方、Bの負債はAに対するもの以外にも2000万円ある。この場合、Aは、Bの責任財産を保全するため、どのような民法上の手段を取ることができるか。
>
>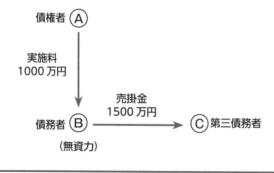

ア　意義

　　債権者代位権は、債務者が自己に属する権利を行使せず、一般財産（責任財産）が減少するのを放置している場合に、債権者が債務者に代わってその権利を行使することを認め、これにより債務者の責任財産を保全することを目的とする制度である（423条1項）。

イ　要件

　① 債権者の債権（被保全債権）を保全するため必要があること（423条1項本文）

　　まず、債権者代位権の制度趣旨に鑑み、「債権」とは金銭債権をいうものと解されている。

　　次に、債権者が債務者に代わってその権利を行使することを無条件に認めると、他人の財産管理に対する不当な干渉となること、及び債権者代位権の制度趣旨から、「保全するため必要がある」とは、債務者の無資力（債務者の一般財産に総債権者の債権を弁済するに足りる価値がないこと）をいうものと解するのが判例・通説である。

　② 債務者が自らその権利（被代位権利）を行使しないこと

　　条文にはないが債権者代位権の要件と解されており、このため、債務者の権利行使が債権者にとって不利益であっても、債権者は重ねてその権利を行使することができない。

　③ 債権が原則として履行期にあること（同条2項）

　　履行期に責任財産が充実されることもありうるため、無用な干渉を排除する趣旨である。例外的に、保存行為（同条2項ただし書、ex.消滅時効の完成を阻止する行為（147条1項））は履行期前でも代位権行使が認められる。

　④ 被代位権利が債務者の一身専属権及び差押えを禁じられた権利でないこと（同条1項ただし書）

　⑤ 被保全債権が強制執行により実現することのできない債権でないこと（同条3項）

ウ　代位権の客体

　a．客体となりうる権利

　　(a) 債権者代位権は責任財産の保全を目的とする制度であるから、債権者の共同担保の保全に適する財産権は原則として全て客体となる。

　　(b) 遺産分割請求権は身分権であるが代位の客体となるとするのが通説である。

□【事例3－2】におけるAのBに対する債権である。

□債権者代位権の転用による特定債権の保全については後述する。

□無資力には代位権を行使しないと債務者が債務超過になる場合も含まれる。

□【事例3－2】におけるBのCに対する債権である。

□請求権のみならず、取消権、解除権、相殺権等の形成権や、債権者代位権、詐害行為取消権も客体となる。

　　　　(c) 直接実体法上の権利を主張する形式としての訴訟法上の権利（ex. 訴訟の提起、強制執行の申立て、請求異議の訴えなど）も代位の客体となる。
　　b．客体とならない権利
　　　(a) 行使上の一身専属権（423条1項ただし書）
　　　　ⓐ 身分権（ex. 親権）
　　　　ⓑ 人格権（ex. 人格権侵害による慰謝料請求権、財産分与請求権）
　　　　ⓒ 債務者の意思のみに行使が委ねられる場合（ex. 書面によらない贈与の取消権、債権譲渡の通知）
　　　(b) 差押えを禁じられた権利（423条1項ただし書、ex. 恩給請求権）
　　　(c) 訴訟開始後における個々の訴訟追行権（ex. 攻撃防御方法の提出、上訴の提起）
　エ　行使方法等
　　a．自己の名で債務者の権利を行使する。代理人として債務者の名でするのではない。
　　b．裁判上の行使を必要としない（cf. 詐害行為取消権）。
　　c．被代位権利の目的が可分であるときは、債権者は自己の債権の額の限度においてのみ被代位権利を行使することができる（423条の2）。
　　d．代位権の行使として相手方に対し金銭の支払又は動産の引渡しを求める場合、債務者への支払又は引渡しを請求できるほか、直接債権者に対してすることも請求できる（423条の3前段）。債務者が受領しない場合もあり得るため、代位権の目的が達せられるよう、債権者に対する直接の支払又は引渡しの請求を認める必要があるからである。相手方が債権者に対してその支払又は引渡しをしたときは、被代位権利は消滅する（同条後段）。
　　e．債務者に代位して、第三者に対し登記の移転を請求する場合には、債務者の名義に移転すべきことを請求できるに止まるとするのが判例・通説である。
　　　（理由）
　　　① 債務者に移転することで、代位の目的は十分達せられる。
　　　② 登記の移転の請求は、判決により単独で債務者名義に移転することができる。
　オ　相手方の地位
　　債務者自身がその権利を行使するのと同一の立場で代位行使す

□一身専属権とは、特定の権利主体だけが行使又は享有できる権利をいい、前者（行使上の一身専属権）は、権利を有する者以外、その権利を行使することが認められず、後者（帰属上の一身専属権 ex. 代理権（111条1項2号）は譲渡又は相続ができない（896条ただし書）。

□一身専属権も当事者間の支払合意や債務名義の成立により金銭債権として具体化していれば一身専属性が失われ、代位権の客体となる。

ることになるため、相手方は債務者に対して有する全ての抗弁（ex. 相殺（505条1項）、同時履行（533条）など）を主張できる（423条の4）。

カ　債務者の地位

債権者が被代位権利を行使した場合であっても、債務者は被代位権利について自ら取立てその他の処分をすることができ（423条の5前段）、相手方も被代位権利について債務者に対して履行をすることを妨げられない（同条後段）。債権者代位権は債務者が自ら権利を行使しない場合に限り、例外的に債務者の財産に対する介入となる代位行使を認め、責任財産の保全を図ることを目的とするものであり、債務者が自ら権利を行使すればこの目的は達せられる。また、もし相手方が債務者に対する履行を禁じられると、相手方は履行前に債権者代位権の成否の判断に迫られることになるが、相手方がその判断に必要な情報を有しているとは限らないからである。

キ　代位権行使の効果

a．代位権行使の効果は直接に債務者に帰属し、総債権者の債権の引当てとなる。

b．債権者代位訴訟の判決の効力は債務者に及ぶ（民事訴訟法115条1項2号）とするのが判例・通説である。そのため、債務者にこの訴訟の存在を認識させ、その審理に参加する機会を保障する見地から、債権者は、この訴訟を提起したときは、遅滞なく、債務者に対し訴訟告知をしなければならない（423条の6）。

解説　事例3-2

Aは、債権者代位権に基づき、Cに対し、BのCに対する債権1500万円のうちAのBに対する債権額と同じ1000万円の支払を求めることができる（423条1項本文、423条の2、423条の3前段）。

債権者代位権の成立には、イで述べた各要件が必要であるところ、①Aの債権は金銭債権であり、かつ債務者Bは全財産の価値が1500万円であるのに対し総負債額は3000万円であって無資力であり、②Bは自ら権利行使をしておらず、③Aの債権は履行期が到来している。また、④Bの債権は単純な金銭債権であって一身専属権ではなく、⑤Aの債権は強制執行により実現することのできない債権ではないからである。

□被代位権利が金銭債権の場合には、債権者は423条の3前段により相手方から受領した金銭に関する不当利得返還義務と自己の債権とを相殺することができ、その結果、事実上この債権者が優先弁済を受ける結果となる。

□金銭債権に基づいて債務者の金銭債権を代位行使する場合、代位行使できる債権の範囲は代位債権者の有する債権額に限られる（423条の2）ため、本問でも、AはBに対する債権額である1000万円の限度でBのCに対する債権を代位行使することになる。

□Aが債権者代位権の行使によりCから支払を受けた1000万円は、Bとの関係で不当利得となるが（703

ク　債権者代位権の転用
　　a．転用の意義
　　　　債権者代位権は、本来、債務者に対し金銭債権を有する者が、この債権を保全するために、債務者の有する債権を債務者に代わって行使し、債務者の責任財産を保全する制度であるが、この制度を登記又は登録の請求権や賃借権など金銭債権以外の債権を保全するために転用することが明文上又は解釈上認められている。

　　　　このような場合には、被保全債権が金銭債権である場合とは異なり、債務者の責任財産がどれだけあるかは問題とならないため、本来の代位権行使において要件とされる債務者の無資力は不要とされている。
　　b．登記又は登録の請求権を保全するための債権者代位権
【図解】

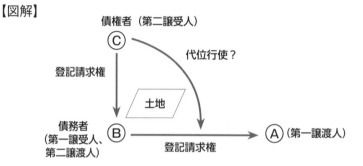

　　　　登記又は登録をしなければ権利の得喪及び変更を第三者に対抗することができない財産を譲り受けた者は、その譲渡人が第三者に対して有する登記手続又は登録手続をすべきことを請求する権利を行使しないときは、その権利を行使することができる（423条の7前段）。

　　　　上記【図解】の例でA→B→Cと不動産が譲渡されたが未だ登記がAにある場合、CはBに対する登記請求権を保全するために、BのAに対する登記請求権を代位行使できる。もっとも、CがBに代位する場合、Bを飛ばしてAからCに直接登記を移転することは認められず、一旦Bに移転した上でCに移転しなければならない。代位権行使において債権者が第三債務者に対し、自己に直接引き渡すよう求めることができる（423条の3）のは、債務者が受領を拒んだ場合に代位の目的を達することができないからであるが、登記の場合はC単独でBに移転することができるため、それ以上の保護を与える必要はないからである。
　　c．所有権に基づく妨害排除請求権の代位行使

□条）、その一方で、AはBに対し1000万円の債権を有しているため、これらを対当額で相殺することによって（505条1項）、Aは事実上、他の債権者に優先して債権の回収を図ることができる。

□X特許権を保有するBが侵害者Cに対して有する差止請求権（特許法100条）を、BからX特許権の通常実施権の許諾を受けたAが代位行使するとの法律構成も、債権者代位権の転用事例の一つである。

□被保全債権が金銭債権の場合に債務者の無資力を不要とした判例があるが、特殊な事案に関するものであるため、本書の性格上割愛する。

□この場合、423条の4〜6の規定が準用される（423条の7後段）一方、423条の2〜3は準用されていない。

【図解】

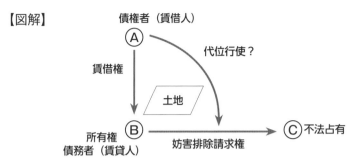

　上記【図解】の例で土地の賃借人Aは、賃借権を保全するため、この土地を不法に占有しているCに対し、賃貸人Bの所有権に基づく妨害排除請求権を代位行使できる（判例・通説）。
（理由）
① 賃貸人は賃借人に対し、目的物を利用させる債務を負っていることから、契約上の請求権として、賃借人は賃貸人に対して、不法占有者による妨害を排除して、自己に目的物を利用させるよう請求できるが、賃貸人に対してしか請求できないというのは迂遠である。
② 不動産賃借権が侵害された場合、賃借人は対抗要件を具備しない限り、賃借権を根拠に妨害の停止等を請求することができず（605条の4）、また、一旦占有を取得していない限り占有訴権（197条～）を行使できないため、賃借人に代位権の転用を認める必要が高い。

□保全しようとする賃借権に対抗要件の具備は必要ない（cf. 賃借権に基づく妨害排除請求）。

□賃借人は、直接自己に対して明け渡すよう請求することも可能である（判例）。

(3) **詐害行為取消権（債権者取消権）**

事例 3-3

　AはBに対し、Aの保有するα特許権に関する実施料請求権として、履行期の到来している1000万円の債権を有している。Bは唯一の資産として、β特許権（価値1500万円）を保有していたところ、これをDに対し資産隠しの目的であることを告げた上で贈与し、移転登録を行った。一方、Bの負債はAに対するもの以外にも2000万円ある。この場合、Aは、Bの責任財産を保全するため、どのような民法上の手段を取ることができるか。

ア　意義

　詐害行為取消権（債権者取消権）とは、債務者がその一般財産を積極的に減少する行為をする場合に、この行為の効力を否認してその減少を防止する制度である（424条～）。

　詐害行為取消権は、債務者の一般財産（責任財産）の保全を目的とする点では、債権者代位権と共通する。しかし、債権者代位権がもともとあるべき姿を作り出すのに対して、詐害行為取消権は債務者のした法律行為の効力を否定するものであるため、第三者に対する影響は大きく、第三者の利益に対する配慮が必要となる。

□詐害行為取消権の法的性質（権利の本質）については、詐害行為の効力を否認し、財産を取り戻すことの両者であると考えられる（424条の6、424条の7第1項参照）。

イ　要件

　詐害行為取消権の要件は、①債務者が債権者を害する行為（詐害行為）をしたこと、②債務者・受益者が詐害の事実を知っていたこと（詐害意思）である（424条1項）。

□転得者に対する詐害行為取消権の要件については後記ウd（144頁）参照。

①　詐害行為（客観的要件）

　a．意義

　　詐害行為とは、債権者を害する債務者の行為をいう。ここに「債権者を害する」とは、債務者の行為によってその一般財産が減少して債務超過になること（債務者の無資力）をいう。

□無資力には債務者が既に債務超過の状態で一般財産を減少する行為をした場合も含まれる。

　b．被保全債権

　(a)　詐害行為取消権によって保全される債権（被保全債権）は、詐害行為取消権の制度趣旨に鑑み金銭債権をいい、また、詐害行為の前の原因に基づいて生じた債権であることを要する（424条3項）。被保全債権の発生原因が生ずる前の時点でされた債務者の財産処分行為にまで介入するのは過度の干渉となるからである。一方、詐害行為の前の原因に基づいて債権が発生していれば、詐害行為の時までに弁済期が到来することは必要ない。

□このため、詐害行為前に生じた債権はもちろんのこと、例えば詐害行為後に生じた遅延損害金債権であっても、その元本債権が詐害行為前に生じていれば、詐害行為の前の原因に基づいて生じたものに当たる。

　(b)　被保全債権は、強制執行により実現することができるものであることを要する（424条4項）。

□このため、例えば破産手続において免責を受けた債権は被保全債権たりえない。

　c．債務者の行為

　　詐害行為は法律行為に限られず、弁済等も詐害行為となりうる（424条1項）。

　　一方、詐害行為には財産権を目的としない行為を含まない（同条2項）。従って、婚姻、縁組、相続の承認・放棄などは、たとえ間接的に債務者の財産上の利益に負の影響を及ぼした

としても詐害行為とはならない。なお、離婚による財産分与については、「財産権を目的としない行為」には当たらないと解されており、これが分与の基準を定める768条3項の趣旨に照らして不相当に過大なときは、財産分与に仮託してされた財産処分行為として取消しの余地がある（判例）。
② 詐害意思（主観的要件）
　a．債務者の詐害意思（424条1項本文）
　　詐害行為の当時、債権者を害することを知っていたことが必要である。債務者の行為によってその一般財産が減少して、債権者が十分な満足を得られなくなることを認識していれば足り、特定の債権者を害する意図があることまでは要しないと解されている。
　b．受益者の悪意（同項ただし書）
　　詐害行為によって利益を受けた者（受益者）についても、詐害行為の当時、上記の意味において債権者を害することを知っていたことが必要である。
③ 両要件の関係
　判例・通説は、主観的要件と客観的要件を総合的に考慮して（行為者の主観、行為の性質、態様等、一切の事情を考慮して）、具体的妥当性を図っている。
（理由）
　詐害行為取消権は、債務者の一般財産を保全し、もって破産外における総債権者間の平等な満足の実現を目的とする制度であり、かかる目的に鑑みれば、詐害性の判断もより実質的に行うべきである。

ウ　要件に関する特則
　民法は、424条において詐害行為取消権の一般的要件を定めるとともに、424条の2以下において、個別の行為類型につき破産法上の否認権との整合性を図る見地から、詐害行為取消権の要件に関する特則を設けている。
　a．相当の対価を得てした財産の処分行為（424条の2）
　　債務者が、その有する財産を処分する行為をした場合において、受益者から相当の対価を取得しているときは、①～③の全てを充足する場合に限り詐害行為取消請求ができる。
　① その行為が、不動産の金銭への換価その他の当該処分による財産の種類の変更により、債務者において隠匿、無償の供与その他の債権者を害することとなる処分（隠匿等の処分）

をするおそれを現に生じさせるものであること（同条1号）
   ②　債務者が、その行為の当時、対価として取得した金銭その他の財産について、隠匿等の処分をする意思を有していたこと（同条2号）
   ③　受益者が、その行為の当時、債務者が隠匿等の処分をする意思を有していたことを知っていたこと（同条3号）
 b．特定の債権者に対する担保の供与等（424条の3）
  (a)　債務者がした既存の債務についての担保の供与又は債務の消滅に関する行為については、①～②の全てを充足する場合に限り詐害行為取消請求ができる（同条1項）。
   ①　その行為が、債務者が支払不能（債務者が、支払能力を欠くために、その債務のうち弁済期にあるものにつき、一般的かつ継続的に弁済することができない状態）の時に行われたものであること（同項1号）
   ②　その行為が、債務者と受益者とが通謀して他の債権者を害する意図をもって行われたものであること（同項2号）
  (b)　(a)の行為が、債務者の義務に属せず、又はその時期が債務者の義務に属しないものである場合において、①～②の全てを充足するときは、その行為について詐害行為取消請求をすることができる（同条2項）。
   ①　その行為が、債務者が支払不能になる前30日以内に行われたものであること（同項1号）
   ②　その行為が、債務者と受益者とが通謀して他の債権者を害する意図をもって行われたものであること（同項2号）
 c．過大な代物弁済等（424条の4）
   債務者がした債務の消滅に関する行為であって、受益者の受けた給付の価額がその行為によって消滅した債務の額より過大であるものについて、424条に規定する要件に該当するときは、債権者は、b(a)にかかわらず、その消滅した債務の額に相当する部分以外の部分について詐害行為取消請求ができる。
 d．転得者に対する詐害行為取消権（424条の5）
   債権者は、受益者に対して詐害行為取消請求をすることができる場合において、受益者に移転した財産を転得した者があるときは、(a)～(b)の区分に応じ、その転得者に対しても詐害行為取消請求ができる。
  (a)　その転得者が受益者から転得した者である場合
    その転得者が、転得の当時、債務者がした行為が債権者を

□転得者に対し詐害行為取消権を行使できるのは、これらの場合に限られる。

害することを知っていたとき（同条1号）

【図解】

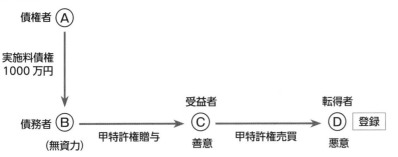

　　　【図解】の例では、受益者Ｃが善意である（詐害意思がない）ため、ＡはＢＣ間の贈与の取消し及びＤに移転した財産の返還又は価額の償還（424条の6第2項）を請求することができない。なお、転得者は債務者の行為の詐害性を知っていれば足り、受益者の悪意まで知っている必要はない。

　(b) その転得者が他の転得者から転得した者である場合
　　　その転得者及びその前に転得した全ての転得者が、それぞれの転得の当時、債務者がした行為が債権者を害することを知っていたとき（同条2号）

エ　行使方法等
　a．行使方法
　　　詐害行為取消権は、訴えによって行使することを要する（424条1項）。
　　　訴えの被告は、債権者が財産の返還又は価額償還を請求しようとする受益者又は転得者であり（424条の7第1項）、債務者は被告とならないが、債務者の訴訟手続への関与の機会を保障するため、債権者は、詐害行為取消請求に係る訴えを提起したときは遅滞なく債務者に対し訴訟告知をしなければならない（同条2項）。
　b．出訴期間の制限
　　　出訴期間は、(a)、(b)のうち、いずれか早い方である（426条）。詐害行為取消権は債務者や第三者に与える影響が大きいため、早期に法律関係を安定させる趣旨である。
　(a) 債務者が債権者を害することを知って行為をしたことを債権者が知った時から2年（同条前段）
　　　出訴期間であるため時効の更新等に関する規定の適用はない。
　(b) 行為の時から10年（同条後段）

□【図解】の例で転得者Ｄから更に転得したＥや、Ｅから更に転得したＦがいる場合に関する規定である。

□エ、オについては条文の目次や順序にとらわれずに理解の便宜を優先して整理している。

オ　取消しの効果
　　a．取消しの範囲
　　　(a)　詐害行為の目的が可分である場合、債権者は被保全債権の額の限度においてのみ、詐害行為の取消しを請求することができる（424条の8第1項）。このことは、債権者が価額の償還を請求する場合（424条の6第1項後段、第2項後段）についても同様である（424条の8第2項）。
　　　(b)　詐害行為の目的が不可分である場合、債権者は被保全債権の額にかかわらず、詐害行為の全部を取り消すことができる。
　　b．財産の返還又は価額の償還の請求
　　　債権者は、債務者がした行為の取消しとともに、その行為によって受益者又は転得者に移転した財産の返還を請求することができる（424条の6第1項前段、第2項前段）。また、これが困難な場合は、その価額の償還を請求することができる（同条第1項後段、第2項後段）。
　　　この場合、債務者への返還又は償還を請求する（ex. 目的物が登記・登録を伴うものである場合における登記・登録の抹消請求）のが原則であるが、財産の返還の請求が金銭の支払又は動産の引渡しを求めるものであったり、価額の償還を請求したりするときは、債権者は、直接自己に対し支払又は引渡しをするよう求めることができる（424条の9第1項、第2項）。
　　c．認容判決の効力が及ぶ者の範囲
　　　詐害行為取消請求認容判決の効力は、訴訟の当事者である債権者、受益者又は転得者のみならず、債務者及びその全ての債権者にも及ぶ（425条）。
　　d．債務者の受けた反対給付に関する受益者等の権利
　　　(a)　債務者がした財産の処分に関する行為（債務の消滅に関する行為を除く。）が取り消されたときは、受益者は債務者に対し、その財産を取得するためにした反対給付の返還を請求することができる（425条の2前段）。また、これが困難な場合は、受益者は、その価額の償還を請求することができる（同条後段）。詐害行為取消請求認容判決の効力は債務者にも及ぶこと（上記c）を受けた規定である。

□これにより、債権者代位権の場合（423条の3前段）と同様に、債権者は受領した金銭に関し債務者に対して負う不当利得返還義務と被保全債権を相殺することができ、その結果、事実上この債権者が優先弁済を受ける結果となる。

【図解】

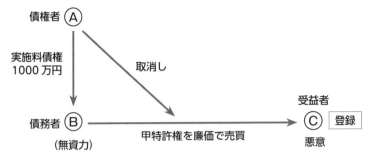

【図解】の例で、ＢＣ間の売買が取り消されたが既にＣからＢに売買代金が支払われていた場合、ＣはＢに対し、この代金の返還を請求することができる。

(b) 債務者がした財産の処分に関する行為（債務の消滅に関する行為を除く。）が転得者に対する詐害行為取消請求によって取り消されたときは、転得者は、その前者から財産を取得するためにした反対給付又はその前者から財産を取得することによって消滅した債権の価額を限度として、その行為が受益者に対する詐害行為取消請求によって取り消されたとすれば生ずべき受益者の債務者に対する反対給付の返還請求権又はその価額の償還請求権を行使することができる（425条の４第１号）。

ｅ．受益者等の債権の回復（425条の３）

(a) 債務者がした債務の消滅に関する行為が取り消された場合（424条の４（過大な代物弁済等の特則）により取り消された場合を除く。）において、受益者が債務者から受けた給付を返還し、又はその価額を償還したときは、受益者の債務者に対する債権は、これによって原状に復する。

(b) 債務者がした債務の消滅に関する行為が転得者に対する詐害行為取消請求によって取り消されたとき（424条の４（過大な代物弁済等の特則）により取り消された場合を除く。）は、転得者は、その前者から財産を取得するためにした反対給付又はその前者から財産を取得することによって消滅した債権の価額を限度として、その行為が受益者に対する詐害行為取消請求によって取り消されたとすれば回復すべき受益者の債務者に対する債権を行使することができる（425条の４第２号）。

□425条の３括弧書の意味
　例えば、ＢがＣに対し負担する100万円の債務につき評価額500万円の甲特許権をもって代物弁済したが、Ｂの債権者Ａが過大部分400万円につき詐害行為として取り消し、ＣがＡに対し400万円を償還した場合であっても、Ｃは代物弁済によって消滅した100万円の債務に相当する部分の価額を償還したことにはならないため、ＣのＢに対する債権は回復しない。

解説　事例3-3

　Aは、詐害行為取消権に基づき、BのDに対する贈与の取消しとDに移転した登録の抹消を裁判所に請求することができる（424条1項、424条の6第1項前段）。

　詐害行為取消権の成立には、①債務者が債権者を害する行為（詐害行為）をしたこと、②債務者・受益者が詐害の事実を知っていたこと（詐害意思）が必要であり、①にかかる債権（被保全債権）は詐害行為の前の原因に基づいて生じた金銭債権をいい、「債権者を害する」とは、債務者の無資力（これには債務者が既に債務超過の状態で一般財産を減少する行為をした場合も含まれる。）をいうところ、①Aの債権はBの贈与より前に生じた金銭債権であり、Bは、全財産の価値が1500万円であるのに対し総負債額は3000万円という無資力状態でβ特許権をDに贈与している。また、②Bはこれを資産隠しの目的でしているため債権者を害することを知っており、この目的をBから告げられたDも債権者を害することを贈与時に知っているからである。

□AがBD間の贈与を取り消し、Dに移転した登録を抹消してBに戻した後に、Aはβ特許権を差し押さえ（そのためには1000万円の実施料債権につき債務名義を取得する必要がある。）、民事執行法に基づく換価手続を経た上でその売却等代金の中から配当を受けるなどして債権の回収をすることになるが、他の債権者も配当に加われば、債権者平等の原則により按分回収となる。

第3章　多数当事者の債権債務

第1節　総　則

1 多数当事者の債権・債務

(1) 意義
1個の債権関係について、数人の債権者があるもの、又は数人の債務者があるものを多数当事者の債権（債務）関係という。

(2) 視点
多数当事者の債権（債務）関係については、次の3つの視点から考察すべきである。

ア　対外的効力（対外関係）
多数の債権者又は債務者間において、どのように請求し、また、どのように弁済すべきかという視点。

イ　当事者の1人について生じた事由（影響関係）
債権者又は債務者の1人について生じた事由が他の債権者又は債務者に及ぼす影響はどうかという視点。

ウ　内部関係（分与・求償関係）
多数の債権者の1人が弁済を受け、又は多数の債務者の1人が弁済をしたときに、これを他の債権者にどのように分与し、又は他の債務者に対しどのように求償するかという視点。

2 分割債権・債務

(1) 債権債務の分割主義の原則
多数当事者の債権債務関係は、原則として各当事者間の平等割合とする分割債権債務である（427条）。これは、個人主義思想の現れであり、法律関係の簡素化に役立つ。

427条により、次頁の【図解】の例においては、AのBCDに対する900万円の債権は300万円ずつに分割され、破産したBからの回収は困難となる（B破産のリスクは債権者Aが負うことになる。）。

一方、BCDがAに対し、900万円の連帯債務を負っている場合は、AはBが破産しても、C又はDに対し全額の支払を請求することができる（B破産のリスクは連帯債務者C及びDが求償不能という形で負うことになる。）。

□民法が規定する多数当事者の債権債務関係は、①分割債権・債務（427条）、②不可分債権・債務（428条～431条）、③連帯債権・債務（432条～445条）、④保証債務（446条～465条の10）の4つである。

□427条は、本文の例や、これとは逆に、債権者甲乙丙が債務者丁に対し総額900万円の債権を有している場合に、別段の意思表示がないときは、各人が300万円ずつ債権を有するということに関する規定であり、債権者平等の原則による按分弁済の根拠にはならない。債権者平等の原則については明文の規定はなく、債権の性質～物権のような排他性がないこと～から理論上認められるものである。

【図解】

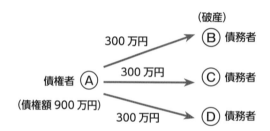

(2) 効力

　ア　対外的効力（対外関係）

　　各債権・債務は独立しているから、それぞれの請求・履行は単独で行うことができる。

　イ　当事者の１人について生じた事由（影響関係）

　　各債権・債務は別個独立したものであるから、他の債権者・債務者に影響を及ぼさない。

　ウ　内部関係（分与・求償関係）

　　相互の契約により定まり、それがなければ平等の割合として扱われる。

第2節　不可分債権・債務

1 不可分債権

(1) 意義

不可分債権とは、1個の性質上不可分な給付について数人の債権者がいる場合をいう。

性質上可分か不可分かは、取引通念を基準として決定される。その例としては、1棟の建物を数人で購入する場合の建物引渡請求権のほか、1棟の建物の使用貸借につき数人の貸主がいる場合の契約終了に基づく建物明渡請求権などが挙げられる。

(2) 効力

ア　対外的効力

各債権者は全ての債権者のために全部又は一部の履行を請求することができ、債務者は全ての債権者のために各債権者に対して履行をすることができる（428条、432条）。

イ　債権者の1人について生じた事由

a．相対的効力の原則

不可分債権者の1人の行為又は1人について生じた事由は他の不可分債権者に対してその効力を生じないが（428条、435条の2本文）、他の不可分債権者の1人及び債務者が別段の意思を表示（合意）したときは、当該他の不可分債権者に対する効力はその意思に従う（428条、435条の2ただし書）。

b．絶対的効力事由

(a) 履行の請求、弁済及びこれに関連する事由

前述のとおり、各債権者は全ての債権者のために全部又は一部の履行を請求することができ、債務者は全ての債権者のために各債権者に対して履行をすることができるから（428条、432条）、履行の請求と、弁済及びこれに関連する事由（弁済の提供、受領遅滞、供託、代物弁済）には絶対的効力がある。

(b) 相殺

債務者が不可分債権者の1人に対して債権を有する場合において、その債務者が相殺を援用したときは、その相殺は他の不可分債権者に対してもその効力を生ずる（428条、434条）。

ウ　内部関係

明文の規定はないが、債権の履行を受けた債権者は、他の債権

□不可分債権については433条（更改、免除の絶対的効力）及び435条（混同の絶対的効力）を除き連帯債権の規定が準用されているため（428条）、後述する連帯債権の説明（第3節1）も参照されたい。

□連帯債権において絶対的効力事由とされている更改、免除（433条）と混同（435条）は不可分債権に準用されていないため、相対的効力を有する。

者に対して、内部関係の割合に応じて分与すべきである。

(3) 分割債権関係への変更

目的たる不可分給付が可分給付に変化するとき、当然に分割債権に変更される（431条）。

2 不可分債務

(1) 意義

不可分債務とは、1個の性質上不可分な給付について、数人の債務者がいる場合をいう。

性質上可分か不可分かは、取引通念を基準として決定される。その例としては、共有者全員が共有物引渡債務を負う場合が挙げられる。また、本来可分給付の性質をもつ金銭給付についても、例えば、共同賃借人の賃料債務や共同使用人の報酬支払債務などについて、不可分的に利益を受けている以上は、それに対する対価としての給付は不可分なものでなければならないとして、不可分債務と解されている。

(2) 効力

ア　対外的効力

債権者はその不可分債務者の1人に対し、又は同時に若しくは順次に全ての不可分債務者に対し、全部又は一部の履行を請求することができる（430条、436条）。

イ　債務者の1人について生じた事由

　a．相対的効力の原則

　　不可分債務者の1人について生じた事由は他の不可分債務者に対してその効力を生じないが（430条、441条本文）、債権者及び他の不可分債務者の1人が別段の意思を表示（合意）したときは、当該他の不可分債務者に対する効力はその意思に従う（430条、441条ただし書）。

　b．絶対的効力事由

　　(a) 弁済及びこれに関連する事由（代物弁済、供託、弁済の提供、受領遅滞）

　　　不可分債務は同一の給付を目的とするものであるから、この目的を達成する事由（弁済、代物弁済、供託）又はこれに関連するもの（弁済の提供、受領遅滞）があるときは、全ての債務者のために効力を生ずる。

　　(b) 更改

　　　不可分債務者の1人と債権者との間に更改があったときは、債権は全ての不可分債務者の利益のために消滅する（430

□不可分債務については440条（混同の絶対的効力）を除き連帯債務の規定が準用されているため、後述する連帯債務の説明（第3節2）も参照されたい。

条、438条)。
- (c) 相殺
  - ⓐ 不可分債務者の1人が債権者に対して反対債権を有する場合にその不可分債務者が相殺を援用したときは、債権は全ての不可分債務者の利益のために消滅する（430条、439条1項）。
  - ⓑ 不可分債務者の1人が債権者に対して反対債権を有する場合にその不可分債務者が相殺を援用しない間は、他の不可分債務者は反対債権を有する不可分債務者の負担部分の限度で債務の履行を拒むことができる（430条、439条2項）。

ウ　内部関係

不可分債務を履行した者は、他の不可分債務者に対し、共同の免責を得るために支出した財産の額のうち各自の負担部分に応じた額につき求償することができる（430条、442条～445条）。

(3) 分割債務関係への変更

目的たる不可分給付が可分給付に変化するとき、当然に分割債務に変更される（431条）。

第3節　連帯債権・債務

1 連帯債権
(1) 意義
連帯債権とは、数人の債権者が、性質上可分な給付について、各自が独立に全部の給付を受けるべき債権を有し、債務者が債権者のうちの1人に対し給付をすれば、他の債権者に対する債務も免れる多数当事者の債権であって、債権者間に連帯関係があるものをいう。

(2) 成立要件
債権の目的がその性質上可分である場合において、法令の規定又は当事者の意思表示によって成立する（432条）。

(3) 効力
ア　対外的効力

各債権者は全ての債権者のために全部又は一部の履行を請求することができ、債務者は全ての債権者のために各債権者に対して履行をすることができる（432条）。

イ　債権者の1人について生じた事由

a．相対的効力の原則

連帯債権者の1人の行為又は1人について生じた事由は他の連帯債権者に対してその効力を生じないが（435条の2本文）、他の連帯債権者の1人及び債務者が別段の意思を表示（合意）したときは、当該他の連帯債権者に対する効力はその意思に従う（同条ただし書）。

b．絶対的効力事由

(a) 履行の請求、弁済及びこれに関連する事由

前述のとおり、各債権者は全ての債権者のために全部又は一部の履行を請求することができ、債務者は全ての債権者のために各債権者に対して履行をすることができるから（432条）、履行の請求と、弁済及びこれに関連する事由（弁済の提供、受領遅滞、供託、代物弁済）には絶対的効力がある。

(b) 更改、免除

連帯債権者の1人と債務者との間に更改又は免除があったときは、その連帯債権者がその権利を失わなければ分与されるべき利益に係る部分については、他の連帯債権者は履行を請求することができない（433条）。

(c) 相殺

債務者が連帯債権者の1人に対して債権を有する場合にお

いて、その債務者が相殺を援用したときは、その相殺は他の連帯債権者に対してもその効力を生ずる（434条）。

(d) 混同

連帯債権者の1人と債務者との間に混同があったときは、債務者は弁済をしたものとみなされる（435条）。

ウ　内部関係

明文の規定はないが、債権の履行を受けた債権者は、他の債権者に対して、内部関係の割合に応じて分与すべきである。

2 連帯債務

(1) 意義

連帯債務とは、数人の債務者が、性質上可分な給付について、各自が独立に全部の給付をすべき債務を負い、そのうちの1人が給付をすれば、他の債務者も債務を免れる多数当事者の債務をいう。これにより、可分給付について債権の担保力強化が果たされる。

(2) 成立要件

債務の目的がその性質上可分である場合において、法令の規定又は当事者の意思表示によって成立する（436条）。

(3) 効力

ア　対外的効力

債権者はその連帯債務者の一人に対し、又は同時に若しくは順次に全ての連帯債務者に対し、全部又は一部の履行を請求することができる（436条）。

イ　債務者の1人について生じた事由

a．相対的効力の原則

連帯債務者の1人について生じた事由は他の連帯債務者に対してその効力を生じないが（441条本文）、債権者及び他の連帯債務者の1人が別段の意思を表示（合意）したときは、当該他の連帯債務者に対する効力はその意思に従う（同条ただし書）。

連帯債務は債務者の数に応じた数個の独立した債務であるから、連帯債務者の1人について生じた事由は他に影響を与えないのが原則とされている。

b．絶対的効力事由

(a) 弁済及びこれに関連する事由（代物弁済、供託、弁済の提供、受領遅滞）

連帯債務は同一の給付を目的とするものであるから、この目的を達成する事由（弁済、代物弁済、供託）又はこれに関

□このため、例えば①履行の請求やその効果である履行遅滞（412条2項、3項）、時効の完成猶予（147条1項1号、150条1項）、②権利の承認による時効の更新（152条1項）、③免除（519条）、④時効の完成（166条1項など）も相対的効力しか有しない。

連するもの（弁済の提供、受領遅滞）があるときは、全ての債務者のために効力を生ずる。

 (b) 更改

  連帯債務者の1人と債権者との間に更改があったときは、債権は全ての連帯債務者の利益のために消滅する（438条）。

 (c) 相殺

  ⓐ 連帯債務者の1人が債権者に対して反対債権を有する場合にその連帯債務者が相殺を援用したときは、債権は全ての連帯債務者の利益のために消滅する（439条1項）。債権者に満足を与える点で弁済に準じて考えられるからである。

  ⓑ 連帯債務者の1人が債権者に対して反対債権を有する場合にその連帯債務者が相殺を援用しない間は、他の連帯債務者は反対債権を有する連帯債務者の負担部分の限度で債務の履行を拒むことができる（同条2項）。

 (d) 混同

  連帯債務者の1人と債権者との間に混同があったときは、その連帯債務者は弁済をしたものとみなされる（440条）。

(4) 求償関係

ア 意義

 連帯債務者は、債権者に対する関係では各自が全部の給付をすべき義務を負うが、債務者の内部関係についてみると、互いに債務の履行について担保し合っており（連帯債務の相互保証機能）、連帯債務者の1人が弁済した場合、この債務者は他の債務者が最終的に負担すべき支出についても負担していることになる。その結果、連帯債務者の1人がその負担部分を超える額を弁済した場合はもちろん、負担部分を超えない額を弁済した場合であっても、連帯債務者間における利得・損失の調整が必要となるため、他の債務者に対し、共同の免責を得るために支出した財産の額のうち各自の負担部分に応じた額につき求償権が認められている（442条）。

 負担部分は、①まず債務者間の特約により定まり、②特約がないときは連帯債務を生じさせた法律関係によって受けた利益の割合により定まるが、③これらによって定まらないときは、公平の見地から平等の割合となると解されている。なお、共同不法行為の場合は過失の割合により定まると解されている。

イ 成立要件

求償権の成立要件は、①連帯債務者の1人が弁済その他の行為により共同の免責を得たこと、②その免責を連帯債務者の財産をもって得たことである（442条1項）。

　なお、求償権は、その免責を得た額が自己の負担部分を超えるかどうかにかかわらず成立する（同項）。

ウ　範囲

　①その免責を得るために支出した財産の額（その財産の額が共同の免責を得た額を超える場合はその免責を得た額）のうち各自の負担部分に応じた額（442条1項）、②免責があった日以後の法定利息、③避けることができなかった費用その他の損害の賠償（同条2項）である。

エ　求償権の制限

　連帯債務者は、共同免責のための出捐行為をするに当たり、他の連帯債務者に対して、事前及び事後の通知をしなければならない。通知を欠くと求償が制限される場合がある（443条）。

□免除や消滅時効の完成は、連帯債務者の財産をもって免責を得たとはいえないため、②を充足しない。

第4節　保証債務

1 保証債務

事例 3-4

甲は、乙との間で、甲の有するA商標権につき通常使用権許諾契約を締結したが、乙の資力に不安があったため、同日、乙の友人である丙との間で乙の使用料支払債務につき保証契約を締結した。
(1) 乙が支払期限を過ぎても使用料を支払わない場合、甲は丙に対して直ちに保証債務の履行を求めることができるか。また、丙が連帯保証人である場合はどうか。なお、商法の規定は考慮しなくてよい。
(2) 甲丙間の保証契約が口頭で行われた場合、甲は丙に保証債務の履行を請求できるか。
(3) 甲の丙に対する請求が認められる場合、甲は使用料の履行遅滞による損害賠償についても保証債務の履行を請求することができるか。

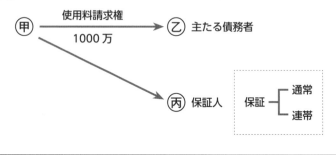

(1) 意義

保証債務とは、債務者（主たる債務者）が債務を履行しない場合に、これに代わって履行するために、債務者以外の者（保証人）が負担する債務をいう（446条1項）。

保証債務においては、主たる債務と同一内容の給付を行い、主たる債務と保証債務のいずれかが履行されれば、全ての債務が消滅する。このように主たる債務と保証債務は多数当事者の債権（債務）関係ではあるが、保証債務は、専ら主たる債務の担保を目的とする手段であり、そこに主従の関係がある点が、他の多数当事者の債権（債務）関係と異なる。

(2) 性質

ア　主たる債務と別個の債務である。

□個人根保証契約（465条の2～5）、事業に係る債務についての保証契約の特則（465条の6～10）については、本書の性格上割愛する。

□担保物権との比較については担保物権の項参照。

イ　主たる債務と同一の内容を有する。
　　ウ　主たる債務に対して付従性を有する。
　　　ａ．成立における付従性
　　　　　保証債務は主たる債務の存在を前提とするから、主たる債務が成立せず、又は無効とされ、若しくは取り消されたときは、保証債務も効力を生じない。但し、行為能力の制限によって主たる債務が取り消された場合については例外規定がある（449条）。
　　　ｂ．内容における付従性
　　　　(a)　保証人の負担が債務の目的又は態様において主たる債務より重いときは、主たる債務の限度に減縮される（448条1項）。
　　　　(b)　保証人は、主たる債務者の抗弁を行使することができる。
　　　　(c)　主たる債務者について生じた事由は、原則として、全て保証人につき効力を及ぼす。

□(a)〜(c)に関する詳細については、(4)ア、(5)イ、(6)アをそれぞれ参照されたい。

　　　ｃ．消滅における付従性
　　　　　主たる債務者の弁済、相殺、時効その他の事由により主たる債務が消滅すれば、保証債務も当然に消滅する。
　　エ　主たる債務に対して随伴性を有する。
　　　　主たる債務が移転すれば、保証債務もこれに伴い移転する。
　　オ　主たる債務に対して補充性を有する（452条〜453条）。

□連帯保証の場合は補充性がない（454条）。

(3)　成立要件
　①　主たる債務が存在すること
　　　保証債務の付従性により導かれる要件である。
　②　債権者と保証人の間で主たる債務を保証する契約（保証契約）を締結すること
　　　主たる債務者は保証契約の当事者ではない。従って、保証人と主たる債務者との間の事情（ex.依頼の有無、主たる債務の内容についての説明等）は、原則として保証契約の成立に影響を及ぼすことはない。

□但し、事案によっては錯誤取消し（95条1項）や詐欺取消し（96条2項）の規定が適用されることも考えられる。

　③　書面によること（446条2項）
　　　保証契約の内容を記録した電磁的記録によりされた場合は書面によってされたものとみなされる（同条3項）。
　④　保証人の資格
　　　保証人の資格には原則として制限がないが、債務者が法律又は契約によって保証人を立てる義務を負う場合には、行為能力者であり、かつ弁済の資力を有することが必要である（450条1項）。

(4)　保証債務の内容

保証債務の内容は、保証契約の内容と保証債務の付従性によって定まる。

ア　目的・態様

　a．保証債務の目的・態様は主たる債務と同一であるのが原則である。保証人について別の目的・態様を定めることもできるが、主たる債務のそれより軽くすることはできても、重くすることはできず、たとえ重く定められたとしても、主たる債務の限度に減縮される（448条1項）。

　b．主たる債務がその同一性を失わずに目的・態様を変更したときは、保証債務もこれに応じて変更される。

　　もっとも、債権者・債務者間の特約により、主たる債務の目的・態様が加重された場合（ex. 利率を高くしたり、弁済期を早めたりした場合）であっても、保証債務はこれに応じて加重されない（448条2項）。契約により、その当事者でない者の責任を重くすることはできないからである。

イ　範囲

保証債務は、主たる債務の元本のほか、原則として、利息、違約金、損害賠償その他全ての主たる債務に従たるものを包含する（447条1項）。

□保証債務の範囲を、主たる債務の一定範囲に限定する一部保証も可能である。

この点に関連して、契約の解除による原状回復義務に保証人の責任が及ぶか否かが問題となる。

契約解除に伴う原状回復義務は、不当利得返還義務の性質を有し（直接効果説。詳しくは契約解除の項参照）、本来の契約上の債務とは別個の債務であるため、このような原状回復義務についても保証債務により担保されるのかが問題となるが、保証契約は、特に反対の意思表示がない限り、主たる債務の不履行により主たる債務者が債権者に対し負担すべき一切の債務につき責めに任ずる趣旨で締結されたものと解するのが当事者の通常の意思に合致することから、これを肯定するのが判例・通説である。

□保証債務の履行を確実にするため、その不履行について違約金、損害賠償の額を予定することは認められる（447条2項）。保証債務そのものの内容の拡張ではなく、内容における付従性に反しないからである。

(5)　対外的効力（保証人の抗弁）

債権者は、主たる債務者がその債務を履行しないときに保証債務の履行を請求することができるが（446条1項）、その場合、保証人は、以下の抗弁を主張することができる。

ア　保証債務の補充性に基づく抗弁

　a．催告の抗弁（452条本文）

　　債権者が保証人に債務の履行を請求したときは、保証人は、まず主たる債務者に催告をすべき旨を請求することができる

□主たる債務者が破産手続開始の決定を受けたとき、又はその行方が知れないときは、催告の抗弁は認められない（452条ただし書）。

（催告の抗弁）。
- b．検索の抗弁（453条）

債権者が催告の抗弁の規定に従い主たる債務者に催告をした後であっても、保証人が主たる債務者に弁済をする資力があり、かつ、執行が容易であることを証明したときは、債権者は、まず主たる債務者の財産について執行をしなければならない（検索の抗弁）。

イ 保証債務の付従性に基づく抗弁
- a．保証人は、主たる債務者が主張することができる抗弁（ex. 主たる債務の不存在又は消滅、同時履行（533条）、相殺）をもって債権者に対抗することができる（457条2項）。
- b．主たる債務者が債権者に対して相殺権、取消権又は解除権を有するときは、これらの権利の行使によって主たる債務者がその債務を免れるべき限度において、保証人は債権者に対して債務の履行を拒むことができる（457条3項）。
- c．主たる債務の消滅時効の援用

保証人は、保証債務について消滅時効が完成した場合にこれを援用することができるのはもちろん、主たる債務について消滅時効が完成した場合には、その援用をすることもできる（145条。第1編第7章第1節3(2)参照）。

□相殺の場合、保証人は主たる債務者が有する反対債権を相殺によって消滅させることまではできず、相殺によって主たる債務が消滅する限度で保証債務の履行を拒絶することができる（457条3項）。

(6) 主たる債務者又は保証人について生じた事由

ア 主たる債務者について生じた事由

主たる債務者について生じた事由は、原則として、全て保証人につき効力を及ぼす（付従性）。
- a．主たる債務者に対する時効の完成猶予及び更新は、保証人に対しても効力を生ずる（457条1項）。
- b．主たる債務者について債権譲渡の対抗要件（467条）を備えれば、保証人についても効力を生ずる。

イ 保証人について生じた事由

保証人について生じた事由は、原則として主たる債務者に対して影響を及ぼさない。但し、弁済・代物弁済・供託・相殺のように債権を満足させる事由は絶対的効力を生ずる。
- a．保証人が保証債務を承認しても、主たる債務の消滅時効が更新されることはない。このため、主たる債務の消滅時効完成後に、保証人は主たる債務の消滅時効を援用できる（判例）。
- b．保証人に対して債権譲渡の対抗要件を備えても、主たる債務者への対抗要件とならない。このため、主たる債務者について

□ここでの時効の完成猶予及び更新事由は履行の請求（147条1項1号、150条1項）に限定されていないため、例えば権利の承認による時効の更新（152条1項）も保証人に対し効力を生ずる。

債権譲渡の対抗要件を備えない限り、保証人に対しても譲渡を対抗できない（判例）。

(7) 保証人に対する情報提供義務

保証人保護の観点から、次の各規定が設けられている。

ア　保証人が主たる債務者の委託を受けて保証をした場合に保証人の請求があったときは、債権者は保証人に対し、遅滞なく、主たる債務の元本及び主たる債務に関する利息、違約金、損害賠償その他その債務に従たる全てのものについての不履行の有無並びにこれらの残額及びそのうち弁済期が到来しているものの額に関する情報を提供しなければならない（458条の2）。

イ　主たる債務者が期限の利益を有する場合にその利益を喪失したときは、債権者は個人である保証人に対し、その利益の喪失を知った時から2か月以内にその旨を通知しなければならず（458条の3第1項）、これをしなかったときは、債権者は保証人に対し、主たる債務者が期限の利益を喪失した時からこの通知を現にするまでに生じた遅延損害金（期限の利益を喪失しなかったとしても生ずべきものを除く。）に係る保証債務の履行を請求することができない（同条第2項）。

(8) 求償関係

保証人の弁済は自己の債務の履行であるが、実質的にみれば、主たる債務者に代わって弁済するのであって、もともと自己の負担部分はない。従って、保証人が弁済したときは、主たる債務者に対して求償権をもつことになる（459条～464条）。

2 連帯保証

(1) 意義

連帯保証とは、保証人が主たる債務者と連帯して債務を負担する場合をいい、通常の保証とは以下の点で異なる。

ア　補充性がない。従って、催告の抗弁及び検索の抗弁が認められない（454条）。

イ　連帯保証人について生じた事由が主たる債務者に対しても効力を及ぼす場合がある（458条）。

ウ　共同保証の場合に分別の利益がない。

(2) 主たる債務者又は連帯保証人について生じた事由

ア　主たる債務者について生じた事由は、連帯債務の規定によるのではなく、保証の付従性から、全ての効力が保証人に及ぶ（判例・通説）

イ　連帯保証人について生じた事由

□債権者がこの義務を怠った場合に関する規定はないが、保証人は債権者に対し債務不履行による損害賠償請求（415条）をしたり、保証契約を解除したりすることができると考えられる。

□アは保証人が個人であるか法人であるかを問わないが、イは保証人が個人である場合にのみ適用される。

□弁済のほか、代物弁済・供託・更改・相殺などでもよく、また、一部の消滅でもよい。しかし、主たる債務の全部又は一部の免除を受けても求償権は成立しない。

□共同保証
　共同保証とは、同一の主たる債務について数人の保証人がいる場合をいう。この場合、共同保証人は、主たる債務を平等の割合で分割した額についてのみ保証債務を負う（分別の利益、456条）。分別の利益は、連帯保証の場合のほか、保証人と債権者との間でこれを放棄する特約（427条）がある場合、共同保証人相互に分別の利益を放棄する旨の連帯の特約がある場合（保証連帯、465条1項）にも否定される。

連帯保証人について生じた事由の効力については、連帯債務に関する438条（更改の絶対的効力）、439条1項（相殺の絶対的効力）、440条（混同の絶対的効力）、441条（相対的効力の原則）が準用されている。この点、履行の請求には相対的効力しか認められないことから、債権者と連帯保証人の間で別段の意思表示（合意）がない限り、債権者が連帯保証人に対し履行の請求をしても、主たる債務について時効の完成猶予を図ることはできない。

(3) **分別の利益**

　連帯保証人が2人以上いる場合（共同連帯保証）、分別の利益（456条）はなく、各保証人は全部を弁済すべき義務がある。

解説　事例3-4

(1)　直ちに保証債務の履行を求めることはできない。通常の保証の場合、保証人には催告・検索の抗弁が認められるからである（452条、453条）。
　一方、丙が連帯保証人の場合、これらの抗弁が認められないため、直ちに保証債務の履行を求めることができる（454条）。

(2)　できない。保証契約は書面ですることが要件とされているからである（446条2項）。

(3)　できる（447条1項）。

□商法511条2項は、「保証人がある場合において、債務が主たる債務者の商行為によって生じたものであるとき、又は保証が商行為であるときは、主たる債務者及び保証人が各別の行為によって債務を負担したときであっても、その債務は、各自が連帯して負担する。」と規定しているため、(1)において丙が通常保証をしているにとどまる場合であっても、この規定が適用されるときは、甲は丙に対し、直ちに保証債務の履行を求めることができる。

第4章　債権譲渡・債務引受

1 債権譲渡

事例 3-5

X株式会社の代表者であるYは、自ら保有するA特許権がZ株式会社によって侵害されているとしてZ社に対して警告を行っていた。その後、YはA特許権をX社に譲渡した。X社がYに発生したZ社に対する損害賠償請求権をZ社に対し主張できるためには、民法上どのようなことが必要か。

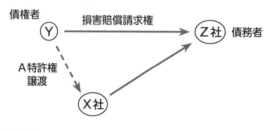

債権譲渡とは、債権をその同一性を変えないで移転することを目的とする契約をいう。

債権譲渡は、投下資本の流動化を図るための手段であるとともに、自己の債務の担保、弁済の手段でもある。

ア　債権譲渡は、旧債権者（譲渡人）と新債権者（譲受人）との間の合意のみによって成立する。

債権譲渡は、債権の移転それ自体を目的とする処分的な行為（準物権行為）であり、旧債権者と新債権者との間の合意のみで効力を生ずる諾成・不要式の契約である。

イ　債権は、譲渡後もその同一性は変わらない。

その債権に付随する利息債権・保証債権・担保権などの権利や、債権に付着している同時履行・期限猶予などの各種の抗弁は原則として譲受人に移転する。

ウ　現に発生していない債権（将来債権）も譲渡することができる（466条の6第1項）。その場合、譲受人は現に発生した債権を当然に取得する（同条第2項）。

2 債権の譲渡性とその制限

債権は、原則として譲渡性を有する（466条1項本文）が、次の場合には例外的に譲渡性が制限される。

(1) 債権の性質による譲渡制限（466条1項ただし書）

□債権の移転は、債権譲渡（契約）のほか、相続・合併等の包括承継、代位、契約上の地位の移転などによっても生じる。

□将来債権の譲渡がされた場合において、譲渡人が債務者に譲渡の通知をし、又は債務者が譲渡の承諾をした時（対抗要件具備時）までに譲渡制限特約が付されたときは、譲受人その他の第三者がそのことを知っていたものとみなされ、466条3項（2(2)ウa）又は466条の5第1項（譲渡制限特約が付された債権が預貯金債権の場合）が適用される（466条の6第3項）。

特定の債権者に対して給付しなければ意味がない債権など、債権の性質が譲渡を許さないときは、譲渡は制限される。

(2) 意思表示による譲渡制限（譲渡制限特約）

【図解】

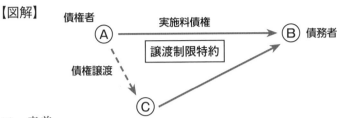

ア 意義

　当事者間で行われる、債権の譲渡を禁止し、又は制限する旨の意思表示を譲渡制限の意思表示（譲渡制限特約）といい、債権者の交替により生じる債務者の不利益（ex. 望まない相手との取引）を回避するために認められている（466条2項）。

　譲渡制限特約の内容には、譲渡を一切禁止するものだけでなく、特定の者への譲渡を禁止するものや特定の条件でしか譲渡を認めないものなども含まれる。

イ 譲渡制限特約付債権の譲渡の効力

　（主に中小）企業の資金調達の円滑化を図る見地から、譲渡制限特約が付された債権の譲渡も原則として有効とされる（466条2項）。

ウ 債務者の保護

　a．譲渡制限特約につき悪意又は重過失の譲受人その他の第三者に対しては、債務者は債務の履行を拒絶でき、かつ、譲渡人に対する弁済その他の債務を消滅させる事由をもって譲受人その他の第三者に対抗できる（466条3項）。

　b．譲渡制限の意思表示のある金銭債権が譲渡された場合、債務者は債権全額を供託できる（466条の2第1項）。

エ 譲受人の保護

　a．ウaの場合に債務者が譲渡人に対しては債権譲渡により債権が帰属していないとして履行を拒む一方、譲受人に対しては譲渡制限特約につき悪意又は重過失であるとして履行を拒むことにより生じる膠着状態に対応するため、債務者が債務を履行しない場合において、譲渡制限特約につき悪意又は重過失の譲受人その他の第三者が相当の期間を定めて譲渡人への履行の催告をし、その期間内に履行がないときは、債務者は履行拒絶できない（466条4項）。

　b．譲渡制限特約付金銭債権が譲渡された場合において、譲渡人について破産手続開始の決定があったときは、その債権の全額

□譲渡制限は遺贈のような単独行為によっても付され得るため、条文上は「譲渡制限の意思表示」とされているが、大半は債権者と債務者の合意（特約）により付されると考えられることから、譲渡制限の意思表示とほぼ同義のものとして譲渡制限特約という用語が使われることも多く、本書もこれに従っている。

□本文イに対し、預貯金債権につきされた譲渡制限特約は悪意又は重過失の譲受人その他の第三者に対抗できる（466条の5第1項）。すなわち、この場合、譲渡は無効となる。これは金融機関の便宜に配慮したものである。

□466条3項の「その他の第三者」の例としては債権質権者が挙げられる。

の譲受人であってその債権の譲渡を債務者その他の第三者に対抗することができる者は、譲渡制限特約につき悪意又は重過失でも、債務者にその債権の全額に相当する金銭を供託させることができる（466条の3前段）。

オ　譲渡制限特約付債権の差押え
　　a．私人間の譲渡制限特約によって差押禁止財産を作り出せるのは不当であるため、債務者は譲渡制限特約付債権に対する強制執行をした差押債権者にこの特約を対抗できない（466条の4第1項）。
　　b．譲受人その他の第三者が譲渡制限特約につき悪意又は重過失の場合において、譲受人その他の第三者の債権者が譲渡制限特約付債権に対する強制執行をしたときは、債務者は債務の履行を拒絶でき、かつ、譲渡人に対する弁済その他の債務を消滅させる事由をもって差押債権者に対抗できる（同条第2項）。これは、譲受人の債権者に譲受人以上の保護を与える必要はないことや、譲渡制限特約によって差押禁止財産を作り出したわけではないことによるものである。

□ aは前頁の【図解】の例でいえば、AがCに債権を譲渡する前にAの債権者Xが譲渡制限特約付債権を差し押さえた場合、BはXに対し譲渡制限特約の効力を主張できないということである。

□ bは前頁の【図解】の例でいえば、Cが譲渡制限特約につき悪意又は重過失の場合において、Cの債権者Yが譲渡制限特約付債権を差し押さえたときは、BはYに対し譲渡制限特約の効力を主張できるということである。

3 債権譲渡の対抗要件

(1) 債務者に対する対抗要件

債権譲渡は、当事者間では意思表示のみによって効力を生ずるが、その効果を債務者に対抗するためには、債務者への通知又は債務者の承諾を要する（467条1項）。

その趣旨は、①債権譲渡に関する情報を債務者に集中させることにより、債務者が二重に弁済することを回避する、②通知・承諾によって譲渡を債務者に正式に認識させておけば、この債権に利害関係を持とうとする第三者が現れたときには、その者は債務者に問い合わせて、誰が現在の債権者であるか確認することができるから、それをもって公示の機能を果たさせるという点にある。

「債務者に対抗することができない」とは、譲受人が債務者に対し、譲り受けた債権を主張することができないという意味である。通知又は承諾がされないうちは、債務者は譲受人への弁済を拒絶できるし、譲渡人に対してされた弁済は有効となる。

ア　通知
　　a．債権譲渡の通知とは、旧債権者（譲渡人）から新債権者（譲受人）に譲渡されたという事実を知らせる行為である。従って、その法的性質は観念の通知であり、準法律行為に属する。
　　　このため、債権譲渡通知には意思表示に関する規定が類推適

用される。例えば、代理人によって通知することができ（99条以下）、効力発生については到達主義による（97条1項）。
　ｂ．通知をする者は譲渡人である（467条1項）。譲受人と詐称する者からの虚偽の通知を防ぐためである。
　　譲受人は譲渡人に対し、債務者に通知するように請求することができる。譲渡人は通知する義務があるからである。
　ｃ．通知の相手方は債務者である（467条1項）。
　　この点、連帯債務者の1人に対してした通知は、他の連帯債務者に効力を及ぼさないが（441条本文）、主たる債務者に対する通知は保証人にも効力を及ぼす（付従性）。保証人に対する通知は、主たる債務者や他の保証人に効力を及ぼさない。
　ｄ．通知の時期は、譲渡と同時でなくてもよい。
　　(a) 譲渡後にされた場合は、その時から対抗力を生ずる。
　　(b) 事前の通知は対抗要件とならない。譲渡時期を不明にし、債務者に不利益だからである。
　　　但し、一定の条件の下に将来当然に発生する債権を譲渡したときは、その旨の通知で足り、条件が成就したときに重ねて通知する必要はない。

イ　承諾
　ａ．債権譲渡の承諾とは、債務者が債権譲渡の事実について認識した旨を表明することである。従って、その法的性質は債権譲渡通知と同様、観念の通知である。
　ｂ．承諾の相手方は、譲渡人・譲受人のいずれでもよい（判例・通説）。
　ｃ．承諾の時期は譲渡と同時でなくてもよい。
　　あらかじめ承諾することも、債権譲渡の目的たる債権及び譲受人が特定している場合には、債務者にとって二重弁済等の不利益になるおそれはないから対抗要件になる（判例）。

(2) **債務者以外の第三者に対する対抗要件**
　債権の譲受人が、債権譲渡の効果を債務者以外の第三者に対抗するためには、確定日付のある証書による通知又は承諾を要する（467条2項）。その趣旨は、債権取引の安全を図ると共に債務者の保護を確実にする点にある。
　467条2項は、確定日付のある証書による通知又は承諾をもって、債権を二重に譲り受け、又は差し押さえた者の間の優劣を決する基準とするものであり、その優劣決定の効力は債務者にも及ぶ。
　467条2項は強行規定であり、これと異なる特約は無効である。

□譲渡人以外の者が行った通知は無効であり、譲受人は譲渡人に代位（423条）して通知することも認められない。
　一方、債権が甲から乙、乙から丙と順次譲渡されたにもかかわらず、甲が債務者に対する通知をしていない場合に、乙が甲に対して通知の請求をしないときは、丙は乙の甲に対する通知請求権を代位行使することはできると解されている（判例）。

□確定日付として、一般には内容証明郵便による通知が用いられる（民法施行法5条）。

□法人がする債権譲渡については、「動産及び債権の譲渡の対抗要件に関する民法の特例等に関する法律」（動産・債権譲渡特例法）において、債権譲渡登記により第三者対抗要件を備えることを認めているが（同法4条）、本書の性格上、詳細については割愛する。

ア　第三者の範囲

対抗することができない第三者とは、譲渡された債権自体に対し法律上の利益を有する者（ex. 債権の二重譲受人）に限られる。

イ　確定日付のある証書による通知・承諾が２つ以上ある場合の優劣については、確定日付のある通知が債務者に到達した時、又は確定日付のある債務者の承諾の日時の先後によって決せられるとする到達時説が判例・通説である。【図解】の例では、譲渡や通知発送はＣに対するものが先にされているが、債務者への通知到達はＤに対するものの方が先であるため、ＤはＣに優先する。

（理由）

① 467条１項の趣旨は、債務者の債権譲渡の有無の認識を通して、第三者に対しても公示機能を果たす点にある。

② これに対し、467条２項が確定日付のある証書による通知・承諾をもって第三者への対抗要件としたのは、第２の譲受人が債権者及び債務者と通謀し、譲渡の通知又はその承諾の日付を遡らせて第１譲受人の地位を害するのを防止する趣旨である。

③ 以上、467条１項と２項の論理的構造に鑑みれば、両者共に確定日付が存するときは、通知が債務者に早く到達した方を優先させるべきである。通知が債務者に到達して初めて公示の機能を果たすからである。

【図解】

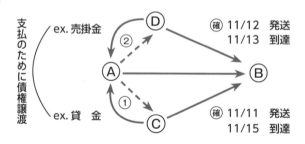

□いずれかの通知・承諾に確定日付がなければ、確定日付のある方が優先する。

□本文イの論点は、「前項の通知又は承諾は、確定日付のある証書によってしなければ、債務者以外の第三者に対抗することができない。」という467条２項の文言からは、確定日付の先後、到達の先後のいずれによって二重譲受人間の優劣を決めるのかが不明であることから問題となるものであり、到達主義（97条１項）により結論を導くことはできないこと（cf. 特許法39条、19条）に注意を要する。

□確定日付のある通知が同時に債務者に到達した場合の取扱いについて、判例（最判S55.1.11）は、「指名債権が二重に譲渡され、確定日付のある各譲渡通知が同時に第三債務者に到達したときは、各譲受人は、第三債務者に対しそれぞれの譲受債権についてその全額の弁済を請求することができ、譲受人の一人から弁済の請求を受けた第三債務者は、他の譲受人に対する弁済その他の債務消滅事由がない限り、単に同順位の譲受人が他に存在することを理由として弁済の責めを免れることはできないもの、と解するのが相当である。」と判示している。

解説　事例３−５

Ｙに発生した損害賠償請求権のＸ社への譲渡をＺ社に対抗するためには、ＹからＺ社に対して債権譲渡の通知を行う必要がある（467条１項）。従って、Ｘ社はＹとの間で特許権の譲渡に加え損害賠償請求権についても譲渡の合意を行った上、Ｙから債権譲渡通知を発送してもらうことが必要である。なお、本問は損害賠償請求権の譲渡であり、Ｚ社において自ら積極的に承諾をすることは考えにくい。

4 債権譲渡における債務者の抗弁、相殺権

(1) 債権譲渡における債務者の抗弁

債務者は、譲渡人が債務者に債権譲渡の通知をし、又は債務者が債権譲渡の承諾（3⑴イa参照。異議をとどめないでした承諾も含まれる。）をした時（対抗要件具備時）までに譲渡人に対して生じた事由（抗弁。ex.債権不成立、債権発生原因となる行為の無効・取消し、契約解除、弁済（【図解】参照）等による債権の消滅、同時履行の抗弁）をもって譲受人に対抗することができる（468条1項）。この場合に抗弁を対抗できないのは、債務者が抗弁放棄の意思表示をした場合に限られる。

□譲渡制限特約付債権が譲渡された場合に関する特則については468条2項参照。

【図解】

（図：A→B ①B弁済、A⇢C ②債権譲渡、A→B ③譲渡の通知又は承諾、C→B ④請求）

この場合、Bは、譲渡の通知を受けたにとどまるときや異議をとどめて譲渡の承諾をしたときのみならず、異議をとどめないで譲渡の承諾をしたときであっても、BはAへの弁済を理由にCへの支払を拒絶できる。

(2) 債権譲渡における相殺権

債務者が譲渡人に対して有する債権をもってする相殺についても債務者の抗弁となり得るが、これが認められる範囲を債務者の相殺への合理的期待の保護という点を踏まえつつ明確にするため、⑴とは別に規定が設けられている。

a．債務者は、対抗要件具備時より前に取得した譲渡人に対する債権による相殺をもって譲受人に対抗することができる（469条1項）。

b．債務者は、対抗要件具備時より後に自ら取得した譲渡人に対する債権であっても、次のいずれかに当たるときは、その債権による相殺をもって譲受人に対抗することができる（469条2項本文）。

 (a) 対抗要件具備時より前の原因に基づいて生じた債権（同項1号）

 (b) 譲受人の取得した債権の発生原因である契約に基づいて生じた債権（同項2号）

□各債権の弁済期の先後を問わないが、現実に相殺をするには両債権が弁済期にあること（相殺適状）が必要である（第5章第2節参照）。
□これらの債権が、債務者が自ら取得したものではなく他人から取得したものであるときは、相殺への合理的期待が認められないため、その債権による相殺をもって譲受人に対抗できない（同項ただし書）。

5 債務引受

(1) 意義

債務引受とは、最広義では、債務者の債務を他人が引き受けることを目的とする契約全般をいい、これには併存的債務引受（470条～471条）、免責的債務引受（472条～472条の4）、履行の引受が含まれる。

【図解】

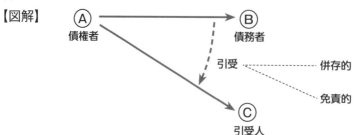

□前頁 b (a)の例としては、対抗要件具備時より前に締結された実施許諾契約に基づき、この時より後に発生した実施料債権が挙げられる。

また、(b)の例としては、将来発生する売買代金債権が譲渡され、対抗要件が具備された後でこの債権を発生させる売買契約が締結された場合における、この売買を原因として発生した契約不適合担保責任としての損害賠償請求権（564条、415条）が挙げられる。

(2) 併存的債務引受

ア 意義

併存的債務引受とは、第三者が債務関係に加入して債務者となり、債務者も債務を免れず、両者が併存的に同一内容の債務を負担する契約をいう。

併存的債務引受は、債務が引受人に引き受けられる一方、原債務者も離脱しない契約である。これによって、債権者は原債務者と引受人の両者に対して債権を持つことになり、この結果、債権の担保力は増大する。

イ 要件

① 債務の内容が、引受人によっても実現することができるものであること

② 当事者

　a．債権者、債務者、引受人の三者間の契約によりすることができる。

　b．債権者と引受人との契約でもすることができる（470条2項）。

　　この場合、債務者の意思に反してもよい。主たる債務者の意思に反しても保証人となることは可能であるところ（462条2項）、併存的債務引受は保証的性格を有するため、保証に準じて取り扱うべきだからである。

　c．債務者と引受人との契約でもすることができる（470条3項）。この場合、第三者のためにする契約となるため、これに関する規定（537条～539条）に従うものとされ（470条4項）、また、効力発生要件として、債権者の引受人となる

□①と②aは明文の規定はないが理論上当然といえる。

者に対する承諾が必要である（470条3項）。
ウ　効果
 a．債務者の債務はそのまま存続するとともに、引受人は同一内容の債務を債権者に対し負担し、債務者と引受人との間には、連帯債務関係が生じる（470条1項）。
 b．引受人の抗弁等
  (a)　引受人は、引受の効力が生じた時に債務者が主張することができた全ての抗弁（ex. 債権不成立、債権発生原因となる行為の無効・取消し、契約解除、弁済等による債権の消滅、同時履行の抗弁）を債権者に対抗することができる（471条1項）。
  (b)　債務者が債権者に対して取消権又は解除権を有するときは、引受人は、これらの権利の行使によって債務者がその債務を免れるべき限度で、債権者に対して債務の履行を拒絶できる（471条2項）。
  (c)　債務者が債権者に対して相殺権を有するときは、引受人は、債務者の負担部分の限度で、債権者に対して債務の履行を拒絶できる（470条1項、439条2項）。
 c．債務者の債務がそのまま存続するため、債務者の債務に関する担保もそのまま存続する。

□このため、債務者又は引受人が弁済その他の債務消滅行為をした場合、連帯債務の規定（442条〜）に従って求償がされることになる。

(3) 免責的債務引受
ア　意義
 免責的債務引受とは、第三者が債務関係に加入して債務者となる一方、債務者は債権関係から離脱し、債務を免れる契約をいう。
 免責的債務引受は、いわば債権譲渡の裏返しであり、債務が同一性を保って債務者から引受人に移転する契約である。債務者は債権関係から離脱し、引受人に対する債権のみが存在することになる。
イ　要件
 ①　債務の内容が、引受人によっても実現することができるものであること
 ②　当事者
  a．債権者、債務者、引受人の三者間の契約によりすることができる。
  b．債権者と引受人との契約でもすることができる（472条2項前段）。この場合、効力発生要件として、債権者から債務者に対する債務引受契約をした旨の通知が必要である（同項

　　　　　後段)。
　　　　c．債務者と引受人が契約し、債権者が引受人となる者に対し承諾することによってもすることができる（472条3項）。
　ウ　効果
　　　a．債務が引受当時の状態で同一性を失わずに引受人に移転する（472条1項）。
　　　b．引受人の抗弁等
　　　(a)　引受人は、引受の効力が生じた時に債務者が主張することができた全ての抗弁（ex. 債権不成立、債権発生原因となる行為の無効・取消し、契約解除、弁済等による債権の消滅、同時履行の抗弁）を債権者に対抗することができる（472条の2第1項）。
　　　(b)　債務者が債権者に対して取消権又は解除権を有するときは、引受人は、免責的債務引受がなければこれらの権利の行使によって債務者がその債務を免れるべき限度で、債権者に対して債務の履行を拒絶できる（472条の2第2項）。
　　　(c)　免責的債務引受においては併存的債務引受と異なり、債務者は完全に免責されるため、免責的債務引受がなければ債務者が債権者に対して相殺権を有するときであっても、引受人はこのことを理由に債権者に対し債務の履行を拒絶することはできない。
　　　c．担保の移転
　　　(a)　債権者は債務者が免れる債務の担保として設定された担保権を引受人が負担する債務に移すことができる（472条の4第1項本文）。この担保権の移転は、あらかじめ又は同時に引受人に対してする意思表示によってしなければならない（同条第2項）。
　　　(b)　引受人以外の者（債務者も含まれる）が(a)の担保権を設定していた場合、担保権の移転についてはその者の承諾を得なければならない（472条の4第1項ただし書）。
　　　(c)　債務者が免れる債務につき保証人がいる場合にも(a)(b)と同様に取り扱われる（472条の4第3項）。この場合の承諾は書面又は電磁的記録でしなければ効力を生じない（同条4項、5項）。

(4)　履行引受
　ア　意義
　　履行引受とは、債務者に対して、その者の負担する特定の債務

□併存的債務引受と異なり、引受人が弁済その他の債務消滅行為をした場合であっても債務者に対し求償権を取得しない（472条の3）。もっとも、同条は任意規定であるから、当事者間で求償に関する特約を結ぶことは妨げられない。

を弁済する義務を負う契約をいう。

履行引受は、引受人と債務者との内部関係でのみ債務の履行引受が行われ、債権者との関係では、従来どおり債務者のみが債務者であり続ける契約である。債権者と引受人間には法律関係は生じない（引受人は第三者として弁済するに過ぎない）。

イ 要件

債務者と引受人間の契約による。債権者は全く関与しない。

ウ 効果

a．引受人は債務者に対して、第三者として弁済等により債務者を免責させる義務を負う。債権者は、引受人に対して何らの権利も取得しない。

b．債務者は引受人に対して、債権者に弁済すべきことを請求することができる。

6 契約上の地位の移転（契約引受）

(1) 意義

契約上の地位の移転（契約引受）とは、契約の当事者たる地位の承継を目的とする契約をいう。債権譲渡や債務引受との相違点は、これらにかかる個別の権利や義務が移転するだけでなく、契約に伴う一切の権利義務が移転する点にある（【図解】の例でいえば、AがBに対して有する代金債権のみがCに移転するのが債権譲渡であり、AがBに対して負っている財産権移転義務や担保責任、さらには契約の取消権・解除権も含めてCに移転するのが契約上の地位の移転である。）。

【図解】

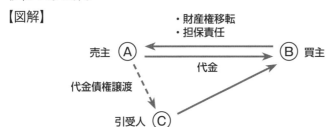

(2) 要件

① 契約の内容が、債権・債務共に第三者に移転できるものであることを要する。

② 当事者

ア 契約当事者と引受人との間の三者間の契約によりすることができる。

イ 契約当事者の一方と引受人が契約上の地位の譲渡を合意し、その契約の相手方がその譲渡を承諾することによってもすることが

□①と②アは明文の規定はないが理論上当然といえる。

とができる（539条の2）。

　なお、不動産の賃貸人たる地位の移転については第4編第1章第6節第2款参照。

(3) **効果**

　ア　当該契約から既に生じている債権・債務が全て引受人に移転する（免責的債務引受となる）。

　イ　当該契約に伴う取消権、解除権も引受人に移転する。

第5章　債権の消滅

序　節

1 債権の消滅原因
　民法は、債権総則に「債権の消滅」として弁済、相殺、更改、免除、混同という債権の消滅原因を定めているが（第三編第一章第六節）、これらに限られるものではなく、他にも債権の消滅原因は存在する。

2 「債権の消滅」の節に定められた消滅原因
　ア　弁済（473条〜504条）、代物弁済（482条）、供託（494条〜498条）
　イ　相殺（505条〜512条の2）
　ウ　更改（513条〜518条）
　エ　免除（519条）
　オ　混同（520条）

3 それ以外の消滅原因
　ア　権利一般の消滅原因
　　ex.消滅時効の完成（166条〜）、終期の到来（135条2項）
　イ　債権発生の基本となった法律関係の消滅
　　ex.解除条件の成就（127条2項）、契約の解除（545条1項）、法律行為の取消し（121条）
　ウ　債権の消滅を目的とする契約の締結
　エ　債務者の責めに帰することができない事由による履行不能
　　双務契約における一方の債務がこの事由により履行不能となった場合に他方の債務がどのように扱われるかについては危険負担の項（第4編第1章第2款3）参照。
　　一方、債務者の責めに帰すべき事由によって履行が不能となった場合には、債権は消滅することなく、損害賠償債権となって存続する（415条2項1号）。
　オ　目的の到達・不到達
　　ex.医師の診療債務において、診療前に患者が自然に快復した場合（到達）、又は診療前に患者が死亡した場合（不到達）

第1節 弁済

1 弁済の意義

弁済とは、債務の内容たる給付を実現させる債務者その他の者の行為をいい、弁済がされたときは、債権は消滅する（473条）。

2 第三者の弁済

(1) 意義

第三者の弁済とは、第三者が他人（債務者）の債務として弁済することをいう。債権は、債務者の弁済により消滅するのが通常であるが、債務者以外の第三者の弁済により消滅することも認められている（474条）。

(2) 第三者の弁済が許されない場合

ア　債務の性質が第三者の弁済を許さないとき（474条4項）、又は当事者が第三者の弁済を禁止し、若しくは制限する旨の意思表示をしたとき（同項）

イ　弁済をするについて正当な利益を有する者でない第三者は、債務者の意思に反して弁済できないが（474条2項本文）、債務者の意思に反することを債権者が知らなかったときは、弁済は有効とされる（同項ただし書）。

ウ　弁済をするについて正当な利益を有する者でない第三者は、債権者の意思に反して弁済できないが（474条3項本文）、債務者の委託を受けて弁済することを債権者が知っていたときは、弁済は有効とされる（同項ただし書）。

3 受領権者としての外観を有する者に対する弁済

(1) 意義

弁済は受領権限のある者に対してしなければ、その効力を生じないのが原則である。しかし、弁済は日常頻繁に行われる行為であり、その円滑・安全を図る必要がある。また、弁済者にとって、弁済を受ける者の受領権限の有無を常に正確に知ることは困難である。そこで、民法は、受領権者以外の者に対してされた弁済を例外的に有効とする規定を設けている（478条）。これは受領権者としての外観を信頼してされた弁済を有効とするものであり、外観法理に基礎を置くものである。

□外観法理については第1編第5章第2節3参照。

【図解】

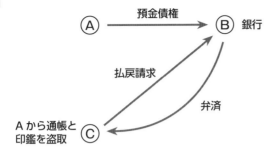

(2) 要件
① 受領権者以外の者であって取引上の社会通念に照らして受領権者としての外観を有するものに対して弁済をしたこと
「受領権者」とは、債権者、及び法令の規定又は当事者の意思表示によって弁済を受領する権限を付与された第三者をいう。
② 弁済者が善意・無過失であること
③ 債権者の帰責事由は不要と解する立場が一般的である。
（理由）
債権者の帰責事由を不要として、弁済者と受領権者としての外観を有する者との間の事情のみによって弁済を有効とすることができて初めて478条の趣旨である弁済取引の安全と円滑を図ることができる。

(3) 効果
受領権者としての外観を有する者に対する弁済は有効となる。
ア 債権は消滅し、債務者は免責される。真実の債権者は債務者に対し、履行や損害賠償を請求することはできない。
イ 真実の債権者は受領者（受領権者としての外観を有する者）に対し、不当利得の返還請求（703条～704条）又は不法行為による損害賠償請求（709条）をすることができる。

4 代物弁済

(1) 意義
代物弁済とは、本来の給付と異なる他の給付をすることによって本来の債権を消滅させる、債権者と弁済者との間の契約をいう（482条）。

(2) 更改との異同
代物弁済と更改は、本来の給付と異なる対価を与えることによって債権を消滅させる点で共通するが、代物弁済が本来の給付と異なる対価を現実に与えるものであるのに対し、更改は本来の給付と異なる対価を与える債務を負担するものである点で異なる。

□例えば、債権譲渡が無効な場合の譲受人、預金証書などの債権証書と弁済受領に必要な印を所持する者などがこれに当たる。

□478条が外観法理に基礎を置く規定である以上、不利益を受ける者（債権者）の帰責事由が必要であるとする反対説もあるが、この説に対しては、①弁済の場面においては、これから取引を行おうとする場面とは異なり、弁済者は弁済をしなければ不履行の責任を問われるおそれがある以上、弁済者の保護に重点を置いて考えるべきであり、債権者の帰責事由は不要と解すべきである、②債権者の利益保護については、弁済者の保護要件として善意のみならず無過失も要求している点で相応の配慮がされており、さらに債権者の帰責事由まで必要とするのは均衡を失する、といった批判が可能である。

5 弁済の提供

(1) 意義

弁済の提供とは、債務者が、単独で完了することのできない給付について、その給付の実現に必要な準備をして債権者の協力を求めることをいい、弁済の提供があれば、債務者は債務を履行しないこと（履行遅滞）によって生ずべき責任を免れる（492条）。

(2) 方法

ア 原則

弁済の提供は、債務の本旨に従って現実にしなければならない（493条本文）。

イ 口頭の提供

債権者があらかじめ弁済の受領を拒み、又は債務の履行について債権者の行為を要するときは、弁済の準備をしたことを通知してその受領の催告をすれば足りる（493条ただし書）。

□債務の本旨に従うものか否かは、給付の内容・時期・場所などについて、信義則に従って判断される。

(3) 特定物の現状による引渡し（483条）

債権の目的が特定物の引渡しである場合において、契約その他の債権の発生原因及び取引上の社会通念に照らしてその引渡しをすべき時の品質を定めることができないときは、弁済者は引渡しをすべき時（履行期）の現状でその物を引き渡さなければならない。

(4) 弁済の場所

弁済の場所は、別段の意思表示（当事者間の合意）によって決定するのが原則であるが、合意がないときは、次のようになる。

ア 特定物の引渡しを目的とする債務

債権発生当時その物の存在した場所（484条1項前段）。

イ 特定物の引渡し以外の給付を目的とする債務

弁済時を基準に債権者の現在の住所（持参債務の原則、484条1項後段）。

□弁済の時間
法令又は慣習により取引時間の定めがあるときは、その取引時間内に限り、弁済をし、又は弁済の請求をすることができる（484条2項）。

□484条1項後段により、金銭債務の弁済場所は債権者の現在の住所であり、これが「義務履行地」（民事訴訟法5条1号）となる。詳しくは姉妹書「知的財産権の事例から見る民事訴訟法」の管轄に関する記述参照。

6 供託

(1) 意義

供託とは、弁済者が弁済の目的物を債権者のために供託所に寄託して債務を免れる制度をいう。

弁済の提供をすれば、受領されなくても債務不履行の責任を負うことはないが（492条）、債務が消滅するわけではない。そこで、債務を消滅させるための制度として供託が設けられている。

供託は、供託者と供託所の間の第三者のためにする寄託契約である。第三者のための契約（537条～539条）ではあるが、債権者の受益の意思表示を要しない点で特殊性がある。

(2) 要件〜供託原因の存在

494条においては供託原因として次のものが規定されている。

ア　弁済の提供をした場合において債権者がその受領を拒んだとき（同条1項1号）

イ　債権者が弁済を受領することができないとき（同項2号）

ウ　弁済者が債権者を確知できないとき（同条2項本文）

□譲渡制限の意思表示がされた債権に係る供託については466条の2〜3参照。

□債権者不確知につき弁済者に過失があるときは、供託は無効とされる（494条2項ただし書）。

(3) 方法

ア　供託者は債務者に限らず、弁済することができる全ての第三者を含む。

イ　供託の場所は原則として、債務履行地の供託所である（495条1項）。

ウ　供託者は遅滞なく債権者に供託の通知をしなければならないが（495条3項）、これは供託の有効要件ではない。

(4) 効果

ア　供託により、債務が消滅する。このため、債務者は、その後の利息を支払う必要はない。また、債務に付いていた担保は消滅し、担保権設定者は担保権者に対し、担保目的物の返還や担保権設定登記の抹消を請求できる。なお、供託は消滅時効の更新事由である債務承認（152条1項）に当たる。

イ　債権者は供託所に対し、供託物の交付を請求する権利（供託物引渡請求権。なお、供託物が金銭の場合、実務上、供託物還付請求権と称されている。）を取得する。

(5) 供託物の取戻し

供託者は、原則として供託を撤回し、供託物を取り戻すことができる（496条1項前段）。但し、債権者が供託を受諾したり、供託によって質権、抵当権が消滅したときは、取り戻すことができない（496条1項前段、496条2項）。

供託物を取り戻した場合、供託をしなかったものとみなされる（496条1項後段）。このため債務は消滅しなかったこととなり、担保も復活する。

【図解】

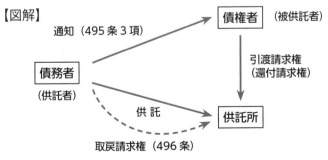

7 弁済による代位

(1) 意義

弁済による代位とは、弁済が本来の債務者以外の者（ex. 保証人）によってされた場合に、弁済によって本来であれば消滅するはずの、債権者の債務者に対する債権（原債権）及びその担保権が、弁済者（代位弁済者）が債務者に対して有する求償権の範囲内で弁済者に移転することをいう。

弁済による代位は、弁済者の債務者に対する求償権を確保するための制度である。すなわち、弁済者は弁済により債務者に対して求償権を取得する。一方、弁済により債権は満足して消滅し、その担保権も付従性により消滅するはずであるが、法は弁済者の求償権を確保するため、弁済者は債権者に代位するものとしたのである。

(2) 要件

① 原債権が存在していたこと
② 原債権について弁済その他で債権者に満足を与えること
　弁済のほか、代物弁済・供託・相殺による場合でもよい。任意の出捐に限らず、担保権の実行や強制執行によって満足を得た場合でもよい。弁済による代位は求償権を確保するための制度だからである。
③ 代位弁済者が債務者に対して求償権を有すること

□弁済をするについて正当な利益を有する者（法定代位者。ex. 保証人、連帯保証人、物上保証人、担保目的物の第三取得者、連帯債務者）は、代位の効果を債務者や第三者に主張するために対抗要件を備える必要がない（500条、467条）。

(3) 効果

代位弁済者は、債権の効力及び担保としてその債権者が有していた一切の権利を行使することができる（501条1項）。

この権利の行使は、代位弁済者が自己の権利に基づいて債務者に対して求償をすることができる範囲内（保証人の一人が他の保証人に対して債権者に代位する場合には自己の権利に基づいて当該他の保証人に対して求償をすることができる範囲内）に限り、することができる（同条2項）。

□法定代位者相互間の関係については、501条3項が定めている。

第2節 相 殺

1 相殺の意義

事例 3-6

甲株式会社は乙株式会社に対し、甲社の保有するA特許権の侵害による損害賠償請求を訴訟外で行った（請求額1000万円）。一方、乙社は甲社に対し、500万円の売買代金債権を有している。

(1) 乙社の侵害行為が過失による場合、乙社は売買代金債権と損害賠償債権を相殺することができるか。

(2) 乙社の侵害行為が甲社に損害を加える意図による場合、乙社は売買代金債権と損害賠償債権を相殺することができるか。

(3) (2)の場合において、甲社は損害賠償債権と売買代金債権を相殺することができるか。

(4) (1)～(3)のうち相殺が認められる場合、相殺者はどのような方法により行うか。

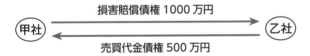

(1) 意義

相殺とは、債務者が債権者に対して同種の債権を有する場合に、その債権と債務とを対当額において消滅させる一方的意思表示をいう。

【図解】の例でA又はBが相殺の意思表示をすると、相手方の同意がなくても、債権債務は対当額で消滅し、その結果、AのBに対する30万円の債権が残ることになる。

相殺の意思表示をする側からみて、自己の債権を自働債権といい、相手方の債権を受働債権という。【図解】の例でBが相殺者の場合、自働債権は乙債権であり、受働債権は甲債権となる。

【図解】

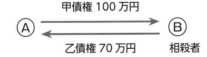

(2) 機能

ア 簡易な決済方法

相互に現実の弁済をする場合に比べ、時間と費用を節約でき、弁済の事務負担を軽減することができる。また、現金の持ち運び

に伴う盗難等の危険を回避することもできる。
　イ　当事者間の公平
　　前頁の【図解】の例でAが破産した場合、A（Aの破産管財人）はBに対する債権の全額が回収できるのに、BはAに対する債権（破産債権）につき、せいぜい按分弁済を受けられるに過ぎないが（破産法194条）、これは不公平である。そこで、Aが破産したときも、一定の要件の下で、Bが相殺できるものとしている（破産法67条〜）。このように、相殺は当事者間の公平を図る機能を有する。
　ウ　担保的機能
　　前頁の【図解】の例で、Bは、Aに対する債権については、例えばAの他の債権者（C）がAのBに対する債権を差し押さえてもBの相殺が優先し（511条）、また、Aが破産しても、イのように相殺をして、Aに対する債権を確実に回収できる。このような相殺の担保的機能は、今日、重要な役割を果たしている。

(3) **法的性質**
　相殺は債務者の一方的意思表示によって債務を消滅させるものであり、その法的性質は単独行為である。
　なお、相殺と同じ効果を生じさせる契約（相殺契約）も有効であり、相殺が禁じられる場合（509条）であっても、当事者間の合意によって相殺をすることは可能である。また、将来一定の条件のもとに相殺できる契約（相殺予約）も有効である。

(4) **要件**
　債務者が相殺をするためには、①債権が対立していること、②対立する両債権が同種の目的を有すること、③両債権がともに弁済期にあること（相殺適状）、④債務の性質が相殺を許さないものでないことが必要である。
① 債権が対立していること（505条1項本文）
　自働債権は、原則として、相殺者自身が被相殺者に対して有する債権であることが必要である。
　ア　自働債権は、履行を強制しうる効力を有するものであることを要する（ex. 自然債務の債権者は、これを自働債権として相殺することができない）。
　イ　自働債権が時効により消滅した場合であっても、その消滅以前に相殺適状にあった場合は相殺することができる（508条）。相殺適状にある債権を有する当事者は、もはやそれが清算されていると期待するのが通常であることから、このような期待を

保護する趣旨である。
② 対立する両債権が同種の目的を有すること

相殺をするためには、原則として金銭又は代替物を目的とする種類債権に限られる。なお、双方の債務の履行地が異なる場合であってもよい（507条前段）。

□規定上は金銭債権に限定されていないが、実務上みられるのはそのほとんどが金銭債権同士の相殺である。

③ 両債権がともに弁済期にあること（相殺適状）

ア 自働債権は弁済期にある必要がある。弁済期前の債権を自働債権として相殺することを認めると、相手方の期限の利益を一方的に奪うことになるからである。

イ 受働債権については、期限の利益を放棄することが可能であれば、弁済期になくてもよい（136条2項）。

□期限の定めのない債権は成立と同時に弁済期にあるため、いつでも相殺に供することができる。

④ 債務の性質が相殺を許さないものでないこと（505条1項ただし書）

両債権が別々に現実に履行されなければ、その債権を成立させた目的が達せられない場合、相殺は許されない。

ア 性質上相殺できない場合

　ａ．なす債務（ex.労務の提供）・不作為債務（ex.競業禁止）

　ｂ．自働債権に抗弁権が付着している場合

　　この場合に相殺を認めると、相手方は理由なく抗弁権を失うことになるからである。

　　これに対し、受働債権に抗弁権が付着していても、債務者は抗弁権を放棄できるため、相殺は可能である。

□抗弁権の例としては同時履行の抗弁（533条本文）が挙げられる。

イ 相殺制限特約

当事者が相殺を禁止し、又は制限する旨の意思表示（相殺制限特約）をした場合、第三者がこれを知り、又は重大な過失によって知らなかったときに限り、その第三者に対抗できる（505条2項）。

ウ 法律上相殺が禁止される場合については、後述する。

□例えばＡＢ間でＡのＢに対する100万円の債権につき相殺禁止の合意がされていても、この債権を重過失なく知らずに譲り受けたＣがＢに対し100万円の債務を負っている場合、Ｃは相殺によりこの債務を免れることができる。

(5) 相殺の方法

ア 相殺は、当事者の一方から相手方に対する意思表示によってする（506条1項前段）。

イ 相殺の意思表示に条件又は期限を付することはできない（506条1項後段）。条件を付することは、法律関係を不安定にさせ相手方に不利益であること、相殺は遡及効を有するため期限を付することは無意味であることからである。

□もっとも、この規定は一方的意思表示による相殺に関するものであり、条件又は期限を付した相殺の合意（ex.前頁(3)の相殺予約）をすることは妨げられない。

(6) 効果

ア 債権の消滅

a．相殺の意思表示によって、受働債権と自働債権とは、対当額で消滅する（505条1項本文）。
　　　b．自働債権の額が受働債権の総額に及ばないときは、相殺の充当の規定（512条）に従って、相殺によって消滅する債権の順序が決定される。
　イ　相殺の遡及効
　　相殺は、相殺適状時に遡って効力を生ずる（506条2項）。双方の債権が相殺適状にあれば、既にその債権は決済されたと考えるのが、当事者の合理的意思に適うからである。従って、相殺適状を生じた以後は、利息は発生せず、相殺適状後に生じた履行遅滞の効果も消滅する。

2 民法の規定による相殺の禁止

(1) 不法行為等により生じた債権を受働債権とする相殺の禁止
　次の債務の債務者は相殺をもって債権者に対抗することができない（509条本文）。
　ア　悪意による不法行為に基づく損害賠償の債務（同条1号）
　　ここにいう「悪意」は、民法において広く用いられている、ある事実を認識しているという意味の悪意ではなく、非免責債権に関する破産法253条1項2号所定の悪意と同様に、害意、すなわち他人に損害を加える意図ないし積極的に他人を害する意思をいうものと解されている。このため、509条1号を適用するには、他人に損害を加えることの認識では足りない。
　イ　人の生命又は身体の侵害による損害賠償の債務（同条2号）
　　債務の発生原因が不法行為に限定されていないため、それが債務不履行による場合も含まれる。
　　これらの債務を受働債権とする相殺が禁止される趣旨は、①債権者が自力救済によって債権の実現を図ることを禁止する（不法行為の誘発防止）とともに、②被害者に、現実に損害の塡補を受けさせることによって、被害者の保護を十分なものとする（現実賠償の原則）点にある。
　　このような趣旨から、債権者がア、イの債権を他人から譲り受けたときは、相殺は許される（同条ただし書）。
　　また、自働債権が不法行為によって生じたときも、相殺は許される（505条1項）。

(2) 差押禁止債権を受働債権とする相殺の禁止
　債権が差押えを禁じたものであるときは、その債務者は、相殺をもって債権者に対抗することができない（510条）。

これは、債権者を保護するために差押えを禁止した法の趣旨を貫き、債権者に現実の弁済を受けさせることを目的とするものである。
　一方、自働債権が差押禁止債権であるときは、相殺は可能である（505条1項）。

(3) **差押えを受けた債権を受働債権とする相殺の禁止**

　ア　差押えを受けた債権の第三債務者は、差押え後に取得した債権による相殺をもって差押債権者に対抗できないが、差押え前に取得した債権による相殺をもって対抗できる（511条1項）。

　これは、第三債務者が差押え後に取得した債権については、原則として相殺への合理的期待がないことから、差押債権者を保護することを定めるとともに、第三債務者が差押え前に取得した債権については、自働債権と受働債権の弁済期の先後を問わず、相殺への合理的期待があることから、第三債務者を保護することを定めたものである。

【図解】

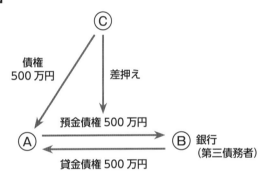

　【図解】の例で、AがB銀行に対して普通預金債権を有していたところ、Aの債権者であるCがこれを差し押さえたという場合、B銀行（第三債務者）のAに対する貸金債権の取得がCの差押えより前であるときは、B銀行の相殺が優先する。

　イ　差押え後に取得した債権が差押え前の原因に基づいて生じたものであるとき（ex 差押え前に締結された実施許諾契約に基づき、差押え後に発生した実施料債権）は、その第三債務者は、その債権による相殺をもって差押債権者に対抗できる（511条2項本文）。

□この債権が差押え後に他人から取得したものであるときは、相殺への合理的期待が認められないため、その債権による相殺をもって差押債権者に対抗できない（同項ただし書）。

解説　事例3－6

(1) この場合は相殺禁止規定（509条）に触れないため、乙社は相殺できる（505条1項）。

(2) 乙社は相殺できない。乙社は甲社に損害を加える意図により侵害行為をしているから509条1号の「悪意」が認められるところ、悪意による不法行為に基づく損害賠償債権を受働債権とする相殺は認められないからである（509条1号）。

(3) この場合は相殺禁止規定（509条）に触れないため、甲社は相殺できる（505条1項）。

(4) 相手方に対する相殺の意思表示によって行うべきである。相殺は当事者の一方（相殺者）から相手方に対する意思表示によって行う必要があるからである（506条1項前段）。

□実務上、(4)の意思表示の伝達手段としては、配達証明付き内容証明郵便による相殺通知書が広く用いられている。

第3節　更改・免除・混同

1 更改

(1) 意義

更改とは、従前の債務（旧債務）から要素が変更された新債務を成立させることによって、旧債務を消滅させる契約をいい、債務の要素が変更される場合としては次のものがある（513条）。

① 従前の給付の内容について重要な変更をするもの
② 従前の債務者が第三者と交替するもの
③ 従前の債権者が第三者と交替するもの

(2) 代物弁済との違い

更改は、旧債務を消滅させ、代わりに新たな債務を成立させる契約であるのに対して、代物弁済は、新たな債務を成立させるのではなく、代わりの給付を現実に与えることによって、旧債務を消滅させるものである。

2 免除

免除とは、債権を消滅させる債権者の意思表示をいう。

免除は債権者が債務者に対し一方的に行うものであり、その法的性質は単独行為である。免除は単独行為であるが、条件をつけてもよい。条件をつけても債務者を特に不利益にするものではないからである。

免除がされたときは、免除にかかる債権が消滅する（519条）。

もっとも、免除にかかる債権が第三者の権利の目的となっている場合（ex. 債権が差し押さえられ、又は債権に質権が設定されている場合）は、債権者は、債務免除をしても、このような第三者に対し、債権消滅の効果を対抗できないものと解されている。

3 混同

混同とは、債権者の地位と債務者の地位が同一人に帰属することをいう。

混同が生じたときは、原則として債権は消滅するが（520条本文）、債権が第三者の権利の目的となっているときは、債権は消滅しない（520条ただし書）。

□平成29（2017）年の民法改正により、債権総則の第七節として有価証券に関する規定が設けられたが（520条の2〜20）、本書の性格上割愛する。

第4編
債権各論

　債権各論では、債権の発生原因について定める債権各則の規定について学びます。

　債権各則は、契約と法定債権（契約に基づかず法律の規定に基づき発生する債権）に関する規定から構成され、契約については、各種の契約に共通する事項を定める規定（契約総則。学習の際は最も典型的な契約である売買を念頭に置くとよいでしょう。）と、各種の契約に関する個別の規定（契約各則）から構成されています。ここではまず、契約総則と売買に関する知識を身につけ、債権総論や民法総則の学習に繋げていきましょう。

　一方、法定債権については、事務管理、不当利得、不法行為に関する各規定から構成されていますが、特に重要なのは不法行為です。知的財産権の侵害も不法行為に当たるため、知的財産権法には損害額の算定等に関し民法の特則となる規定が設けられていますが（特許法102条など）、これらの規定を正しく理解するには民法の不法行為に関する規定を正しく理解していることが前提となりますし、知的財産権法がカバーしていない点は一般法である民法がカバーすることになるため、民法の不法行為に関する知識は知的財産権侵害事件の処理に不可欠といえるからです。この点を踏まえ、知的財産権法について十分な知識を有している方も、本編で不法行為に関する一般的な知識を正しく理解してください。

第4編 債権各論

第1章 契約

第1節 総則

1 契約の意義
契約とは、対立する二つ以上の意思表示の合致により成立する法律行為をいう。

2 契約自由の原則
契約自由の原則とは、私法上の契約関係は、個人の自由な意思によって決定され、国家の干渉を受けないという原則をいう。その具体的内容は以下のとおりである。
ア 締結の自由…そもそも契約を締結するか否かの自由（521条1項）
イ 相手方選択の自由…どのような相手方と契約を締結するかの自由（521条1項）
ウ 内容の自由…どのような内容の契約を締結するかの自由（521条2項）
エ 方式の自由…どのような方式により契約を締結するかの自由（522条2項）

3 契約の自由の制限
資本主義経済が高度に発達するにつれ、契約自由の原則も制限を受けざるをえなくなっている。すなわち、経済格差による実質的不平等を是正したり、取引の大量化・定型化により生み出された附合契約から消費者の保護を図ったりするなどの見地から、法令による種々の制限が加えられている。

(1) 締結の自由の制限
ア 申込みの自由の制限の例としては、テレビを設置した者は日本放送協会と放送受信契約を強制されることが挙げられる。
イ 承諾の自由の制限の例としては、以下のものが挙げられる。
　a．電気・ガス・水道などの独占的事業、公証人・医師などの公的ないし公益的職務については、正当な理由がなければ職務を拒むことができない。
　b．借地・借家契約においては、賃借人の更新請求に対し、賃貸人に正当事由がない限り承諾ありとみなされる（借地借家法5条～6条、26条、28条）。また、賃貸借終了の際に賃借人から残存建物・造作の買取請求がされると賃貸人の承諾を待たずに

□附合契約とは、契約の内容があらかじめ当事者の一方によって決定されており、他方の当事者は、これ以外に契約内容を決定する自由をもたない契約をいい、その契約条項を約款という（第4款参照）。

□放送法64条。

□電気事業法17条、ガス事業法16条、水道法15条、医師法19条、公証人法3条。

売買契約が成立する（借地借家法 13 条〜14 条、33 条）。

(2) 相手方選択の自由の制限

例として、労働組合の組合員でないことを雇用条件とするのが不当労働行為とされることが挙げられる。

□労働組合法 7 条 1 号。

(3) 内容の自由の制限

内容の自由の制限の例としては、以下のものが挙げられる。

ア　消費者を保護するため、電気・ガス等に関する企業の普通契約約款に対し、電気事業法・ガス事業法等により国家的規制が行われている。また、独占禁止法により、不公正な取引方法の禁止等が定められている。

イ　借地・借家契約において、「賃貸人の請求があり次第いつでも立ち退く」という賃借人に不利な特約を定めても無効とされる（借地借家法 9 条、30 条）。

(4) 方式の自由の制限

方式の自由の制限の例としては、以下のものが挙げられる。

ア　手形・株券等の有価証券は、書面に必ず記載すべき事項が法定されている（手形法 1 条、会社法 216 条等）。

イ　消費貸借（587 条）や質権設定（344 条）などは要物契約であり、一方の当事者が契約の目的物を現実に受け取ることによって成立する。

4 契約の種類

(1) 典型契約（有名契約）と非典型契約（無名契約）

典型契約（有名契約）とは、民法の契約法において定められている 13 種類の契約をいい、非典型契約（無名契約）とは、典型契約以外の契約をいう。

なお、二つ以上の典型契約の要素が混合したり、ある典型契約の要素と他の非典型契約の要素が混合したりする契約を混合契約という。

(2) 双務契約と片務契約

双務契約とは、契約の各当事者が互いに対価的な意義を有する債務を負担する契約をいう（ex. 売買、交換、賃貸借、雇用、請負、有償委任、有償寄託、組合、和解）。

これに対して、片務契約とは、一方の当事者のみが債務を負担するか、又は双方の当事者が債務を負担するが、それらが互いに対価たる意義を有しない契約をいう（ex. 贈与、消費貸借、使用貸借、無償委任、無償寄託）。

片務契約は必ずしも無償とは限らず、利息付消費貸借のように有

償の場合がある。利息付消費貸借は、貸主の金銭その他の代替物の給付と、借主の利息支払義務とは対価関係にあるが、貸主の給付は、契約の成立要件（要物契約）であって、契約に基づく債務ではないから（貸主の給付は契約の段階で既に終了しており、債務が後に残らない。）、有償契約であるが双務契約ではない（【図解】参照）。

【図解】

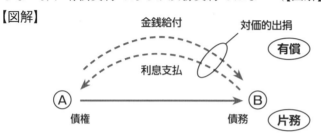

双務契約と片務契約を区別する実益は、同時履行の抗弁（533条）、危険負担（536条）の規定が専ら双務契約に適用されるという点にある。

(3) 有償契約と無償契約

有償契約とは、契約当事者が互いに対価的な意義を有する出捐（経済的損失）をする契約をいい、無償契約とは、一方の当事者のみが出捐するか、又は双方の当事者が出捐するが、それらが互いに対価的な意義を有しない契約をいう。

双務契約・片務契約の区別が、契約の効果として、当事者双方に対価的な意義を有する債権債務が発生するか否かを基準とするのに対し、有償契約・無償契約の区別は、当事者が対価的意義を有する出捐をするか否かを基準とする。

双務契約は全て有償契約であるが（対価的意義を有する債務を負担すること自体が対価的な出捐だから）、有償契約は必ずしも双務契約ではない（ex. 利息付消費貸借）。

有償契約・無償契約の区別の実益は、有償契約には売買の規定が準用される（559条）という点にある。

(4) 諾成契約と要物契約

諾成契約とは、当事者の合意のみにより成立する契約をいい、要物契約とは、当事者の合意の他に、一方の当事者が物の引渡しなどの給付をすることを成立要件とする契約をいう（ex. 消費貸借）。諾成契約と要物契約の区別の実益は、契約の成立時期が異なるという点にある。

(5) 要式契約と不要式契約

要式契約とは、一定の方式に従って行わないと不成立又は無効とされる契約をいい（ex. 保証（446条2項））、不要式契約とは、方

式を必要としない契約をいう。

(6) 物権契約と債権契約

物権契約とは、物権の発生・移転等を目的とする契約をいい（ex. 抵当権設定）、債権契約とは、債権債務関係の発生・移転等を目的とする契約をいう（ex. 売買。なお、物の売買の場合、所有権の移転という物権契約的な面が含まれる。）。

□身分契約
　身分契約とは、家族法上の法律関係を作り出す契約をいう（ex. 婚姻）。

5 契約の拘束力

(1) 意義

一旦有効な契約が締結された以上、原則として契約は守られなければならず、一方的に内容を変えたり、破棄したりしてはならない（契約の拘束力＝「契約は守られなければならない」の原則）。

(2) 事情変更の法理

事情変更の法理とは、契約は、その当時の社会的事情を基礎として締結されるものであるから、信義則の見地から、その社会的事情に変化があれば、契約は拘束力を失うという法理をいう。

契約は守られなければならないのが原則であるが、契約当時、全く予見することができなかった社会的事情の変動が、当事者の責めに帰することのできない事由により生じた場合には、当事者に契約の拘束力を及ぼすことは著しく公平に反する。そこで、一定の場合に、信義則（1条2項）を適用して、当事者に契約の解除権や契約内容の改定請求権を認めるのが事情変更の法理である。

事情変更の法理の適用が認められるための要件としては、一般に、①当事者が予見せず、又は予見することのできない、著しい事情の変更が生じたこと、②事情変更が当事者の責めに帰することのできない事由によって生じたこと、③契約内容に当事者を拘束することが信義則に反する結果となること、が必要であると解されている。

なお、事情変更の法理については、契約の拘束力との関係で重大な例外となるものであり、判例は、この原則を一般論として認めつつも、実際に適用することについては極めて慎重な態度を取っている。

□判例は、当事者の一方の履行遅滞中に事情変更が生じた場合、この当事者は事情変更の法理の適用を主張できないとする。

6 契約交渉過程における義務と責任

(1) 契約交渉の不当破棄

当事者は契約を締結するかどうかを自由に決定することができる（契約自由の原則）から、契約交渉の結果、契約締結に至らなかったとしても、当事者に法的責任は生じないのが原則である。

しかし、交渉における自己の言動により、相手方に契約締結に対する信頼を生じさせたにもかかわらず、それを裏切って交渉を破棄

したような場合、交渉破棄は信義則（1条2項）に反し、破棄した者は、契約締結を信じて支出したが契約が締結されなかったため無駄になった費用につき損害賠償責任を負うものと解されている。

(2) 契約締結前の情報提供義務違反

契約を締結するかどうかを判断するために必要な情報は、契約を締結しようとする者が自らの責任で収集し、検討しなければならないのが原則である。

しかし、その保有する情報の質と量につき当事者間に格差があるような場合には、その点で優位に立つ者Aは、相手方Bに対して、契約を締結するかどうかの判断に影響を及ぼす事項につき必要な情報を提供する信義則上の義務を負うことがあり、Aがこの義務に違反し、必要な情報を提供しなかったために、Bが、この情報提供があれば締結しなかった契約をAと締結し、これにより損害（ex. その取引から生じた損失）を被った場合には、AはBが被った損害を賠償する責任を負うものと解されている。

(3) 責任の法的性質

これらの契約交渉過程における注意義務違反に基づく責任の法的性質につき、かつては契約（債務不履行）責任とみる説（「契約締結上の過失」の理論）も唱えられたが、現在は不法行為責任とみる説が有力である。判例も、(2)の場合につき、「契約の一方当事者が、当該契約の締結に先立ち、信義則上の説明義務に違反して、当該契約を締結するか否かに関する判断に影響を及ぼすべき情報を相手方に提供しなかった場合には、上記一方当事者は、相手方が当該契約を締結したことにより被った損害につき、不法行為による賠償責任を負うことがあるのは格別、当該契約上の債務の不履行による賠償責任を負うことはないというべきである。なぜなら、上記のように、一方当事者が信義則上の説明義務に違反したために、相手方が本来であれば締結しなかったはずの契約を締結するに至り、損害を被った場合には、後に締結された契約は、上記説明義務の違反によって生じた結果と位置付けられるのであって、上記説明義務をもって上記契約に基づいて生じた義務であるということは、それを契約上の本来的な債務というか付随義務というかにかかわらず、一種の背理であるといわざるを得ないからである。契約締結の準備段階においても、信義則が当事者間の法律関係を規律し、信義則上の義務が発生するからといって、その義務が当然にその後に締結された契約に基づくものであるということにならないことはいうまでもない。」と判示している（最判 H23.4.22）。

□両説の違いは時効期間（債務不履行責任の方が長い）や帰責事由の証明責任の所在（債務不履行の場合は債務者が自己に帰責事由がないことの証明責任を負うが、不法行為の場合は債権者が債務者に帰責事由（故意又は過失）があることの証明責任を負う）に現れ（第3編第2章3参照）、この点が「契約締結上の過失」の理論の眼目であった。

第1款　契約の成立

1 契約の成立

契約が成立するためには、対立する二つ以上の意思表示が合致すること（合意）が必要である。

契約は、通常は申込みと承諾という形式で成立するが、交叉申込みによっても契約は成立する。交叉申込みとは、契約の当事者双方が偶然に互いに申込みを行い、その申込みの内容が客観的に一致する場合である。この場合、契約の成立時期は、交叉してされた申込みのうち、後に相手方に到達した申込みの到達時と解されている（到達主義、97条1項）。

また、申込者の意思表示又は取引上の慣習により承諾の通知を必要としない場合には、契約は承諾の意思表示と認めるべき事実があった時に成立する（意思実現による契約の成立、527条）。意思実現による契約成立の時期は、意思実現たる事実の成立した時であって、申込者がその事実の発生を知っていると否とを問わない。

2 申込み

(1) 意義

申込みとは、相手方の承諾と合致して、契約を成立させることを目的とする意思表示をいう。

(2) 申込みの誘引

申込みの誘引とは、他人を誘って申込みをさせようとする意思の通知である。

申込みは、相手方がそれに対して承諾すれば、直ちに契約が成立する（ex. タクシー乗場での駐車、正札つきの商品の陳列）。他方、申込みの誘引は、相手方がこれに応じて意思表示をすることが申込みになり、誘引者の承諾がなければ契約が成立しない（ex. 求人広告）。

(3) 効力発生時期

申込みは、その意思表示が到達した時に効力を生じる（97条1項）。発信後到達前に表意者が死亡し、意思能力を喪失し、又は行為能力の制限を受けたときでも意思表示の効力は妨げられないのが原則であるが（97条3項）、契約においては、これらの場合において、申込者がその事実が生じたとすればその申込みは効力を有しない旨の意思を表示していたとき、又はその相手方が承諾の通知を発するまでにその事実が生じたことを知ったときは、到達しても申込みの効力は生じない（526条）。

(4) 申込みの拘束力と撤回

申込みは撤回できないのが原則であるが（523条1項本文、525

□承諾の意思表示と認めるべき事実の例
1. 契約によって取得する権利の実行行為（ex. 申込みとともに送付された品物を使用したり消費したりした場合）。
2. 契約によって負担する債務の履行準備行為（ex. ホテルが客からの予約の申込みにより特定の部屋を用意した場合）。
* 申込みに応じて注文品を送付する行為は、申込者に対して発せられているため、黙示による承諾の意思表示であって意思実現ではない。

条1項本文）、申込者が撤回をする権利を留保したとき（523条1項ただし書、525条1項ただし書）、又は承諾の期間を定めないで申込みをした場合に申込者が相手方から承諾の通知を受けるのに相当な期間が経過したときは撤回できる（525条1項本文の反対解釈）。また、対話者に対し承諾の期間を定めないで申込みをした場合、その対話が継続している間はいつでも撤回できる（525条2項）。

□申込みの撤回は、その通知が相手方に到達した時に効力を生じる（97条1項）。

(5) **申込みの効力の期間**

承諾の期間を定めてした申込みに対し、期間内に申込者が承諾の通知を受けなかったときは、申込みは失効する（523条2項）。

また、対話者に対し承諾の期間を定めないでした申込みに対して対話が継続している間に申込者が承諾の通知を受けなかったときは、申込みは失効するが（525条3項本文）、申込者が対話の終了後もその申込みが効力を失わない旨を表示したときは失効しない（同項ただし書）。

3 承諾

(1) **意義**

承諾とは、申込みに応じて契約を成立させるために、申込受領者が申込者に対して行う意思表示である。

(2) **要件**

① 承諾は、契約を成立させる意思をもって、申込受領者から申込者に対してされる必要がある（主観的合致）。

② 承諾の内容は、申込みの内容と一致する必要がある（客観的合致）。

申込みに条件を付し、その他変更を加えてした承諾は、申込みの拒絶とともに新たな申込みをしたものとみなされる（528条）。

(3) **契約の成立時期**

契約は、承諾の通知が申込者に到達した時に成立する（到達主義、97条1項）。

□申込みの撤回（2(4)）と相手方の承諾とが行われた場合の契約の成否は、これらの通知の到達の先後により定まる（97条1項）。

第2款　契約の効力

1 契約の効力

(1) 契約の内容についての有効要件

契約の内容についての有効要件は、それが①確定できるものであること（確定性）、及び②適法であること（適法性）である（第1編第5章第1節、第3編第1章参照）。

(2) 契約の一般的効力

前述のとおり、契約が成立すると拘束力が生じる（「契約は守られなければならない」の原則）。このため、債務者が契約に基づく債務を任意に履行しないときは、債権者は、①履行の強制をすることができ（414条等）、また、②損害が生じたときは、損害賠償請求をすることができる（415条～416条）。

(3) 双務契約の特殊の効力

双務契約の各当事者が負担する債務は、互いに対価的な意義のあるものである。このため、そのような債務を負担する当事者間の公平を図る見地から、同時履行の抗弁（533条）、危険負担（536条）の各規定が設けられている。

2 同時履行の抗弁

(1) 意義

同時履行の抗弁とは、相手方から債務の履行を請求された場合に、履行上の牽連性を主張して、自己の債務の履行を拒否することができることをいう。

双務契約から生じる両債務は、対価的意義を有していることから、履行上の牽連関係を認めることが公平である。そこで同時履行の抗弁が規定された（533条）。

ある者が物に関して生じた債権を有し、その原因が双務契約である場合には、留置権（295条）と同時履行の抗弁の要件をともに充たすことが多いが、この場合は、いずれを主張することもできると解されている。

＜留置権と同時履行の抗弁の比較＞

	発生原因	第三者への対抗	不可分性	競売申立権	代担保の提供による消滅請求
留置権	占有する物に関して債権が存在すること	可	あり	あり	あり（301条）
同時履行の抗弁	双務契約	不可	なし	なし	なし

□例えば、Aがその所有する時計の修理をBに有償で依頼し、Bが修理を完了させ、その時計を占有している場合、Bは留置権と同時履行の抗弁を有し、これらに基づき、Aに対し、修理代金の支払と引き換えでなければ時計を引き渡さないと主張することができる。なお、留置権と同時履行の抗弁の効果の差異は、前者が物権である一方、後者は双務契約の効力として認められる抗弁であることによるものである。

(2) 要件

同時履行の抗弁が認められるには、①同一の双務契約から生じた両債権が存在すること、②相手方の債務が弁済期にあること（533条ただし書）、③相手方が自己の債務の履行又はその提供をしないで履行を請求すること（単純請求）が必要である。

① 同一の双務契約から生じた両債権が存在すること

ex. 一つの売買契約から生じた売主の買主に対する代金支払請求権と買主の売主に対する財産権移転請求権（555条）

② 相手方の債務が弁済期にあること（533条ただし書）

当事者の一方が先履行の義務を負っているときは、その先履行義務者は同時履行の抗弁を主張することはできないのが原則である。従って、民法の規定により対価が後払とされる契約（ex. 賃貸借、請負、委任など）では、対価の支払時期につき特約がない限り、先履行義務者は、相手方からの履行請求に対し同時履行の抗弁を主張することはできない。

□この場合でも、相手方から反対給付を受けられないおそれがあるときは、信義則（1条2項）を根拠に債務の履行を拒めるものと解されている（不安の抗弁）。

③ 相手方が自己の債務の履行又はその提供をしないで履行を請求すること（単純請求）

相手方が債務の本旨に従った履行をし、又はその提供をしたときは、同時履行の抗弁の主張はできない。

□履行（弁済）の提供の方法については493条が定めている（第3編第5章第1節5参照）。

(3) 効果

ア 相手方がその債務の履行の提供をするまで、自己の債務の履行を拒むことができる。

イ 訴訟において、原告の請求に対して被告が同時履行の抗弁を援用した場合には、裁判所は被告に対し、原告の給付と引換えに給付すべき旨を命じる判決（引換給付判決）を行う。

□相手方の債務の履行には、これに代わる損害賠償債務の履行も含まれる（533条本文括弧書）。

ウ 同時履行の抗弁の存在自体から生ずる効果

a. 同時履行の抗弁の付着している債権を自働債権として相殺することはできない。これを認めると相手方の同時履行の抗弁を一方的に失わせる結果となるため、債務の性質が相殺を許さない場合（505条1項ただし書）に当たるからである。

□同時履行の抗弁の付着している債権についても、履行期から消滅時効は進行する。

b. 同時履行の抗弁を有する債務者は、履行遅滞の責めを負わない。この場合、債務者が履行期に履行しなくとも違法ではないからである。

□相手方が同時履行の抗弁を有する場合に、自分の債務の提供をしないでする催告も、時効の完成猶予の効力を生ずる。

c. 相手方が契約を解除するためには、自己の債務につき履行の提供をしなければならない（但し、提供の継続は不要）。

(4) 双務契約以外における同時履行の抗弁

同時履行の抗弁が認められるのは、1個の双務契約から生じた対

立する債務の間においてであるが、この場合に同時履行の抗弁を認めた趣旨は、当事者間の公平をはかる点にある。とすれば、双務契約以外にも、対立当事者の各債務を関連させ引換えで履行させることが当事者間の公平に適う場合には、同時履行の抗弁を認めるべきである。このような観点から、民法は双務契約以外にも同時履行関係を認め、また、判例は明文の規定がない場合にも同時履行関係を認めている。

ア　法律により同時履行関係に立つ場合としては、契約の解除による原状回復義務（546条、692条）がある。

イ　判例によって同時履行関係が認められているものの例としては、契約が無効となり、又は取り消された場合の当事者相互の返還義務が挙げられる。

　この点、無効・取消しについて533条を準用する規定はないが、判例は、同時履行の抗弁権は対価的意義を有する二つの債務につき当事者間の公平を図る見地から認められた制度であり、契約が無効となり、又は取り消された場合の当事者相互の返還義務にも対価的意義が認められることから、533条の準用を認め、同時履行関係を認めている。

3 危険負担

(1) 意義

　危険負担とは、双務契約において債務の一方の履行が債務者の責めに帰することのできない事由によって不能となった場合に、（履行不能となった債務の）債権者が反対債務の履行を拒絶できるか否かの問題をいう。

　例えば、建物の売買契約が成立し、引渡しが終わらない間に、建物が売主と全く関係のない第三者の放火によって全焼した場合、売主の建物引渡債務は後発的不能となり、買主はその債務の履行を請求することができないが（412条の2第1項）、このときに売主から代金を請求された買主は代金債務（反対債務）の履行を拒絶できるかという問題であり、見方を変えれば、このような場合に、危険（損失）を売主、買主のいずれが負担するかという問題である。これに対し、引渡しが完了すれば、もはや危険負担の問題にはならない。

【図解】

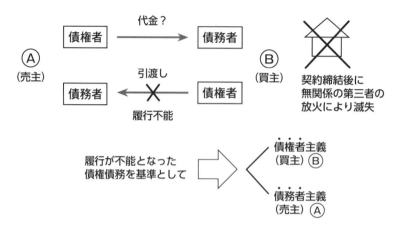

(2) 債務者主義と債権者主義

　危険負担については、①危険は履行が不能となった債務の債務者が負担する債務者主義と、②危険は履行が不能となった債務の債権者が負担する債権者主義の2つの立法例がある。

　わが国の民法は、双務契約一般における危険負担の原則として債務者主義を採用した上で（536条1項）、履行不能が債権者の責めに帰すべき事由による場合に、例外的に債権者主義を採用している（536条2項）。

(3) 危険負担と債務不履行

　危険負担が問題となるのは、債務者の責めに帰することができない事由に基づき履行不能となった場合であるのに対し、債務不履行が問題となるのは、債務者の責めに帰すべき事由に基づき履行不能となった場合である。

　ア　両当事者の責めに帰することのできない事由による履行不能…債務者に帰責事由がないから危険負担の問題である。

　イ　債権者の責めに帰すべき事由による履行不能…債務者に帰責事由がないから危険負担の問題である（536条2項により債権者主義）。

　ウ　債務者の責めに帰すべき事由による履行不能…債務者に帰責事由があるから債務不履行の問題である。

　エ　両当事者の責めに帰すべき事由による履行不能…債務者に帰責事由があるから債務不履行の問題である。但し、相手方の損害賠償請求権については過失相殺の規定（418条）が適用される。

(4) 債務者の帰責事由

　債務者の責めに帰すべき事由の意義については127頁③参照。

　この点、履行遅滞中に当事者双方の責めに帰することができない事由によって債務が履行不能となったときは、債務者の責めに帰す

□債務不履行については、第3編第2章3参照。

べき事由によるものとみなされる（413条の2第1項）。

これに対して、受領遅滞中に当事者双方の責めに帰することができない事由によって債務が履行不能となったときは、債権者の責めに帰すべき事由によるものとみなされる（413条の2第2項）。

(5) 債務者主義

ア 適用範囲

全ての双務契約において、当事者双方の責めに帰することができない事由によって履行不能となった場合には、債務者主義が適用される（536条1項。債務者主義の原則）。

イ 効果

債権者は、履行不能となった債務の履行を請求することができない（412条の2第1項）一方、反対給付の履行を拒むことができる（536条1項）。なお、債権者が反対給付を先履行していたり、履行不能を知らずに反対給付を履行したりした場合は、債務者に対し不当利得として返還請求することができる（703条）と解されている。

債権者が反対給付の履行拒絶にとどまらず、反対債務を消滅させたいときは、履行不能を理由に契約を解除する必要がある（542条1項1号）。

(6) 債権者主義

ア 適用範囲

双務契約において、債権者の責めに帰すべき事由によって履行不能となった場合にも債務者が危険を負担するのは不公平である。そこで民法は、この場合には債権者主義を採ることとした（536条2項）。

イ 効果

a．債権者は、履行不能となった債務の履行を請求することができない（412条の2第1項）上に、反対給付の履行を拒むことができない（536条2項前段）。

b．債務者は、履行不能が生じなかった場合以上に利益を受けるべきではないから、自己の債務を免れたことによって何らかの利益を得たとき（ex.債務の消滅により節約できた目的物保管費用や支出を免れた運送費用）は、債権者に償還しなければならない（536条2項後段）。

4 第三者のためにする契約

(1) 意義

第三者のためにする契約とは、契約当事者の一方が第三者に対し

□受領遅滞の効果として、債務の目的が物の引渡しであるときは、債務者は履行の提供をした時からその引渡しをするまで、自己の財産に対するのと同一の注意をもってその物を保存すれば足りるため（413条1項。なお、債務の目的が不特定物である場合も特定後は特定物と同様に扱われる（401条2項）。）、債務者がそのような注意を尽くせば帰責事由は認められないが、それすら尽くしていなければ帰責事由が認められる。

□債務者主義が適用されることにより、例えば、雇用契約において、天災地変により就労が不能となった場合、使用者は労働者に対し労働への従事を請求できないが、使用者は、これに対応する報酬の支払を拒むことができる。

□債権者に帰責事由があるときの例としては、請負の注文者が、正当な理由なく請負人以外の第三者に仕事を完成させた場合や、会社が正当な理由なく従業員の出勤を拒絶した場合が挙げられる。

て直接に債務を負担することを相手方に約束する契約をいう（537条1項）。

第三者のためにする契約の趣旨は、要約者と受益者との対価関係を簡易に決済する点にある。第三者のためにする契約は、売買・交換などの典型契約と別の特殊な契約ではなく、これらの契約のうちで、その法律効果の一部を第三者に帰属させるという特色を有するものに過ぎない。

【図解】

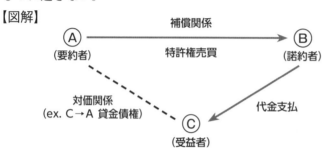

□【図解】の例でいえば、AがBに対して、Aの所有する特許権を売り、Bがその代金を第三者Cに直接支払うことを約束する場合がこれに当たる。この場合、Aを要約者、Bを諾約者、Cを受益者という。

□【図解】の例の、要約者Aと諾約者Bとの関係を補償関係という。補償関係は契約の内容となり、その不存在・瑕疵は契約の効力に影響を及ぼす。
　また、要約者Aと受益者Cとの関係を対価関係という。対価関係は契約の内容とならず、その不存在・瑕疵は契約の効力に影響を及ぼさない。

(2) 第三者の履行請求権の発生要件
① 要約者と諾約者との間に、第三者に直接に給付請求権を取得させる趣旨を含む有効な契約が成立すること（537条1項）
② 第三者が債務者（諾約者）に対して第三者のためにする契約の利益を享受する意思表示（受益の意思表示）をすること（537条3項）

(3) 効果
ア　第三者が受益の意思表示をすれば、以後、債務者に対して直接に給付を請求することができる（537条1項）。
イ　第三者が受益の意思表示により権利を取得した後は、契約当事者は第三者の取得した権利の内容を変更したり、消滅させたりすることができない（538条1項）。これは、第三者の権利を不当に害することを防止する趣旨であるから、受益の意思表示より前にこれらのことをするのは妨げられない。また、例えば、補償関係にかかる契約が、意思表示の瑕疵により無効であったり取り消されたり、債務不履行により解除されたりしたときは、第三者の権利も消滅するものと解されている。
ウ　第三者の権利が発生した後に、債務者がその第三者に対する債務を履行しない場合、契約の相手方は、その第三者の承諾を得なければ契約を解除することができない（538条2項）。
エ　債務者（諾約者）は補償関係にかかる契約に基づく抗弁（同時履行の抗弁権や契約の無効・取消しによる第三者の権利の消滅）をもって、その契約の利益を受ける第三者に対抗することができる（539条）。

□第三者のためにする契約は成立時に第三者が現に存しない場合（ex.胎児、設立中の法人）又は第三者が特定していない場合であっても有効である（537条2項）。

□【図解】の例でいえば、CはBに対してAB間の売買により生じた代金の支払を請求することができる。

□この場合、第三者は当該契約により直接に権利を取得する者であるため、94条2項、96条3項、545条1項等の「第三者」には当たらないと解されている。

□【図解】の例でいえば、AはCの承諾を得なければAB間の契約を解除することができない。

第3款　契約の解除
1 解除の意義
(1) 意義

契約の解除とは、契約が有効に締結された後に、その一方の当事者の意思表示によって契約関係を遡及的に解消し、まだ履行されていない債務は履行する必要がないものとし、既に履行されたものがあるときには互いに返還することにして、法律関係を清算することをいう。

例えば、【図解】の例で、甲乙間である商品の売買契約を代金前払の約束で締結したものの、乙が期限を過ぎても代金を支払わない一方、丙から甲に対し、この商品を買いたいとの希望が寄せられた場合、甲としては丙に商品を売りたいところであるが、未だ乙との売買契約が存在し、その拘束力があるため、契約を解消せずに丙に売るわけにはいかない（これをすると甲自身が債務不履行となる）。

このような場合には、債権者を契約の拘束力から解放し、債権者を保護する必要がある。そこで、契約関係を解消する解除の制度が設けられている。

□解除の効果の法的性質については争いがあるが、本書の性質に鑑み、判例・通説である直接効果説による説明をしている。

【図解】

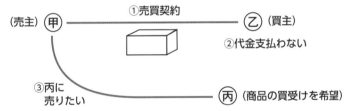

解除権には、①当事者が契約により解除権を留保する約定解除権（ex. 手付による解除権留保（557条）、買戻し特約（579条））と、②法律の規定により解除権を取得する法定解除権（ex. 催告による解除（541条）、催告によらない解除（542条））がある。

(2) 解除に類する制度

ア　告知（解約）…賃貸借、雇用、委任、組合のような継続的契約関係を、当事者の一方的な意思表示によって終了させることをいう。この効力は将来に向かってのみ生じる（将来効）。将来効である点において、契約は初めから存在しなかった（遡及効）とする解除とは異なる。

イ　合意解除（解除契約）…契約当事者が、合意によって契約を解消して契約がなかったのと同一の状態を作ることを内容とする新たな契約をいう。合意により契約を解消する点において、解除権者の一方的意思表示によって契約を解消する解除（単独行為）と

□解除と取消しとの違いは以下の各点に現れる。
1. 解除の対象は契約であるが取消しの対象は法律行為又はその要素である意思表示である点
2. 解除原因と取消原因は異なる点
3. 解除又は取消しにより契約の効力が消滅した後の権利義務関係が異なる点（解除の場合は原状回復義務、取消しの場合は原則として原状回復義務であるが例外的に不当利得返還義務とされる（121条の2第2項、第3項））

は異なる。

ウ 解除条件…一定の事実が生じたときは、契約は当然に効力を失うという特約が付いている契約が解除条件付契約である。解除権者の意思表示がなくても契約の効力が失われる点において、この意思表示が必要である解除とは異なる。

(3) 解除権の行使

解除権の行使は、相手方に対する意思表示によってされる（540条1項）。解除権者及びその相手方は、契約の当事者又はその地位を承継した者である。

双務契約から生じた債権の譲渡がされても、契約上の地位の移転がない限り、債権譲受人は解除権を取得しない。

解除の意思表示は、相手方に到達して効力を生じ（97条1項）、その後は撤回することはできない（540条2項）。もっとも、制限行為能力、錯誤・詐欺・強迫を理由とする取消しは許される。

解除の意思表示に条件を付けることは、相手方の地位を不安定にするため原則として許されないが、相手方にとって特に不利益でなければ条件を付けることも許される。

□解除権の不可分性
　当事者の一方が数人ある場合には、契約の解除は、その全員から又はその全員に対してのみすることができる（544条1項）。

2 債務不履行を理由とする解除権の発生要件

事例 4-1

X特許権を保有する甲は乙に対し、X特許権につき独占的通常実施権を許諾したが、乙は契約上四半期に1度行うことになっている実施料の支払を3回連続で怠っている。この状況の下で、第三者丙からX特許権につき独占的通常実施権許諾の申入れを受けた甲が、乙との関係で法律上問題なく、丙の申入れに応じるためには、いかなる手段を取るべきか。

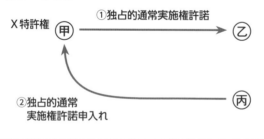

(1) 総説

債務不履行を理由とする解除権が発生する場合として、催告による解除（541条）と催告によらない解除（542条）が規定されている。
解除制度の目的は、債務の履行を怠った債務者に対する制裁では

なく、債務の履行を得られない債権者を契約の拘束力から解放する点にあると解されているため、いずれの場合についても、債務の不履行が債務者の責めに帰すべき事由によることは要件とされていない。

一方、債務の不履行が債権者の責めに帰すべき事由によるときにも解除を認めると、例えば債権者が故意に債務の履行を妨げた場合でも契約の拘束力を免れることが可能となってしまい不当であるため、この場合の解除は否定されている（543条）。

(2) 催告による解除

ア　原則

当事者の一方が債務を履行しない場合に、相手方が相当の期間を定めてその履行の催告をし、その期間内に履行がないときは、相手方は契約を解除できる（541条本文）。

催告による解除をするには、①債務の本旨に従った履行がないこと、②債権者が相当の期間を定めて履行の催告をすること、③債務者が催告により定められた期間内に履行しないことが必要である。

□②が要件とされているのは、債務者に対し債務の履行に関する翻意の機会を与えるためである。

イ　例外

解除権の発生時である催告期間を経過した時における債務の不履行が、その契約及び取引上の社会通念に照らして軽微であるときは、相手方は契約を解除できない（同条ただし書）。

(3) 催告によらない解除

以下の各場合については、催告を必要とする意味がないため、債権者は催告をしないで直ちに契約を解除できる（542条）。

ア　催告をしないで契約の全部を解除できる場合（同条1項）

 a．債務の全部の履行が不能であるとき（同項1号）

 b．債務者が債務の全部の履行を拒絶する意思を明確に表示したとき（同項2号）

 c．債務の一部の履行が不能である場合又は債務者が債務の一部の履行を拒絶する意思を明確に表示した場合において、残存する部分のみでは契約をした目的を達することができないとき（同項3号）

 d．契約の性質又は当事者の意思表示により、特定の日時又は一定の期間内に履行をしなければ契約をした目的を達することができない場合において、債務者が履行をしないでその時期を経過したとき（同項4号）

 e．a～dのほか、債務者が債務の履行をせず、債権者が履行の

□単に履行期の定めがあるのにこれを徒過したというだけでは(3)アｄには当たらない（この場合は(2)に当たる）ことに注意を要する。

催告をしても、契約をした目的を達するのに足りる履行がされる見込みがないことが明らかであるとき（同項5号）
　イ　催告をしないで契約の一部を解除できる場合（同条2項）
　　a．債務の一部の履行が不能であるとき（同項1号）
　　b．債務者が債務の一部の履行を拒絶する意思を明確に表示したとき（同項2号）

3 解除の効果

(1) 意義

解除は、債務者が債務を履行しない場合に、債権者を契約の拘束力から解放するための制度であり、その効果については545条が定めている。

　ア　未履行の給付は履行しなくてよい。この点は同条に明示されていないが、解除制度の目的に鑑み当然のことと解されている。
　イ　既履行の給付は互いにこれを返還しなければならない（原状回復義務、545条1項本文）。なお、金銭を返還するときは受領時から利息を付して（同条2項）、金銭以外の物を返還するときは受領時以後に生じた果実も（同条3項）、返還しなければならない。
　ウ　解除の原因たる債務不履行によって生じた損害については、債権者は債務者に対し損害の賠償を請求できる（545条4項、415条）。

(2) 解除の効果の理論構成

解除の効果の理論構成については争いがあるも、直接効果説が判例・通説である。

すなわち、契約が解除されると、その直接の効果として、契約関係が遡及的に消滅し、その遡及効は物権的効力を生ずる。従って、解除当時に未履行の債務は当然に消滅し、既履行の場合には、給付が法律上の原因を失い、不当利得の性質を帯びる。

545条は、ア.解除制度の目的に適合するように、返還義務の範囲を原状回復にまで拡大し（同条1項本文）、イ.第三者を保護するため遡及効を制限して第三者保護規定を設け（同項ただし書）、ウ.解除権者保護の見地から遡及効を制限して損害賠償の併存を認めた（同条4項）ものである。

（理由）
① 解除制度の目的は、取消しと同様に契約関係が当初から存在しなかったことにする点にある。
② 545条1項ただし書は、解除に遡及効があることを前提に、第三者保護の見地から遡及効を制限した規定である。
③ 620条の反対解釈（契約各則に規定されている賃貸借の解除の

□解除の効果については、解除原因が契約により定められた場合（約定解除権）であっても、法律の規定により定められた場合（法定解除権）であっても、同じく545条が適用される。また、合意解除（解除契約）については、これが契約の時に遡って効力を有する趣旨である場合には545条が適用される（判例）。

将来効は特則である。)。

(3) 原状回復義務の内容

ア　原物が存在すれば、これを返還する。既にされた登記・登録の抹消など原状回復に必要な行為は全て行う。

イ　原物が受領者のもとで滅失・毀損して、原物の返還が不能となった場合、目的物の価額の返還を請求することができるものと解されている。

ウ　代替物は、同種・同等・同量のものを返還すればよい。また、原物返還が不可能な給付（ex. 無形の給付）については、その客観的な価格を金銭に見積もって返還する。

エ　金銭が給付された場合には、債務者は受領の時から利息を付けて返還しなければならない（545条2項）。また、これとの均衡上、給付された物又は権利から生じる果実も返還しなければならない（同条3項）。

オ　債務者が目的物について必要費・有益費を支出した場合には、債権者に対し、その償還を請求できる。

解説　事例4－1

甲は、乙との実施許諾契約を解除すべきである。すなわち、甲は乙に対し相当の期間を定めて履行を催告し、この期間内に履行がないときは上記許諾契約を将来に向かって解除し（541条、620条）、乙との契約の拘束力から免れることができる。これにより、甲は乙との関係で法律上問題なく丙の独占的通常実施権許諾申入れに応じることができる。

なお、解除の効果は将来に向かって生じるため、乙が支払を怠った3回分の実施料債権は存続しており、甲は乙に対し、実施許諾契約に基づきこれを請求することができる。債務不履行による損害賠償請求権ではない点に注意が必要である。

(4) 解除と第三者

ア　545条1項ただし書の意義

【図解】

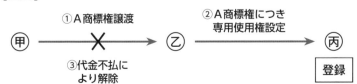

解除の効果として、解除された契約によって生じた法律効果が遡及的に消滅し、その遡及効は物権的効力を生ずるものとすると（直接効果説）、第三者が不測の損害を被るおそれがある。そこで民法は、第三者を保護するために、解除の遡及効に制限を加え、第三者の権利を害することができないものとした

イ　第三者の範囲

　a．解除の遡及効によって第三者が害されるのを防ぐのが545条1項ただし書の趣旨である。とすれば、「第三者」とは、当事者及びその包括承継人以外の者で、解除された契約から生じた法律効果を基礎として、解除までに新たな権利を取得した者と解すべきである。例えば、契約によって給付された物（又は権利）の譲受人、抵当権者・質権者、賃借人、差押債権者がこれに当たる。

　　一方、解除された契約に基づく債権自体を譲り受けた者や、この債権を差し押さえた債権者は、解除により、債権自体が消滅するため、第三者に当たらないものと解されている。

　b．「第三者」につき主観的要件は問題とされない。契約はもともと瑕疵を帯びていたわけではないから、それについての善意や無過失を保護要件とすることはできないからである（cf.94条2項、95条4項、96条3項）。

　　しかし、「第三者」の保護要件として対抗要件（不動産の場合は登記、動産の場合は引渡し）の具備は必要である。解除権者は、詐欺などの場合と異なり、自らには帰責事由がないのに債務者の債務不履行によって法律関係を清算しようとするものであるにもかかわらず、第三者が存在しさえすれば全て失権するというのでは、解除制度の意義を没却する。

　　従って、第三者は、解除権者に優越する利益状況に立ったとき、すなわち保護要件としての対抗要件まで備えたときにはじめて、解除権者に対して解除の遡及効の制限を主張しうると解するのが通説である。

(5) **損害賠償請求権**

解除の効果としての損害賠償請求権（545条4項）の性質は債務不履行による損害賠償（415条）であり、その範囲は416条の一般原則によるとするのが判例・通説である。

（理由）

解除の効果につき直接効果説に立ち、解除に遡及効がある（契約は初めからなかったものとする）と解するとしても、このために債

□前頁の【図解】の例でいえば、解除によって丙の専用使用権は消滅せず、丙はこの権利を甲に対し主張できる。

□判例は、通説と異なり、解除権者と第三者は対抗関係に立ち、先に対抗要件を備えた者が優先するとしている。通説との違いは、対抗要件をいつまで備えればよいかの点にある。すなわち、通説によれば、保護要件としての対抗要件は解除時において備えていることが必要であるのに対し、判例の立場によれば、その必要はなく、解除後であっても、解除権者より先に対抗

務者の債務不履行が観念できないとして、545条4項の損害賠償を信頼利益に限られると解することは、解除権者にとって酷であり妥当でない。契約が解除されたとしても、一旦有効に成立した契約が解除の時まで存続した事実までも消滅させるものではないというべきである。そこで同条4項は、解除権者の保護を図るために、債務不履行による損害賠償請求権を存続させたものであり、従って履行利益の賠償を求めることも可能である。

(6) 解除と同時履行

解除によって当事者双方が負担する原状回復義務や損害賠償義務は、同時履行の関係に立つ（546条、533条）。

原状回復義務は、本来の契約上の債務とは同一性のない別個独立の債務であることから、当然にはその給付と反対給付との同時履行の関係が認められるものではない。しかし、民法は、解除制度の目的が、両当事者が互いに契約のなかった状態を回復しようとする点にあることに鑑み、公平の見地から、原状回復の債権債務を同時履行の関係に立たせた。

要件を備えれば第三者が優先することになる。

□信頼利益、履行利益の意義については130頁2つ目の側注参照。

第 4 款　定型約款

1 約款による契約

約款とは、多数の契約に用いるためにあらかじめ定式化された契約条項の総体をいい、これを用いることにより画一的な多数の契約の取扱いを効率的に行うことができるため、電気・ガス・運送・保険など様々な分野で用いられている。民法は、約款のうち一定のものにつき定型約款として規定している。

2 定型約款

(1) 意義

定型約款とは、定型取引（ある特定の者が不特定多数の者を相手方として行う取引であって、その内容の全部又は一部が画一的であることがその双方にとって合理的なもの）において、契約の内容とすることを目的としてその特定の者により準備された条項の総体をいう（548条の2第1項柱書）。

(2) 拘束力

ア　定型取引を行うことの合意（定型取引合意）をした者は、以下の場合には定型約款の個別の条項についても合意をしたものとみなされる（みなし合意、548条の2第1項）。

　　a．定型約款を契約の内容とする旨の合意をしたとき（同項1号）。
　　b．定型約款を準備した者（定型約款準備者）があらかじめその定型約款を契約の内容とする旨を相手方に表示していたとき（同項2号）。

イ　アにかかわらず、定型約款の個別の条項のうち相手方の権利を制限し又は相手方の義務を加重する条項であって、その定型取引の態様及びその実情並びに取引上の社会通念に照らして信義則に反して相手方の利益を一方的に害すると認められるものについては合意をしなかったものとみなされる（548条の2第2項）。これは、定型約款準備者が不当な条項を設けることを規制する趣旨である。

(3) 内容の表示

ア　定型取引を行い又は行おうとする定型約款準備者は、定型取引合意の前又は定型取引合意の後相当の期間内に相手方から請求があった場合には、遅滞なく、相当な方法でその定型約款の内容を表示しなければならない（548条の3第1項本文）。但し、定型約款準備者が既に相手方に対して定型約款を記載した書面を交付し、又はこれを記録した電磁的記録を提供していたときは、この

□定型約款の規定は平成29（2017）年の民法改正により新設されたものである。

□相対取引につき企業の用意したひな型などは定型約款に当たらない。

表示は不要である（同項ただし書）。

イ　定型約款準備者が定型取引合意の前にアの請求を拒んだときは、一時的な通信障害が発生した場合その他正当な事由がある場合を除き、合意擬制（548条の2）は適用されない（548条の3第2項）。

(4) **変更**

ア　定型約款準備者は、以下の場合には定型約款の変更をすることにより、変更後の定型約款の条項について合意があったものとみなし、個別に相手方と合意をすることなく契約の内容を変更することができる（548条の4第1項）。

　　a．定型約款の変更が相手方の一般の利益に適合するとき（同項1号）。

　　b．定型約款の変更が契約をした目的に反せず、かつ変更の必要性、変更後の内容の相当性、定型約款の変更をすることがある旨の定めの有無及びその内容その他の変更に係る事情に照らして合理的なものであるとき（同項2号）。

イ　定型約款準備者は、定型約款の変更をするときは、その効力発生時期を定め、かつ、定型約款を変更する旨及び変更後の定型約款の内容並びにその効力発生時期をインターネットの利用その他の適切な方法により周知しなければならない(548条の4第2項)。

ウ　アbによる定型約款の変更は、変更後の定型約款の効力発生時期が到来するまでにイによる周知をしなければ、その効力を生じない（548条の4第3項）。

□ 548条の4第4項は、不当条項規制に関する548条の2第2項（前頁2(2)イ参照）を548条の4第1項による定型約款の変更については適用しない旨を定めているが、これは、548条の4第1項第2号の要件が548条の2第2項よりも厳格であるため、548条の4第1項の要件を検討すれば足りることによるものであり、定型約款の変更により548条の2第2項にいうような不当条項を設けることを認めるものではない点に注意。

第2節 贈　与

1 意義

贈与とは、当事者の一方（贈与者）が相手方（受贈者）に無償で財産を与える契約をいう（549条）。

贈与は、片務・無償・諾成・不要式の契約である。

□民法は、移転型の契約として、贈与・売買・交換の3つを定めている。

2 効力

(1) **贈与者の義務**

ア　贈与者は、目的物の引渡し、対抗要件の具備など、契約によって負担した債務を履行しなければならない。

イ　特定物の贈与者は、善管注意義務を負う（400条）。

(2) **書面によらない贈与**

書面によらない贈与は、当事者が解除することができる（550条本文）。但し、履行の終わった部分は解除できない（同条ただし書）。

書面によらない贈与の解除を認めたのは、贈与者に軽率な贈与をさせないようにし、贈与者の意思を明確にし、後日の紛争を避けるためである。一方、履行が終われば贈与者の意思は明確となるので解除は認めないこととしたものである。

(3) **贈与者の引渡義務等**

贈与者は、贈与の目的である物又は権利を、贈与の目的として特定した時の状態で引き渡し、又は移転することを約したものと推定され（551条1項）、この推定が覆されたときに、贈与者は受贈者に対し、債務不履行の一般的規律による担保責任を負う。

第3節　売買・交換

第1款　総則

1 意義

売買とは、当事者の一方（売主）がある財産権を相手方（買主）に移転することを約し、相手方（買主）がこれに対し対価として代金を支払うことを約する契約をいう（555条）。

売買は、双務・有償・諾成・不要式の契約である。

2 売買契約に関する費用

売買契約に関する費用（目的物の評価のための費用、契約書貼用印紙代、公正証書作成手数料など）は、当事者が等しい割合で負担する（558条）。これに対して、弁済の費用、履行のための費用は債務者が負担する（485条）。もっとも、これらの規定はいずれも任意規定であり、当事者間の合意により、これらと異なる定めをすることは自由である（91条）。実務上は、何らかの特約が結ばれることが一般的である。

3 有償契約への準用

売買に関する規定（555条〜585条）は、売買以外の有償契約に準用される（559条）。

4 交換

交換とは、当事者が互いに金銭の所有権以外の財産権を移転することを約する契約をいう（586条1項）。

交換は、双務・有償・諾成・不要式の契約である。

金銭以外の財産権と金銭を交換するのが売買であるのに対して、金銭以外の財産権同士を交換するのが交換である。

交換も有償契約であるから、売買の規定が準用される（559条）。

なお、目的物の価格が釣り合わないときに、これを補うため、当事者の一方が目的たる権利とともに金銭を付加して給付することがある。この場合の金銭については、売買の代金に関する規定が準用される（586条2項）。

□売買については売買の一方の予約（556条）や手付（557条）、買戻し（579条〜585条）に関する規定もあるが、本書の性格上割愛する。

第2款　売買の効力

1 売主の義務

(1) 財産権移転義務

ア　売主は、売買の目的である財産権を買主に移転する義務を負う。この義務を詳細に分析すると、以下のとおりとなる。

　　a．売買契約の内容に適合した形で権利自体を移転しなければならない。

　　b．権利の対抗要件を備えさせなければならない（560条）。

　　c．目的物が有体物の場合、種類・品質・数量に関して売買契約の内容に適合した目的物を引き渡さなければならない。

　　d．従物・従たる権利を移転しなければならない。

　　e．目的物に関する証書があれば、これを交付しなければならない。

イ　他人の権利（権利の一部が他人に属する場合におけるその権利の一部を含む。）を売買したときでも契約は有効であり、売主はその権利を取得して買主に移転する義務を負う（561条）。

　　所有権その他の権利が他人に属する場合は、売主がその他人からそれを取得し、買主に移転することが事実上困難であっても、法律上この取得・移転が可能である以上、このような契約を有効として法律関係を処理することも認めてよい。すなわち、売買契約によって直ちに所有権の移転は生じないが、売主はその権利を取得して買主に移転する債務を負担するのである。そこで民法は他人の権利の売買（他人物売買）を認めている（そして561条は559条により有償契約一般に準用される。）。

(2) 果実引渡義務

売主は、目的物の引渡しを行い、又は代金の支払を受けたときから果実引渡義務を負う（575条。詳しくは後述する。）。

(3) 担保責任

売主は、一定の要件の下、買主に対して担保責任を負う（562条〜572条）。

2 売主の担保責任

(1) 意義・種類

売主の担保責任とは、売主が給付した目的物や権利が契約の内容に適合しない場合に、売主が買主に対して負う責任をいう。

売主の担保責任には、大別して、目的物の種類・品質・数量が契約の内容に適合しない場合に関するものと、移転した権利が契約の内容に適合しない場合に関するものがある。以下、各場合における売主の担保責任（買主の救済）について説明する。

□例えば、Xが所有する甲特許権について、Aが、甲特許権をXから譲り受けることを見込んで、先にBに売る場合がこれに当たる。

□561条は他人の権利を対象とする契約も有効であることを一般的に示したものと考えられ、これは契約の有償性とは関係がないことから、他人の権利の贈与など他人の権利に関する無償契約も有効である（このため贈与契約に関する549条は、贈与の対象を「自己の財産」ではなく「ある財産」と規定している）。

□本書の性格上、競売における担保責任（568条）や債権の売主の担保責任（569条）については割愛する。

□売主の担保責任の規定は任意規定であるから、当事

(2) **目的物の種類・品質・数量が契約の内容に適合しない場合**
　ア　意義
　　　売主は、目的物が有体物の場合、種類・品質・数量に関して売買契約の内容に適合した目的物を引き渡す義務を負っているから、引き渡された目的物が種類、品質又は数量に関して契約の内容に適合しないとき（契約不適合）は、売買契約に基づく義務の違反、すなわち債務不履行となる。このため、買主は売主に対し債務不履行を理由とする追完請求権、損害賠償請求権、契約解除権（いずれも前述した。）を有するが、民法は、売買契約の特性を踏まえ、後記イのとおりの規律を設けている。
　　ａ．種類・品質の契約不適合
　　　　物理的な瑕疵のみならず、環境的瑕疵（ex. 日照や景観の瑕疵）、心理的瑕疵（ex. いわゆる事故物件であること）、法律的瑕疵（ex. 法令による用途や建築の制限）も含まれるものと考えられる。
　　ｂ．数量の契約不適合
　　　　売主が目的物の数量を確保する義務を負っている場合において、契約で定めた数量と異なる数量が引き渡されたとき（ex. 灯油100ℓと定めたのに80ℓしか引き渡されなかった場合）がこれに当たる。
　イ　買主の救済手段
　　ａ．追完請求権（562条）
　　　(a) 引き渡された目的物が種類、品質又は数量に関して契約の内容に適合しないものであるときは、買主は売主に対し、目的物の修補、代替物の引渡し又は不足分の引渡しによる履行の追完を請求することができる（同条1項本文）。
　　　　　但し、売主は、買主に不相当な負担を課するものでないときは、買主が請求した方法と異なる方法による履行の追完をすることができる（同項ただし書）。
　　　(b) (a)の不適合が買主の責めに帰すべき事由によるものであるときは、買主は、(a)の規定による履行の追完の請求をすることができない（同条2項）。
　　ｂ．代金減額請求権（563条）
　　　(a) ａ(a)の場合において買主が相当の期間を定めて履行の追完の催告をし、その期間内に履行の追完がないときは、買主は、その不適合の程度に応じて代金の減額を請求することができる（同条1項）。

者間でこれを減免する特約を結ぶことは契約自由の原則により認められるが、知りながら告げなかった事実及び自ら第三者のために設定し又は第三者に譲り渡した権利については責任を免れない（572条）。

□目的物が特定物の場合、買主の救済手段に関する各規定は数量指示売買（当事者において目的物が実際に有する数量を確保するため、一定の面積、容積、重量、員数又は尺度があることを売主が契約において表示し、かつ、この数量を基礎として代金額が定められた売買）に限り適用されるという考え方と、これに限らないという考え方が対立している。

(b) (a)にかかわらず、次の場合は、買主は催告をすることなく直ちに代金の減額を請求することができる（同条2項）。
① 履行の追完が不能であるとき（同項1号）。
② 売主が履行の追完を拒絶する意思を明確に表示したとき（同項2号）。
③ 契約の性質又は当事者の意思表示により、特定の日時又は一定の期間内に履行をしなければ契約をした目的を達することができない場合において売主が履行の追完をしないでその時期を経過したとき（同項3号）。
④ ①～③の場合のほか、買主が(a)の催告をしても履行の追完を受ける見込みがないことが明らかであるとき（同項4号）。
(c) a (a)の不適合が買主の責めに帰すべき事由によるものであるときは、買主は(a)、(b)の規定による代金の減額の請求をすることができない（同条3項）。
c．損害賠償請求権（564条、415条）
d．契約解除権（564条、541条、542条）

(3) 移転した権利が契約の内容に適合しない場合
ア　意義
　売主は、売買契約の内容に適合した形で権利自体を移転する義務を負っているから、移転した権利が契約の内容に適合しないとき（契約不適合）は、(2)アで述べたところと同様に、買主は売主に対し債務不履行を理由とする責任追及ができるが、民法は、売買契約の特性を踏まえ、後記イのとおり、目的物の種類・品質・数量が契約の内容に適合しない場合と同様の規律をしている。
　権利に関する契約不適合が認められるのは、売主が買主に移転した権利が契約の内容に適合しないものである場合（他人の権利の存在等により売買の目的物の利用が制限される場合）と、権利の一部が他人に属する場合においてその権利の一部を移転しない場合である（565条）。
イ　買主の救済手段
　(2)イa～dによる（565条による562条～564条の準用）。

(4) 買主の権利の期間制限
a．種類・品質の契約不適合の場合
　売主が担保責任の追及を受けたときに備えて証拠を保管しておく負担を軽減する見地から、売主が種類又は品質に関して契約の内容に適合しない目的物を買主に引き渡した場合において、買主

□契約不適合責任と錯誤
　契約不適合責任が問題となる場合には、同時に買主が目的物の品質についての認識を誤っており、表意者が法律行為の基礎とした事情についてのその認識が真実に反する錯誤（95条1項2号）が問題となることがあるが、このようなときは、買主は契約不適合責任の追及と錯誤取消しのいずれかを選択できるものと考えられる。

□a～b、dについては、契約不適合が売主の責めに帰すべき事由によることを要しない。一方、cについては、415条が適用されるため、これが要件となる（厳密には、売主は契約不適合が「債務者（売主）の責めに帰することができない事由」によるものであったことを主張立証することにより損害賠償責任を免れる。）。

□権利の全部が他人に属する場合には565条は適用されず、債務不履行の一般規定によって処理される。

がその不適合を知った時から1年以内にその旨を売主に通知しないときは、買主は、その不適合を理由として、追完、代金減額、損害賠償の各請求及び契約の解除をすることができない（失権効、566条本文）。但し、売主が引渡しの時にその不適合を知り、又は重大な過失によって知らなかったときは、失権効は生じない（同条ただし書）。

なお、買主は通知をすることにより失権効を免れるが、この場合も契約不適合を理由とする買主の権利の消滅については債権の消滅時効に関する一般の規定（166条1項）が適用されるため、通知により失権効は免れても、その権利が時効消滅することはあり得る。

□ a、bの場合の時効期間は、主観的起算点（契約不適合を知った時）から5年、客観的起算点（不適合な給付がされた時から）10年となる。

b．数量・権利の契約不適合の場合

これらの場合には、aのような失権効の規定が設けられていないため、契約不適合を理由とする買主の権利の消滅は、債権の消滅時効に関する一般の規定（166条1項）のみにより処理される。

(5) 危険の移転

a．売主が買主に売買の目的として特定した目的物を引き渡した場合、これにより目的物の滅失又は損傷に関する危険は買主に移転する。

このため、その引渡しがあった時以後にその目的物が当事者双方の責めに帰することができない事由によって滅失又は損傷したときは、買主は、その滅失又は損傷を理由とする担保責任（追完、代金減額、損害賠償の各請求と契約の解除）を追及できない。また、この場合、買主は、代金の支払を拒めない（567条1項）。

一方、目的物の滅失又は損傷が売主の責めに帰すべき事由による場合（ex.売主の誤った説明により売買の目的物である機械が爆発した場合）は、上記担保責任を追及できる。

b．売主が契約の内容に適合する目的物をもって、その引渡しの債務の履行を提供したにもかかわらず、買主が履行を受けることを拒み、又は受けることができない場合において、履行の提供があった時以後に当事者双方の責めに帰することができない事由によってその目的物が滅失又は損傷したときも、aと同様に取り扱われる（567条2項）。

□ 567条2項は、受領遅滞に関する413条の2第2項並びに契約の解除に関する543条及び危険負担に関する536条2項が適用される場合と重なり合うため、事実上、確認規定となっている。

3 買主の義務

(1) 代金支払義務

買主は売主に対し代金を支払う義務を負う（555条）。

(2) 果実の帰属・代金の利息

ア　目的物が引き渡される前に果実を生じたときは、その果実は売主に帰属する（575条1項）。

　果実収取権は、契約で定められた履行期に、債権者（買主）に移転するのが大原則である。従って、575条1項はその例外であり、売買に関する特則である。

　売買の目的である権利は、売買契約の成立と同時に売主から買主に移ると解されるから、権利が買主に移っても売主がなお目的物を占有している場合がありうる。従って、それが果実を生じた場合には、売主は、目的物の権利者である買主にそれを引き渡さなければならない。一方、売主は、他人の所有物を占有、管理していることになるから、管理費用の償還を買主に請求できるはずである。しかし、これでは一方で果実を引き渡し、他方で管理費用や利息を請求させるとする複雑な権利関係が生ずる。そこで民法は、果実を収取する利益と管理費用との差額を代金の利息に等しいとして、売主は目的物を引き渡すまでは、果実を取得し管理費用を負担するとともに、買主は代金の利息を払う必要はないと定め、複雑な権利関係を簡単かつ画一的に解決したものである。

イ　買主は、引渡しの日から代金の利息を支払う義務を負う（575条2項本文）。但し、代金の支払について期限があるときは、その期限が到来するまでは利息の支払を要しない（575条2項ただし書）。

□代金支払と果実の移転
　判例・通説は、引渡しのほか、代金の支払があったときも果実収取権が買主に移転する一方、登記の移転があったに過ぎないときは移転しないとする。
（理由）
　民法は、果実を収取する利益と管理費用との差額を代金の利息に等しいとみて、売主は目的物を引き渡すまでは果実を取得し、管理費用を負担するとともに、買主は代金の利息を支払う必要はない、として公平を図るとともに、当事者間の複雑な権利関係を解決しようとした。とすれば、買主が代金を支払ったときは、売主は果実収取権を失うと解すべきことになる。そうしないと、売主は、代金の利息分と果実を二重取りすることとなってしまうからである。

第4節　消費貸借

1 意義

消費貸借とは、金銭その他の代替物を借りて、これを消費し、同種・同等・同量の物を返還する契約をいう（587条）。

消費貸借は、片務・無償・要物・不要式の契約である。

消費貸借は、原則として、借主が目的物を受け取ることによって成立する要物契約である。従って、貸主は、目的物を使用・収益させるという義務を負わず、あとには借主だけが債務（返還債務）を負担するだけであり、貸主には債務は残らないため、片務契約である。また、消費貸借は、原則として無償契約であり、利息を支払うことを約したとき（589条）にのみ有償契約となる。

なお、当事者の合意のみにより成立する諾成的消費貸借も書面ですることを要件に認められている（587条の2）。

2 準消費貸借

準消費貸借とは、金銭その他の代替物を給付する義務を負っている者が、相手方との契約により、その物を消費貸借の目的とすることをいう。この場合、消費貸借が成立したものとみなされる（588条）。

準消費貸借の成立要件は、①基礎となる債務（旧債務）の存在と、②旧債務の目的物を消費貸借の目的とする合意である。

準消費貸借は有因契約であり、旧債務が存在しなかったときは、準消費貸借もその効力を生じないこととなる。一方、何らかの理由により準消費貸借による債務（新債務）が発生しないときは、旧債務は消滅しない。また、旧債務と新債務は原則として同一性を有するから、旧債務に付着した担保権や抗弁権は新債務に引き継がれる。

3 効力

(1) 貸主の義務

消費貸借は要物契約であるから、貸主は貸す債務を負わない（但し、諾成的消費貸借の場合は別である。）。

(2) 借主の義務

借主は、契約が終了すれば、借りた物と種類・品質・数量の同じ物を返還しなければならない（587条）。

> 民法は、貸借型の契約として、消費貸借・使用貸借・賃貸借の3つを定めている。消費貸借契約は、①借主が目的物の所有権を取得し、②これを消費した上で、同種・同等・同量の物を返還するという点で、借りた物自体を返還する使用貸借や賃貸借と異なる。

第5節　使用貸借

1 意義

使用貸借とは、ある人（貸主）が相手方（借主）に、無償で貸すことにして目的物（借用物）を引き渡し、借主が使用・収益した後で返還する契約をいう（593条）。

使用貸借は、片務・無償・諾成・不要式の契約である。

使用貸借は、貸主が借主に目的物を引き渡して無償で使用・収益をさせ、契約が終了したときに返還することを約することによって成立する諾成契約であり、双方の当事者が債務を負担するが、それらが互いに対価たる意義を有しない片務契約である。

使用貸借は、賃貸借と異なり無償契約である。従って、貸主の使用収益させる債務は、賃貸借における賃貸人のそれとは異なり、ただ借主の使用・収益を受忍するという消極的な内容を有するに過ぎず（不作為義務）、また、使用収益に必要な費用は借主が負担する。

使用貸借は、借りた物自体を返すという点で消費貸借と異なり、対価的意義を有する債務が存しない点で賃貸借と異なる。

2 効力

(1) **貸主の義務**

ア　貸主は目的物を引き渡す義務を負う（593条）。なお、貸主は、使用貸借の目的物を、使用貸借の目的として特定した時の状態で引き渡し、又は移転することを約したものと推定され（596条、551条）、この推定が覆されたときに、貸主は借主に対し、債務不履行の一般的規律による担保責任を負う。

イ　貸主は目的物を使用収益させる義務を負う（593条）。もっとも、この義務は賃貸借におけるような積極的なものではなく、前述のとおり借主の使用収益を妨げないという不作為義務にとどまる。

(2) **借主の権利**

借主は目的物を使用収益することができる（593条）。

(3) **借主の義務**

ア　用法遵守義務（無断譲渡・転貸の禁止を含む）

借主は契約又は目的物の性質によって定まった用法に従い使用・収益する義務を負い（594条1項）、また、貸主の承諾なく第三者に借用物の使用又は収益をさせない義務を負う（同条2項）。これらの義務に違反したときは、貸主は契約を解除できる（同条3項。催告は不要（cf.541条））。

イ　返還義務（収去、原状回復を含む）

□契約の本旨に反する使用又は収益によって生じた損害の賠償及び借主が支出した費用の償還は、貸主が返還を受けた時から1年以内に請求しなければならないが（600条1項）、この損害賠償請求権について

a．借主は目的物を返還する義務を負う（593条）。従って、借主は特定物の引渡しを目的とする債務を負う者として善管注意義務を負う（400条）。
　　b．借主は借用物を受け取った後にこれに附属させた物がある場合において、使用貸借が終了したときは、その附属させた物を収去する義務を負う（599条1項本文）。但し、借用物から分離することができない物又は分離するのに過分の費用を要する物については収去義務を負わない（同項ただし書）。
　　c．借主は借用物を受け取った後にこれに生じた損傷がある場合において、使用貸借が終了したときは、その損傷を原状に復する義務を負う（599条3項本文）。但し、その損傷が借主の責めに帰することができない事由によるものであるときは原状回復義務を負わない（同項ただし書）。

3 終了

使用貸借は、以下の各場合に終了する。

ア　期間満了

　使用貸借の期間を定めたときは、その期間が満了することによって終了する（597条1項）。

イ　目的の達成

　使用貸借の期間を定めなかった場合において、使用・収益の目的を定めたときは、借主がその目的に従い使用・収益を終えることによって終了する（597条2項）。

ウ　借主の死亡（597条3項）

エ　解除

　　a．貸主からの解除
　　(a)　貸主は、借主が借用物を受け取るまで、契約を解除できる（593条の2本文）。但し、書面による使用貸借の場合はこの解除権は認められない（同条ただし書）。
　　(b)　用法遵守義務違反による解除（594条3項）
　　　この点については、2(3)ア参照。
　　(c)　使用貸借の期間を定めなかった場合において、使用・収益の目的を定めたときは、借主がその目的に従い使用・収益をするのに足りる期間を経過したときに契約を解除できる（598条1項）
　　(d)　使用貸借の期間及び使用・収益の目的を定めなかったときは、貸主はいつでも契約を解除できる（598条2項）。
　　b．借主からの解除
　　　借主はいつでも契約を解除できる（598条3項）。

は、貸主が返還を受けた時から1年を経過するまでの間は時効の完成が猶予される（同条2項）。これは、貸主が返還を受けた時に10年以上前の用法違反を初めて知ることもあり得ることによるものである。

第6節　賃貸借

第1款　総　則
賃貸借の成立
(1) **意義**

　　賃貸借とは、ある人（賃貸人）が相手方（賃借人）に目的物の使用・収益をさせ、相手方がこれに対価（賃料）を支払うとともに、契約が終了したときに目的物を返還する契約をいう（601条）。

　　賃貸借は、双務・有償・諾成・不要式の契約である。

　　賃貸借は、賃貸人が賃借人に、目的物の使用・収益をさせることを約することによって成立する諾成契約であり、目的物の引渡しは成立要件ではない。

　　賃貸借は双務契約であり、賃貸人は契約によって定められた一定の使用・収益をさせる債務を負担し、賃借人は対価（これを借賃、賃料などという）を支払う債務を負担する。

　　賃貸借は、借主が目的物の所有権を取得せず、従って、借りた物自体を返還すべきである点で消費貸借とは異なり、対価を支払う点で使用貸借とは異なる。

(2) **不動産賃借権の物権化**

　　賃借権は債権であり、その結果、賃借権の内容は契約当事者の自由な合意によって定められる一方、その効果は原則として当事者間においてのみ主張できるに過ぎない。しかし、不動産賃貸借においては、賃借人が賃借物を使用する必要性が高い場合が多いため、債権としての保護しか与えられないのでは、賃借人の保護に欠ける事態となる（例えば借地上に資本を投下して工作物を作っても、土地所有者が変われば賃借権を対抗できず、工作物を撤去しなければならなくなってしまう。）。そこで、一定の範囲で、不動産賃借権には物権と同等の保護が与えられている。

　ア　対抗力

　　　不動産賃借権も、登記すれば第三者に対抗できる（605条）。もっとも、賃貸人に登記に応じる義務はなく、賃借人が賃借権自体の登記を受けることは困難であるため、特別法である借地借家法において、借地上の建物の登記による借地権の対抗力（借地借家法10条）や、建物の引渡しによる建物賃貸借の対抗力（借地借家法31条）が認められている。

　イ　存続期間

　　　民法上、賃貸借の存続期間は最長50年とされ（604条1項）、

□借地借家法
　借地借家法は、建物の所有を目的とする地上権及び土地の賃借権の存続期間、効力等並びに建物の賃貸借の契約の更新、効力等に関し特別の定めをするとともに、借地条件の変更等の裁判手続に関し必要な事項を定めた法律である（1条）。

当事者が合意すれば更新も認められるが（同条2項）、借地借家法においては、借地については、契約により定めていない場合でも借地権の存続期間は30年とされている（3条）上、借地権者の請求により、借地権設定者が更新を望まない場合でも遅滞なく異議を述べない限り更新が擬制され（5条）、正当事由のない限り更新拒絶ができないものとされている（6条）。また、借家についても、借地借家法には借家権の存続期間につき規定はないが、正当事由のない限り更新拒絶又は解約申入れができないものとされている（28条）。

ウ　譲渡性

民法は、賃借権の譲渡・賃借物の転貸には賃貸人の承諾を必要とするが（612条1項）、それでは賃借物に投下した資本の回収にとって十分でない場合もある。そこで、借地借家法により、一定の場合に建物買取請求権が認められ（13条〜14条）、また、裁判所が借地権設定者の承諾に代わって譲渡・転貸の許可を与えることができるものとされている（19条）。

エ　第三者に対する効力

不動産の賃借人が登記その他の対抗要件を備えた場合、賃借権に基づく妨害排除や明渡しの請求をすることができる(605条の4)。

□605条の4の文言上は妨害排除につき「妨害の停止」（第1号）、明渡しにつき「返還」（第2号）と規定されている。

第2款　賃貸借の効力
1 不動産賃借権の対抗要件

> **事例 4-2**
>
> Bは、甲商標権を保有するAから通常使用権の許諾を受けた。その後AはBに無断でCに甲商標権を譲渡し、その移転登録がされた。この場合、BはCに対して甲商標権の通常使用権を主張できるか。なお、Bの通常使用権は登録されていないものとする。
>
>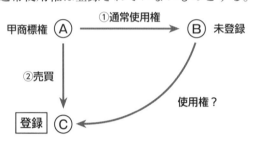

(1) 605条の趣旨

不動産の賃貸借は、これを登記したときは、その不動産について物権を取得した者その他の第三者に対抗することができる（605条）。これは、不動産賃貸借においては、賃借人が賃借物を使用する必要性が高い場合が多いことから、「売買は賃貸借を破る」の原則（物権の債権に対する優先的効力）の例外として、登記された不動産賃借権に対抗力を与えたものである。

【図解】

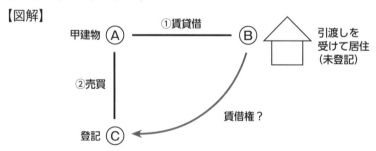

(2) 特別法による変容

賃借権も登記が得られれば対抗力を生ずる（605条）が、地上権と異なり、賃貸人は登記に応じる義務はない。そこで、賃借権自体の登記がなくてもこの賃借権に対抗力が生じる場合として、借地借家法10条1項、31条が設けられている。

ア　借地借家法10条1項（借地権の対抗力）

「借地権は、その登記がなくても、土地の上に借地権者が登記

されている建物を所有するときは、これをもって第三者に対抗することができる。」

イ　借地借家法31条（建物賃貸借の対抗力）

「建物の賃貸借は、その登記がなくても、建物の引渡しがあったときは、その後その建物について物権を取得した者に対し、その効力を生ずる。」

借地借家法31条により、前頁の【図解】の例でBはCに賃借権（借家権）を対抗できる（その結果、CはBに対して甲建物の明渡しを求めることはできない。）。

(3) 不動産の賃貸人たる地位の移転

ア　契約上の地位の移転は、契約当事者と引受人の三者がその旨を合意した場合のほか、契約当事者の一方と引受人が契約上の地位を譲渡する旨を合意し、契約の相手方がその譲渡を承諾することによって行われるのが原則である（539条の2。第3編第4章参照）。

しかし、不動産賃貸借契約における賃貸人の地位の移転の場合には、賃貸人の義務は賃貸人が誰であるかによって履行方法が特に異なるものではなく、この義務の承継を認めることがむしろ賃借人にとって有利である。

そこで、前頁の【図解】のように不動産賃借権が対抗力を有する場合には、賃貸借の対象不動産の譲渡に伴い、賃貸人の地位は（旧所有者と新所有者との合意がなくても）当然に新所有者に移転する（旧所有者（賃貸人）は賃貸借契約関係から離脱する）ものとされている（605条の2第1項）。

イ　アで述べたところによれば、不動産賃借権が対抗力を有しない場合でも、賃貸人と引受人の合意のみにより（賃借人の承諾なく）、賃貸人の地位を移転することを認めて差し支えない。そこで、不動産の譲渡人が賃貸人であるときは、その賃貸人たる地位は、賃借人の承諾を要しないで、譲渡人と譲受人との合意により譲受人に移転させることができるものとされている（605条の3前段）。

ウ　不動産の賃貸人たる地位が移転した場合の法律関係は以下のとおりとなる。

　　a．賃貸人たる地位の移転は、賃貸物である不動産について所有権の移転の登記をしなければ賃借人に対抗することができない（605条の2第3項）。

　　b．費用償還債務（608条）と敷金返還債務（622条の2第1項）は、譲受人又はその承継人が承継する（605条の2第4項）。

□不動産の譲渡人及び譲受人が①賃貸人たる地位を譲渡人に留保する旨及び②その不動産を譲受人が譲渡人に賃貸する旨の合意をしたときは、賃貸人たる地位は譲受人に移転しない。この場合に譲渡人と譲受人又はその承継人との間の賃貸借が終了したときは、譲渡人に留保されていた賃貸人たる地位は譲受人又はその承継人に移転する（605条の2第2項）。賃貸人の地位が移転した場合の法律関係はウのとおりである。

□このため、賃貸物である不動産の譲受人は、その所有権移転登記をしなければ、賃借人に対し賃料を請求することができない。

□敷金とは、いかなる名目

ｃ．賃貸借契約の内容は、従前の賃貸借関係そのものであるが、既発生の延滞賃料債権は別途債権譲渡がされない限り移転しない。

2 賃貸人の義務
(1) 使用・収益させる義務
　　賃貸人は、賃借人に目的物を使用・収益させる義務を負う（601条）。
　ア　賃貸人は、目的物を賃借人に引き渡し、かつ賃貸借関係の存続する期間中、これを使用収益に適した状態におかなければならない。
　イ　第三者が目的物の使用・収益を妨害するときは、賃貸人は、これを排除すべき義務を負う。
　ウ　賃貸人は、目的物の使用・収益に必要な修繕をする義務を負う（606条1項本文）。但し、賃借人の責めに帰すべき事由によってその修繕が必要となったときは、賃貸人は修繕義務を負わない（同項ただし書）。

(2) 費用償還義務
　ア　賃借人が必要費を支出した場合には、賃貸人は賃貸借の終了を待たずに直ちに償還しなければならない（608条1項）。
　イ　賃借人が有益費を支出した場合には、賃貸人は賃貸借終了時において、目的物の価格の増加が現存している限り、賃借人の選択に従い、支出した費用又は増価額のいずれかを償還しなければならない（608条2項本文、196条2項）。但し、裁判所は賃貸人の請求により相当の期限を許与することができる（608条2項ただし書）。
　　　必要費は使用収益させる債務の内容ともいうべきものであるから、本来全て賃貸人が負担すべきであり、また、有益費は本来賃貸人が負担すべきものではないが、目的物の価値が増すときは不当利得となることから償還すべきものと定めた。

(3) 担保責任（559条、562条～572条）
　　賃貸借も有償契約であることから、賃貸人は担保責任を負う。

3 賃借人の義務
(1) 賃料支払義務
　　賃借人は、賃貸人に賃料を支払う義務を負う（601条）。
(2) 賃借権の無断譲渡・賃借物の無断転貸をしない義務
　　賃借人は、賃貸人の承諾を得なければ、賃借権を譲渡し、又は賃借物を転貸することができない（612条1項）。

によるかを問わず、賃料債務その他の賃貸借に基づいて生ずる賃借人の賃貸人に対する金銭の給付を目的とする債務を担保する目的で、賃借人が賃貸人に交付する金銭をいう（622条の2第1項柱書）。

□前頁(3)アについて、ライセンス契約中の知的財産権が譲渡された場合にライセンサーの地位が譲渡人から譲受人に当然に移転するか否かについては説が対立している。

□賃借物の修繕が必要である場合において、①賃借人が賃貸人に修繕が必要である旨を通知し、又は賃貸人がその旨を知ったにもかかわらず、賃貸人が相当の期間内に必要な修繕をしないとき、又は②急迫の事情があるときは、賃借人は自ら修繕することができる（607条の2）。

□必要費とは、物の保存と管理に必要な費用をいう（ex. 建物について屋根の葺き替えや土台の入れ替えのために支出した費用）、有益費とは、物を改良し、その客観的価値を増加させるのに掛かった費用をいう（ex. 建物の前の道路に電灯を設置したりコンクリート舗装をしたりするために支出した費用）。

賃借人が賃貸人の承諾なく第三者に賃借物の使用又は収益をさせたときは、賃貸人は契約の解除をすることができる（612条2項）。この点については後述する。

(3) 賃借物の保管義務・使用収益権（義務）

ア　賃借人は、賃貸借終了のときまで、契約その他の債権の発生原因及び取引上の社会通念に照らして定まる善良な管理者の注意をもって目的物を保存しなければならない（400条）。

イ　賃借人は、契約又はその目的物の性質によって定まった用法に従って、目的物を使用・収益する権利を有するが、これは同時に用法を守る義務でもある（616条、594条1項）。

(4) 賃借物の返還義務

賃借人は、賃貸借が終了した時は、賃借物を賃貸人に返還しなければならない（601条）。

(5) 原状回復義務

賃借人は、賃借物を受け取った後にこれに生じた損傷（通常の使用及び収益によって生じた賃借物の損耗並びに賃借物の経年変化を除く。）がある場合、賃貸借が終了したときは、その損傷を原状に復する義務を負う（原状回復義務、621条本文）。但し、その損傷が賃借人の責めに帰することができない事由によるものであるときは、賃借人は原状回復義務を負わない（同条ただし書）。

解説　事例4-2

BはCに対して使用権を主張できない。Aとの契約は、あくまでAとの債権債務関係であって、その効力をCに対しては主張できないからである。この点、商標法31条4項は、その例外として、通常使用権の登録をしていれば、商標権等をその後に取得した者に対してもその効力を生ずる旨規定しているが、Bはその登録をしていないため、この規定による保護は受けられない。

第3款　賃貸借の終了

賃貸借の終了原因

(1) **期間の満了**

　　期間の定めのある賃貸借は、期間の満了によって終了する。

　　民法上の賃貸借の存続期間は最長50年であり（604条1項）、当事者の合意により更新も可能であるが（同条2項。なお、黙示の更新につき619条1項前段参照）、建物所有を目的とする土地の賃貸借（借地）や建物の賃貸借（借家）については、借地借家法により、存続期間や更新に関して大幅に修正されており（3条～8条、26条、28条～29条）、かつ、これらに反する特約をしても、借地権者又は建物賃借人に不利なものは無効とされる（片面的強行法、9条、30条）。

(2) **解約の申入れ**

　　期間の定めのない賃貸借においては、原則として、各当事者はいつでも解約申入れをすることができるが（617条1項前段）、借地・借家については、借地借家法による修正がされている（3条、9条、27条～28条、30条）。

(3) **解除**

　　一定の事由がある場合には、当事者は、賃貸借を解除することができ、これにより賃貸借は将来に向かってのみ消滅する（620条前段）。賃貸借のような継続的法律関係において解除に遡及効を持たせると法律関係が複雑になるため、民法は遡及効のない解除（告知、解約）を定めたものである。

ア　賃借人からの解除ができる場合としては、以下のものがある。

　　a．賃貸人が賃借人の意思に反して保存行為をするために、賃借の目的を達することができないとき（607条）

　　b．耕作又は牧畜を目的とする土地の賃貸借において、不可抗力によって引き続き2年以上、収益が賃料より少なかったとき（610条）

　　c．賃借物の一部が滅失その他の事由により使用・収益をすることができなくなった場合において、残存する部分だけでは賃借の目的を達することができないとき（611条2項）

イ　賃貸人からの解除

　　a．賃借人が賃貸人の承諾を得ないで賃借権を譲渡し、又は賃借物を転貸し、第三者に賃借物の使用又は収益をさせた場合（612条2項）

□この場合、賃貸借は解約申入れの後、土地は1年、建物は3か月、動産及び貸席は1日を経過することにより終了する。

□期間の定めのある賃貸借においても、当事者の一方又は双方が解約権を留保したときは、617条の規定が準用される（618条）。

(趣旨)

612条は、賃貸借が当事者の個人的信頼を基礎とする継続的法律関係であることに鑑み、賃借人は賃貸人の承諾がなければ第三者に賃借権を譲渡し又は賃借物を転貸することができないものとする（1項）と同時に、賃借人がもし賃貸人の承諾なく第三者に賃借物の使用収益をさせたときは、賃貸借関係を継続するに堪えない背信的行為があったものとして、賃貸人において一方的に賃貸借関係を終了させることができる（2項）旨を規定したものである。

(a) 賃借権の譲渡

賃借権の譲渡には、借地上の建物の譲渡も含まれると解されている。

□誰が賃借人であるかにより、賃料の支払や使用収益の態様が変わりうるため、賃貸人の承諾を得ないで賃借権を譲渡し、又は賃借物を転貸し、第三者に賃借物の使用又は収益をさせる行為は、原則として賃貸人に対する背信的行為であるといえる。

□賃借物自体を譲渡したときは他人の権利の売買（561条）となる。

(b) 賃借物の転貸

賃借物の転貸とは、転借人が目的物の全部又は一部について独立の用益者といえる地位を取得する程度のものであることを要すると解されており、借地上の建物の賃貸は借地の転貸には当たらないと解されている。

(c) 信頼関係破壊の法理

上記612条の趣旨に鑑み、賃借人が賃貸人の承諾なく第三者に賃借物の使用収益をさせた場合においても、賃借人の当該行為が賃貸人に対する背信的行為と認めるに足らない特段の事情がある場合においては、同条2項の解除権は発生しないものと解するのが判例・通説である（信頼関係破壊の法理）。なお、判例・通説は、信頼関係破壊の判断基準としては、物的な要素（賃料の支払状況や賃借物の使用状態）に限らず、人的な要素（転借人が反社会的勢力であることや騒音・悪臭を生じさせるなど転借人の素行が悪いこと）も考慮している。

□背信的行為と認めるに足らない特段の事情の存在は賃借人・賃借権譲受人・転借人側において主張立証すべきであるとするのが判例・通説である。

b. 賃借人の債務不履行を理由とする場合（541条）

賃借人に賃借権の無断譲渡又は賃借物の無断転貸以外の債務不履行（賃料延滞、保管義務違反、用法違反など）があった場合、賃貸人は賃貸借を解除することができるのは当然であるが、この場合、以下のとおり、契約の解除に関する一般規定である541条を修正して適用するのが平成29（2017）年の民法改正前の規定の下での判例・通説であった。もっとも、同条の枠組みはこの改正によっても変わらないため、現行法の下でも同様に妥当するものと考えられる。

すなわち、この判例・通説は、賃貸借においても541条は排

□旧法下の判例・通説の整理
1. 賃貸人が賃借人の債務不履行を理由に賃貸借の解除をする場合でも、原則として541条の催告が必要である。
2. 賃借人は、賃貸人に対する背信的行為と認めるに足らない事情があることを主張立証して1の解除の効力を争うことができる。

除されるべきではないが、その適用が修正されるべきであるとするものであり、たとえ債務不履行があっても、諸般の事情に照らして賃貸人に対する背信的行為と認めるに足らない特段の事情がある場合には解除を認めない一方、背信的行為と認めるに足る事情がある場合には、541条が要件とする催告をせず直ちに解除することができるものとする。

（理由）
① 賃貸借のような継続的契約関係については、たとえ催告を要件とするにしても、背信行為とまではいえない義務違反で解除できるとすることは、賃借人の地位の安定を不当に害し妥当でない。
② 一方、賃貸人に対する背信的行為といえる程度の義務違反がある場合には、もはや契約の継続は不可能であり、催告を要するとすることは、賃貸人にとって酷である。

(4) **その他**
　賃貸借は、このほか賃借物の全部滅失や賃借権の混同によっても終了する。

3. 賃貸人は、賃借人の義務違反が賃貸人に対する背信的行為に当たることを主張立証すれば、541条の催告をせずに賃貸借を解除できる。

第7節　雇用・請負

1 雇用

(1) 意義

雇用とは、当事者の一方（労働者）が相手方（使用者）に対して労働に従事することを約し、相手方がこれに対し報酬を与えることを約する契約である（623条）。

民法は、雇用を自由で対等な者同士の関係として規定している。しかし、労働者は使用者に対して従属的な地位に置かれるのが一般的であるといえ、このような労使の関係が雇用契約の内容について労働者に不利益な影響を及ぼすことも考えられる。そこで、特別法である労働法により修正が図られている。事業又は事務所に使用される者には労働基準法等の労働法が適用されるため（労基法9条）、民法の雇用の規定が適用される場面は極めて例外的であるといえる。

雇用は、双務・有償・諾成・不要式の契約である。

雇用契約により、労働者は労働に従事する（使用者の指揮命令に服する）義務を負い、使用者は賃金支払の義務を負う（623条）。

(2) 他の労務型契約との相違点

雇用は労働それ自体を目的とする点で、労働の結果としての仕事の完成を目的とする請負や、一定の事務処理を受任者に委ねることを目的とする委任、物を保管することを目的とする寄託と異なる。

□民法は労務型の契約として、雇用・請負・委任・寄託の4つを定めている。

2 請負

(1) 意義

請負とは、当事者の一方（請負人）が、ある仕事の完成を約し、相手方（注文者）がその仕事の結果に対して報酬を支払うことを約する契約をいう（632条）。

請負は、双務・有償・諾成・不要式の契約である。

(2) 請負人の義務

ア　仕事完成義務

請負人は、契約に定められた仕事を完成しなければならない（632条）。

イ　請負人の担保責任

ａ．請負人の担保責任については売主の担保責任に関する規定が準用される（559条、562条〜572条）。

ｂ．請負に特有の定めとして、請負人が種類又は品質に関して契約の内容に適合しない仕事の目的物を注文者に引き渡したとき

（その引渡しを要しない場合にあっては、仕事が終了した時に仕事の目的物が種類又は品質に関して契約の内容に適合しないとき）は、注文者は、注文者の供した材料の性質又は注文者の与えた指図によって生じた不適合を理由として、履行の追完の請求、報酬の減額の請求、損害賠償の請求及び契約の解除をすることができない（636条本文）。但し、請負人がその材料又は指図が不適当であることを知りながら告げなかったときは、上記不適合を理由とする各請求や契約の解除をすることができる（同条ただし書）。

c．期間の制限

売主の担保責任における買主の権利の期間制限（566条）と同様の見地から、請負人が種類又は品質に関して契約の内容に適合しない仕事の目的物を注文者に引き渡したとき（その引渡しを要しない場合にあっては、仕事が終了した時に仕事の目的物が種類又は品質に関して契約の内容に適合しないとき）において、注文者がその不適合を知った時から1年以内にその旨を請負人に通知しないときは、注文者は、その不適合を理由として、履行の追完の請求、報酬の減額の請求、損害賠償の請求及び契約の解除をすることができない（失権効、637条1項）。但し、仕事の目的物を注文者に引き渡した時（その引渡しを要しない場合にあっては、仕事が終了した時）において、請負人がその不適合を知り、又は重大な過失によって知らなかったときは、失権効は生じない（同条2項）。

□注文者は通知をすることにより失権効を免れるが、この場合も契約不適合を理由とする注文者の権利の消滅については債権の消滅時効に関する一般の規定（166条1項）が適用されるため、通知により失権効は免れても、その権利が時効消滅することはあり得る。その場合の時効期間は、主観的起算点（契約不適合を知った時）から5年、客観的起算点（不適合な給付がされた時から）10年となる。

(3) **注文者の報酬支払義務**

ア 注文者は、請負人に対して、報酬（請負代金）を支払う義務を負う。請負は仕事の完成を目的とするため、報酬は後払を原則とし、目的物の引渡しを要するときに限り、同時に支払わなければならない（633条、624条1項）。

イ 注文者の責めに帰することができない事由によって仕事を完成することができなくなった場合及び請負が仕事の完成前に解除された場合に、請負人が既にした仕事の結果のうち可分な部分の給付によって注文者が利益を受けるときは、その部分が仕事の完成とみなされる。この場合、注文者は、その受ける利益の割合に応じて請負人に報酬を支払わなければならない（634条）。

□請負は双務契約であるから、報酬請求権自体は契約と同時に成立する。633条は報酬支払時期の問題であり、報酬債権の成立とは関係がない。このため、工事完成前であっても、報酬債権を譲渡したり、これを差し押さえたりすることができる。

第8節　委任・寄託

1 委任

(1) 意義

委任とは、当事者の一方（委任者）が、法律行為をすることを相手方（受任者）に委託する契約をいう（643条）。これに対して、準委任とは、法律行為でない事務の委託をいう。この場合にも委任の規定が適用される（656条）。

委任は、片務・無償・諾成・不要式の契約である。

(2) 受任者の義務

ア　善管注意義務

受任者は、委任の本旨に従い、善良な管理者の注意（善管注意）をもって委任事務を処理する義務を負う（644条）。受任者には、委任が有償でも無償でも、善管注意義務が課せられ、無報酬の受寄者（659条）のような注意義務の軽減はない。

イ　自己服務の原則（自己執行義務）

当事者間の信頼関係を基礎とする委任においては、雇用のように明文（625条2項）はないものの、受任者は原則として自ら委任事務を処理しなければならず、他人に任せてはならない。

もっとも、受任者は自己の責任において補助者を使用することはできるし、委任者の許諾を得たとき又はやむを得ない事由があるときは他人に復委任することもできる（644条の2第1項）。

ウ　付随的義務

　a．受任者は、委任者の求めに応じていつでも事務処理の状況を報告しなければならず、委任終了後は遅滞なくその経過及び結果を報告しなければならない（645条）。

　b．受任者は、委任事務を処理するに当たって受け取った金銭その他の物及び収取した果実を委任者に引き渡さなければならない（646条1項）。また、受任者は、委任者のため自己の名で権利を取得した場合、この権利を委任者に移転しなければならない（646条2項）。

　c．受任者は、受任者が委任者に引き渡すべき金額又はその利益のために用いるべき金額を自己のために消費したときは、消費した日以後の利息を支払い、なお損害があるときは、その賠償もしなければならない（647条）。

(3) 委任者の義務

ア　報酬支払義務

□特約により報酬を支払うことも認められ、この場合は双務・有償の契約となる。

□善管注意義務とは、行為者の具体的な注意能力に関係なく、行為者の職業、社会的・経済的地位に応じて一般に要求される程度の注意義務をいう。これに対して、行為者の注意能力に応じた具体的な注意義務を、自己の財産に対するのと同一の注意義務（659条）などという。

□代理権を付与する委任において、受任者が代理権を有する復受任者を選任したときは、復受任者は委任者に対して、その権限の範囲内において、受任者と同一の権利を有し、義務を負う（644条の2第2項）。

委任は原則として無償であるが（648条1項）、報酬支払約束があるときは、委任者は受任者に対し報酬支払義務を負う。報酬は、原則として後払である（648条2項本文）。委任が委任者の責めに帰することのできない事由により、委任事務の履行をすることができなくなった場合及び委任が履行の中途で終了した場合は、受任者は、既にした履行の割合に応じて報酬を請求することができる（648条3項）。

イ　費用償還義務

　a．委任者は、受任者の請求があるときは、委任事務処理に必要な費用を前払しなければならない（649条）。また、受任者が支出した委任事務処理費用は、支出日以後の利息を含めて償還しなければならない（650条1項）。

　　償還されるのは、受任者が善管注意義務をもって処理に必要な費用と判断して立て替え支出した費用であり、客観的に必要・有益であったことは要しない。

　b．受任者は、委任事務処理に必要な債務を負担したときは、委任者に対し債務の代弁済又は担保の供与を請求することができる（650条2項）。

　c．受任者は、委任事務処理のために過失なく損害を受けたときは、委任者に対し、その賠償を請求することができる（650条3項）。これは、委任者の故意・過失を要しない無過失責任である。

(4) 委任の終了

ア　終了事由

委任は、委任事務の終了や当事者の債務不履行など、契約一般に共通する終了事由により終了するほか、以下の各事由によっても終了する。

　a．告知（任意解除権）

　　委任は、各当事者がいつでも解除することができる（651条1項）。委任は、当事者間の信頼関係を基礎とする契約であるから、信頼関係が失われたときに委任を継続させておくことは無意味である。そこで、委任は、有償・無償を問わず、委任者・受任者のいずれからでも、自由に解除することができるとした（任意解除権）。任意解除には遡及効がなく（652条、620条）、その法的性質は告知である。

　　任意解除により解除者に損害賠償責任は生じないのが原則であるが、①相手方に不利な時期に解除をした場合及び②委任者

□「相手方に不利な時期」の例としては、受任者から

が受任者の利益（専ら報酬を得ることによるものを除く。）をも目的とする委任を解除した場合には、例外的に賠償責任が生じる（651条2項1号、2号）。しかし、この場合でも、解除にやむを得ない事由があるときは、賠償責任は生じない（同項ただし書）。

　　b．当事者の死亡等
　　　委任は、委任者の死亡若しくは破産、又は受任者の死亡、破産、若しくは受任者が後見開始の審判を受けたことによって終了する（653条）。

　イ　終了後の受任者側の応急措置義務
　　委任が終了した場合において、急迫の事情があるときは、受任者側（受任者の相続人、法定代理人を含む）は、委任者側（委任者の相続人、法定代理人を含む）が委任事務を処理することができるに至るまで、必要な処分（応急措置）をしなければならない（654条）。

　ウ　委任の終了の対抗要件
　　委任の終了事由は、これを相手方に通知したとき又は相手方がこれを知っていたときでなければ、これをもってその相手方に対抗することができない（655条）。

2 寄託

寄託とは、当事者の一方（受寄者）が相手方（寄託者）のために物の保管をする契約をいう（657条）。

寄託は、片務・無償・諾成・不要式の契約である。

の解除の場合は、委任者が自ら委任事務を処理できず、他人に処理させることもできない時期が、委任者からの解除の場合は、受任者が事務処理に着手しようとした時期が挙げられる。

□「受任者の利益をも目的とする」の例としては、A社に対し債務を負担するB社がその経営をA社の代表者に委任したが、委任の目的がB社の経営再建によりA社のB社に対する債権回収を図る点にあった場合が挙げられる。

□「やむを得ない事由があるとき」の例としては、委任者と受任者の事務処理に対する考え方が決定的に異なる場合が挙げられる。

□特約により報酬を支払うことも認められ、この場合は双務・有償の契約となる。

第9節　組合・終身定期金・和解

1 組合

　組合契約とは、二人以上の当事者が出資をして、共同の事業を営むことを約する契約をいい（667条1項）、この契約によって設立される共同事業を営む団体を組合という。

　組合契約は、双務・有償・諾成・不要式の契約である。

2 終身定期金

　終身定期金契約とは、当事者の一方（債務者）が、自己、相手方（債権者）又は第三者（受益者）の死亡に至るまで、定期に金銭その他の物を相手方又は第三者に給付することを約する契約をいう（689条）。

　終身定期金契約は、諾成・不要式契約であり、契約の内容により、片務・無償契約である場合と双務・有償契約である場合とがある。

3 和解

> **事例 4-3**
>
> 　AはBを被告として、Aの保有するX商標権の侵害を理由とする損害賠償請求訴訟を提起し、Bはこれに対する対抗措置として、X商標権について無効審判を請求した。審理の末、AB間で、Bはこの無効審判請求を取り下げるとともに、Aに対し解決金として100万円を支払うことを条件に、訴訟上の和解が成立した。その後、第三者CがX商標権について無効審判を請求したところ、無効審決がされ、この審決は確定した。この場合、BはAに対して、既に支払った解決金100万円の返還を求めることができるか。

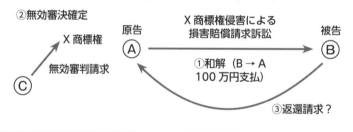

(1) 意義

　和解契約とは、当事者が互いに譲歩してその間に存在する争いをやめることを約する契約をいう（695条）。

　和解は、双務・有償・諾成・不要式の契約である。

　和解の成立要件は、①当事者間に争いが存在すること（紛争性）、②当事者双方が互譲すること（互譲性）である。

□民法は、移転型、貸借型、労務型以外の契約として、組合・終身定期金・和解の各契約を定めている。

□696条は「当事者の一方が和解によって争いの目的である権利を有するものと認められ、又は相手方がこれを有しないものと認められた場合において、その当事者の一方が従来その権

(2) 効力

ア 和解の確定効（696条）

和解によって確定された事項は、たとえ真実に反しても、当事者は和解の内容に拘束され、当事者間に新たな法律関係が創設されたことになる。これを和解の確定効という。

イ 和解と錯誤

当事者間で争われ、和解により争いをやめることを合意した事項に錯誤（95条1項）があっても、和解につき錯誤取消しを主張することはできない。たとえ真実に反しても、この事項に関する法律関係を確定しようとするのが和解の目的だからである。

一方、当事者が和解の前提として争わなかった事項について錯誤がある場合には、和解につき錯誤取消しを主張することができると考えられる。平成29(2017)年の民法改正前における判例（「特選金菊印苺ジャム」事件（最判 S33.6.14））は、和解により代物弁済として特選金菊印苺ジャムを譲渡する合意が成立したが、そのジャムが実は粗悪品であったという事案において、錯誤無効（上記改正前における錯誤の効果は無効であった。）の主張を認めている。

解説　事例4−3

BはAに対し解決金の返還を求めることはできない。

訴訟上の和解も実体法上の権利関係を処分する合意（民法上の契約）の側面があり、和解が行われることにより確定効が生じ（696条）、錯誤取消しの主張（95条1項）が認められないからである。なお、このように和解に確定効があるとしても、和解の前提として争わなかった事項についての錯誤については錯誤取消しの主張が認められるものと解されているが、本問では、X商標権の有効性は、争いの対象となっていたX商標権侵害による損害賠償請求権の存否にかかる事項であり、和解の前提として争わなかった事項には当たらないものと考えられる。実質的に見ても、商標権が和解後に無効となる可能性があることは当事者間において織り込み済みであるといえ、和解の内容として、後日商標権が無効となった場合には解決金を返還する旨の条項が盛り込まれていない以上、Bを保護する必要性は低いといえよう。

利を有していなかった旨の確証又は相手方がこれを有していた旨の確証が得られたときは、その権利は、和解によってその当事者の一方に移転し、又は消滅したものとする。」と定めており、和解の効果を直接的には述べていないものの、同条は、和解には、その内容に反する証拠が後から出たときでも効力は覆らないという確定効があることを当然の前提とした規定であると解されている。

□現行法の下では、錯誤取消しとは別の法律構成として、契約不適合責任の追及（追完請求（562条1項）、損害賠償請求（415条）、契約の解除（541条、542条））をすることも可能であると考えられる（559条）。

□事例4-3は訴訟上の和解の事例であるが、和解調書等の効力に関する民事訴訟法267条は解答の理由にならない。同条は「和解又は請求の放棄若しくは認諾を調書に記載したときは、その記載は、確定判決と同一の効力を有する。」と規定しているが、和解や請求の放棄・認諾の前提として争わなかった事項に錯誤がある場合には錯誤取消し（平成29年改正前は、無効）の主張をすることが認められると解されているから（判例。なお、本文の「特選金菊印苺ジャム」事件は訴訟上の和解に関する事案である。）、同条は解答の理由にならず、和解が訴訟上のものであるか訴訟外のものであるかを問わず、和解の確定効（696条）及び錯誤の対象が和解の前提として争わなかった事項に当たらないことがその理由となる。

第2章　事務管理

1 意義

　事務管理とは、義務なく他人のためにその事務を管理（処理）することをいう（697条1項）。

　事務管理は、社会における相互扶助の理念からは無視できないものではあるが、その一方で、個人の生活に対する行き過ぎた干渉となるおそれも否定できない。そこで、我が国の民法は、事務管理を積極的に推奨するのではなく、消極的に、他人の財産への違法な干渉にはならないものとした。

2 要件

　事務管理が成立するためには、①他人の事務を管理すること、②他人のためにする意思があること、③法律上の義務がないこと（①〜③まで697条1項）、④他人の意思ないし利益に反することが明らかでないこと（700条ただし書反対解釈）が必要である。

　「他人のために」事務を管理するとは、他人のためにする意思、すなわち他人の利益を図る意思をもって事務を管理することをいう。管理者にこの意思があるからこそ、他人の財産領域に干渉することが正当化されるのである。なお、他人のためにする意思は、自己のためにする意思と併存してもよい。例えば、倒れようとする隣人の家を修理することは、それが同時に自己の家に被害が及ぶのを防ぐことを目的としていても、この意思は認められる。

3 効果

(1) 対内的効果

　ア　違法性の阻却

　　管理行為については違法性が阻却され、管理行為が適切なものである限り、結果として本人に損害を与えても不法行為とはならない。この点については明文はないものの、事務管理を利他目的と相互扶助の理念から認めた以上、当然のことといえる。

　イ　管理者の義務

　　ａ．管理の方法

　　　管理者が本人の意思を知り、又は推知できるときは、その意思に従って管理しなければならない（697条2項）。本人の意思を知らず、推知もできないときは、事務の性質に従い、最も本人の利益に適合する方法で管理しなければならない（697条1項）。

　　ｂ．善管注意義務

□民法は、契約以外による債権発生原因（法定債権）として、事務管理・不当利得・不法行為の3つを定めている。

管理者は、原則として善良な管理者の注意をもって管理しなければならない（善管注意義務）。但し、本人の身体、名誉又は財産に対する急迫の危害を免れさせるために事務管理（緊急事務管理）をしたときは、悪意又は重過失がある場合にのみ債務不履行の責任を負う（698条）。

　　ｃ．通知義務
　　　管理者は、本人が既に知っている場合を除き、管理を始めたことを遅滞なく本人に通知しなければならない（699条）。

　　ｄ．管理継続義務
　　　管理者は、本人又はその相続人若しくは法定代理人が管理できるようになるまで管理を継続しなければならない。但し、管理の継続が本人の意思に反し、又は本人に不利なことが明らかなときは、管理を中止しなければならない（700条）。

　　ｅ．その他、管理者は、委任の受任者と同様の義務を負う（701条、645条〜647条）。

　ウ　管理者の権利
　　ａ．費用償還・代弁済等請求権
　　　管理者が本人のために有益な費用（有益費のみならず必要費も含む）を支出したときは、管理者は本人に対し償還を請求することができる（702条1項）。また、管理者が本人のために有益な債務を負担したときは、管理者は本人に対し、管理者に代わってその弁済をすることを請求することができる（702条2項、650条2項前段）。

　　ｂ．報酬請求権については、明文の規定がないことや、事務管理が利他目的による行為であることから否定するのが通説であるが、これでは具体的場面において不都合が生じるため、管理者の行為が職業上の行為であり、通常、対価の支払を受けるものである場合（ex.大工の修理行為、医師の治療行為）には、通常の報酬に相当する金額の請求を「費用（702条1項）」とみて、その支払請求を認めるべきであるとする見解も有力である。

(2) 対外的効果

管理者が本人の名で法律行為をした場合、その効果が本人に及ぶか、事務管理の対外的効果として代理権が認められるか否かが問題となるが、対内的に事務処理の権限が認められたからといって当然に対外的に代理権が認められることにはならないことや、本人が知らないうちに開始できる事務管理について代理権を認めると、本人は自己に関する法律関係がいつ他人によって変動させられるかわか

□その債務が弁済期にないときは、管理者は本人に対し、相当の担保を供させることができる（650条2項後段）。

□費用前払請求権（649条）についても、事務管理については明文の規定がないため認められないと解されている。

□この説によれば、本人が追認するか（113条）、表見代理が成立する場合（109条〜110条、112条）に限り、管理者の法律行為の効果が本人に帰属することになる。

らないという不安定な立場におかれてしまうことから、否定するのが判例・通説である。

第3章　不当利得

1 意義

　不当利得とは、法律上の原因がない利得（受益）が生じた場合に、受益者に、その利得を損失者に返還する債務を負わせる制度をいう（703条）。

　不当利得には、①ある者が他人の給付から法律上の原因なく受けた利益（給付利得）と、②ある者が他人の権利を侵害することによって受けた利益（侵害利得）があり、給付利得が生じる場合には、法律行為が無効である場合と、法律行為に基づかない場合（非債弁済）がある。

2 要件

　不当利得が成立するには、①他人の財産又は労務によって利益を受けたこと（受益）、②そのために他人に損失を及ぼしたこと（損失）、③受益と損失との間に因果関係があること（因果関係）、④法律上の原因がないことが必要である。

① 受益

　「受益」とは、一定の事実が生じたことによって財産が増加することをいい、これには、財産が積極的に増加した場合のみならず、その事実がなければ生じるはずであった財産の減少を免れた場合を含む。

② 損失

　「損失」とは、一定の事実が生じたことによって財産が減少することをいう。「損失」は「受益」の反対概念であるから、これには、財産が積極的に減少した場合と、その事実がなければ生じるはずであった財産の増加がない場合を含む。

③ 受益と損失の因果関係

　不当利得の成立要件としての因果関係は、単なる事実的因果関係ではなく、社会観念上、ある者の損失においてある者が利得したという関係（Aの損失がBの利益に帰したと社会観念上認められる関係）があることが必要であるとするのが判例・通説である。

④ 法律上の原因がないこと

　「法律上の原因」とは、公平の理念上、利得者に利益を得させる正当な原因（実質的な理由）をいう。

　給付利得については、例えば売買契約など給付を基礎づける法律関係が「法律上の原因」となり、これが詐欺（96条1項）を理由に取り消されると、売買は遡及的に無効となる（121条）ため、「法

□本文で述べたもののほか、ある者が他人のために自らの財産を支出したことについて法律上の原因がない場合に発生する支出利得という類型を認める説も有力であるが、詳細については本書の性格上割愛する。

□非債弁済とは、給付者が存在しない債務の弁済として行う給付をいう。非債弁済がされた場合には受益者の善意、悪意に応じて703条又は704条が適用されるが、給付者が弁済時に自らに債務がないことを知っていたときは、給付したものの返還を請求することができない（705条）。

律上の原因」がなくなることになる。

一方、侵害利得においては、その行為を基礎づける権原が「法律上の原因」となり、所有権や賃借権などの適法な権原がなければ「法律上の原因」がないことになる。

3 効果

不当利得が成立した場合、法律行為が無効である場合の給付利得については、受益者は原状回復義務を負い（121条の2）、法律行為に基づかない給付利得や侵害利得については、受益者は、その善意・悪意に応じ損失者に対し利得の返還義務を負う（703条、704条）。

□原状回復義務については第1編第5章第4節参照。

□不当利得返還請求権は一般の債権の消滅時効期間（166条1項）に服する。このため、例えば特許権侵害による損害賠償請求権が短期消滅時効（724条）にかかった後であっても、不当利得の返還請求を行う余地はある。

(1) 原物返還の原則

不当利得の返還は、できる限り利得した原物を返還すべきである（原物返還の原則）。もっとも、役務の提供など性質上原物返還ができない場合や、利得した原物を受益者が消費・処分するなどして返還できない場合には、価格による返還が認められる。

(2) 善意の受益者の返還義務

善意の受益者は、「利益の存する限度」において返還義務を負う（703条）。

ア 善意・悪意の意義

ここにいう善意とは、利得が法律上の原因を欠くことを知らないことをいい、悪意とは、これを知っていることをいう。

イ 現存利益

「利益の存する限度」（現存利益）とは、受けた利益のうち受益者に残存しているものをいい、利益が原物のまま、又は形を変えて残っている場合がこれに当たる。

a．原物を売却した場合の代金や、火災保険その他の保険金又は損害賠償金など代償物があり、それらが消費されないで残存している場合には、現存利益があるとされる。

b．金銭を消費した場合の現存利益の有無について、判例・通説は、出費の節約となるか否かを基準とし、浪費してしまった場合には現存利益はないが、利得した金銭をもって自分の借金を返済したり、必要な生活費に充てたりした場合には、その分だけ出費の節約となったといえるため、現存利益があるとする。

□従来の通説は、善意といえるためには過失があってもよいとしていたが、近時は、過失のある者に現存利益の返還義務しか認めないのは不法行為責任（709条）との均衡を失し妥当でないとして、過失があるときは悪意の受益者として扱うのが多数説である。

□もっとも、判例は、金銭による利得は現存するものと推定するため、具体的事案において不当な結論になることは少ないものと考えられる。

(3) 悪意の受益者の返還義務

悪意の受益者は、受けた利益に利息を付して返還し、なお損害があるときは、その賠償をしなければならない（704条）。利得が法律上の原因を欠くことを知っていた受益者に対し、公平上、不法行為責任（709条）と同様の責任を負わせたものである。ここに「受

けた利益」とは、利益が現存するか否かを問わず全てということである。

4 不法原因給付（708条）

(1) 意義

不法な原因のために給付がされた場合、給付を基礎づける法律行為は公序良俗に違反して無効であるから（90条）、相手方の利得は法律上の原因を欠くものとなる。しかし、この場合に給付者が給付の返還請求（121条の2第1項）をすることを認めると、裁判所が、不法な行為に関与した者を救済することになり、正義の理念に反する。そこで、708条は90条と一体となって、公序良俗に反する反社会的な行為に関与した者の法的救済を一切否定したものである。【図解】の例（AとBが意思を通じて特許侵害品の製造販売を企て、AがBに製造設備資金として500万円を貸し付けたが、計画が未遂に終わったため、AがBに金銭の返還を求めた）では、Aの請求は708条により否定される。

【図解】

A【侵害品販売担当】
①侵害品製造設備資金として500万円貸付
消費貸借 …… 公序良俗違反＝無効（90条）
②500万円につき不当利得返還請求？
B【侵害品製造担当】

(2) 要件

不法原因給付の要件は、①「不法な原因」のために、②「給付」をしたことである。

① 「不法な原因」

708条の趣旨に鑑み、「不法」とは公序良俗違反をいい、単に強行法規に違反したに過ぎない場合は含まれないとするのが判例・通説である。

② 「給付」

不法な原因による「給付」とは、回復を請求しようとする者の意思に基づいてされた財産的価値ある出捐をいう。

「給付」は、相手方に対し終局的な利益を与えるものでなければならないとするのが判例・通説である。

（理由）

□民法は、不当利得返還請求権の成立要件を充たしても返還請求が否定される場合として、前述した①債務の不存在を知ってした弁済（705条）のほか、②期限前の弁済（706条）、③他人の債務の弁済（707条）、④不法原因給付（708条）を定めている。

□708条は、英米法の「クリーン・ハンズの原則」（自ら法を尊重する者だけが法の尊重を要求することができるという原則）などを基に規定されたものである。

□動機に不法がある場合であっても、動機が相手方に表示（黙示でもよい）された場合には法律行為も違法性を帯び、公序良俗に反し無効となると解されており（表示説、判例・通説）、このような場合も708条の「不法」に当たる。

□このため、未登記建物の場合は引渡しのみで「給付」ありといえるが、既登記建物の場合には引渡しのみでは「給付」ありとはいえず、登記の移転もあって初めて「給付」ありといえる。

終局的利益でない給付について、返還請求を拒否する場合、受益者は終局的な利益を受けるため、裁判所に救済を求めることになるが、これでは、法が不法の実現に手を貸すことになり妥当でない。

③ 708条ただし書

不法な原因が受益者についてのみあるときは、給付者に反社会性があるとはいえず、給付者に返還請求の否定という制裁を与える必要はない。そこで、708条ただし書は、このような場合には返還請求を認めることとした。

そして、不法な原因が給付者・受益者の双方にある場合についても、両当事者の不法性の程度を比較して、ただし書該当性を判断すべきであるとするのが判例・通説である。

(3) **効果**

ア 給付の返還請求は認められない（708条本文）。

イ 708条は、所有権に基づく返還請求権にも類推適用され、これにより給付物の返還を請求できなくなったことの反射的効果として、目的物の所有権は受益者に帰属するとするのが判例・通説である。

（理由）

① 708条の趣旨は、90条と一体となって、反社会的な行為に関与した者の法的救済を一切否定しようとする点にある。

とすれば、給付者は、単に給付の返還請求をすることが許されないだけでなく、目的物の所有権が自己にあることを理由として給付した物の返還を請求することも許されないというべきである。

② 目的物の所有権と占有の不一致を避け、法律関係の明確化を図るため、目的物の所有権は受益者に帰属すると解すべきである。

ウ 不法行為による損害賠償請求権についても、708条が類推適用されるとするのが判例・通説である。

（理由）

708条の趣旨は、90条と一体となって、反社会的な行為に関与した者の法的救済を一切否定しようとする点にある。

とすれば、給付者は、単に給付の返還請求をすることが許されないだけでなく、受益者の不法行為を理由として損害賠償を請求することも許されないというべきである。

第4章 不法行為

1 総説

(1) 意義

不法行為制度は、違法な行為によって被害者が受けた損害を賠償させる制度であり、被害者保護（損害の填補）と損害の公平な分担を目的とするものである。

＜不法行為法を考える視点＞

不法行為は、民事責任を問う制度である。民事責任が生じる場合には、同時に刑事責任が生じることが多いが、両責任は目的・性質が異なり、互いに別個に成立する。

(2) 過失責任主義・自己責任の原則

不法行為制度は、過失責任主義と自己責任の原則を採用する。

ア　過失責任主義（過失責任の原則）とは、過失がなければ法的責任を問われないとする原則をいう。

イ　自己責任の原則（個人責任の原則）とは、人は自己の行為についてのみ責任を負い、他人の行為の結果について責任を負わされることはないとする原則をいう。

(3) 過失責任主義・自己責任の原則の修正

過失責任主義と自己責任の原則により、人の活動における予測可能性が十分に保障され、資本主義経済の発達が促進されたが、その一方で、この原則を絶対的なものとして貫いてしまうと、当事者間の公平を欠き、必ずしも合理的でない場合もあることが認識されるに至った。そこで民法においても一定の場合に無過失責任が導入されている（715条、717条参照）。

(4) 請求権の競合

請求権の競合とは、同一の事実に対して目的を同じくする別個の請求権が併存することをいう（ex. ある事実が不法行為と債務不履行の双方に該当し、これらによる損害賠償請求権が併存する場合）。この点、両責任は併存し、いずれを選択して請求することもできるとする請求権競合説が判例・通説である。

□無過失責任論
1. 報償責任主義…「利益の存するところに損失もまた帰する」との考え方であり、使用者責任に関する715条はその現れである。
2. 危険責任主義…「自ら危険を作り出した者は、その結果について責任を負う」との考え方であり、工作物責任に関する717条はその現れである。

2 一般不法行為の成立要件

故意又は過失によって、他人の権利又は法律上保護される利益を侵害した者は、これによって生じた損害を賠償する責任を負う（709条）。

すなわち、不法行為の成立には、①故意又は過失によって（故意・過失）、②他人の権利又は法律上保護される利益を侵害し（違法性）、③その行為によって（因果関係）、④損害が発生したこと（損害）が必要である。

□なお、不法行為の成立には責任能力の存在も必要である（712条、713条）。

① 故意・過失

　ア　不法行為の成立に故意・過失が要件とされるのは、過失責任主義の現れである。そして、自己責任の原則により、「故意又は過失によって」とは、「自己の故意又は過失のある行為によって」という意味に解される。

　イ　「故意」とは、自己の行為が他人に損害を及ぼすことを知りながら、あえてこれを行うことをいい、「過失」とは、法律上要求される注意を怠ったこと（注意義務違反）をいい、具体的には、予見可能性を前提とした結果回避義務の違反が過失であるとするのが判例・通説である。

　　注意義務違反は、一般人・通常人を基準として判断される（抽象的過失）。

□これに対し、具体的過失とは、当該行為者が通常すべき注意を怠ったことをいう。

　ウ　故意・過失の主張立証責任は被害者（原告）が負う（cf. 債務不履行（415条））。

② 権利又は法律上保護される利益の侵害（違法性）

平成16（2004）年改正前の709条は「権利ヲ侵害」と定めており、判例も、かつては権利を侵害した場合でなければ不法行為は成立しないとしていたが（桃中軒雲右衛門事件）、その後、権利とはいえなくても、法律上保護される利益の侵害があれば不法行為が成立することを認めた（大学湯事件）。この事件を契機に、不法行為の成立要件としては、権利侵害のみならず、法律上保護される利益が違法に侵害されたといえるか否か（加害行為の違法性の有無）により判断すべきであるという考え方が通説化し、上記改正においても、このような判例・通説の考え方が文言上明確にされた。

□平成16（2004）年改正前の709条は「故意又ハ過失ニ因リテ他人ノ権利ヲ侵害シタル者ハ之ニ因リテ生シタル損害ヲ賠償スル責ニ任ス」と規定していた。

□桃中軒雲右衛門事件判決（大審院判T3.7.4）は「権利侵害」を文字通り捉え、雲右衛門の浪花節は即興的かつ瞬間的創作に過ぎず音楽的著作物に当たらないため、これを収めたレコードを無断で複製販売しても著作権侵害とならない旨を述べ、不法行為の成立を否定した。

【図解】

<大学湯事件> 乙→甲・丙　損害賠償請求

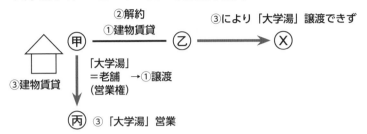

③　因果関係

　不法行為が成立するためには、加害者の行為と発生した損害との間に因果関係が必要である。不法行為による損害賠償の範囲については明文の規定がないが、判例・通説は、債務不履行による損害賠償の範囲に関する416条を類推適用し、加害者の行為と相当因果関係のある損害について賠償すべきであるとする（債権総論・債権の効力の項参照）。

④　損害の発生

　不法行為の成立には損害の発生が必要である。損害には財産的損害（これには既存の利益の減少を意味する積極的損害と、逸失利益又は得べかりし利益を意味する消極的損害がある）のみならず、非財産的損害も含まれる（710条）。

<損害の分類>

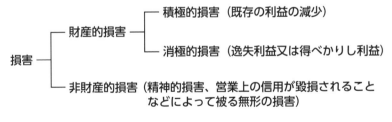

3 不法行為の効果

(1) 損害賠償請求権

ア　財産的損害の賠償

　不法行為が成立すると、その効果として、被害者の加害者に対する損害賠償請求権が発生し（709条）、賠償は原則として金銭の支払をもって行われる（722条1項、417条。なお、例外として723条）。

イ　非財産的損害（精神的損害等）の賠償

□仮処分命令が発令された後にその判断が誤りであることが判明した場合（ex. 特許権侵害差止仮処分命令が発令された後で当該特許権につき無効審決がされて確定した場合）には、債務者（被疑侵害者）は保全取消しの手続を執るなどした上で、債権者（特許権者）に対し、差止めによって被った損害の賠償を求めることができる（709条）。本文の要件に即してみれば、債権者は後に無効となる特許権に基づき差止仮処分命令を得ており（②）、特段の事情がない限り債権者において過失があったものと推定される（判例）ため過失があり（①）、債務者は製品の製造販売により本来得られるはずの利益が得られず（④）、通常、差止仮処分命令を受けなければ製品の製造販売中止はなく、債務者が上記利益を得られなかったということもない（③）ため、不法行為の成立要件を全て充たしている。

□知的財産権侵害紛争における積極的損害の例としては、紛争解決に要した弁護士・弁理士費用が挙げられる。これに対し、消極的損害の例としては、特許権侵害行為がなければ特許権者が得られたであろう利益が挙げられる。

□営業上の信用が毀損されることなどによって被る無形の損害は法人も被りうる。

他人の身体、自由又は名誉を侵害した場合と他人の財産権を侵害した場合とを問わず、709条によって損害賠償の責任を負う者は、財産以外の損害に対してもその賠償をしなければならない（710条）。このような非財産的損害のうち精神的損害に対する賠償のことを慰謝料という。

　a．幼児であっても、精神的苦痛を理由とする慰謝料請求をすることができる。
　b．法人が名誉を毀損された場合にも損害賠償請求権が発生する（判例・通説）。
　c．物が滅失・毀損された場合にも、慰謝料請求権が認められる余地がある。

(2) 差止請求の可否

前頁(1)アのとおり、損害賠償は原則として金銭の支払をもって行われ（722条1項、417条）、その例外としては名誉毀損における原状回復が定められているだけである（723条）。

そこで、この例外のほかに、例えば、著作物性は有しないが、相応に工夫を凝らし、多大な費用を投じて創作した物を、創作者に無断で複製販売する者に対し、創作者が709条に基づいて差止めを求めることができるか否かが問題となるが、裁判例は一般にこれを否定している。前頁(1)アのとおり、不法行為がされた場合、民法は金銭による損害賠償という事後的な措置を原則として講じており、名誉毀損における原状回復については、その例外を限定的に挙げたものと解される以上、709条に基づく差止請求は認められないと解するほかないからである。

なお、公害や生活妨害（名誉毀損やプライバシーの侵害）においては、加害行為が継続するのが一般的であるところから、これを停止させなければ被害者の救済として不十分なことが多いため、差止請求が認められるべきであり、このような場合の根拠を不法行為に求める説もあるが、人格権の侵害を根拠とする説が有力である。

(3) 損害賠償請求権の主体

ア　被害者本人が請求できることは当然である。なお、権利能力の始期は出生であるのが原則であるが（3条1項）、損害賠償請求権については、胎児も生まれたものとみなされる（721条）。

イ　間接損害（企業損害）の取扱い
　a．原則
　　例えば、A社の従業者であるBが、Cの不法行為によって重傷を負い長期入院を余儀なくされたため、A社が売上げ減など

□名誉は、その性質上、被った損害を金銭に見積もることが困難であり、また被害者がたとえ金銭賠償を得ても、これにより毀損された名誉が回復されるわけでもないことから、723条は被害者保護のために金銭賠償の原則の例外として、特に原状回復の請求を認めた（ex. 新聞紙上への謝罪広告の掲載）。

□709条に基づく差止めを認めなかった裁判例としては、「木目化粧紙」事件判決（東京高判H3.12.17）が挙げられる。同判決は著作物性を有しないが相応の創作性を有する木目化粧紙（原告製品）をデッドコピーして、原告製品の販売地域と競合する地域において廉価で販売した者について709条に基づく損害賠償責任を認める一方、差止請求は斥けた。

□特別法で不法行為による差止請求権を認めたものとして、不正競争防止法3条が挙げられる。

□この点については第1編第2章第1節参照。

□被害者の近親者の慰謝料請求権については711条が規定されているが、本書の性格上割愛する。

の損害を被った場合、BがCに対し損害賠償請求することができるのは当然であるが、間接的に損害を被ったA社もまた、Cに対し損害賠償請求をすることができるであろうか。

この点、判例・通説は、無制限にCにA社に対する責任を負わせてしまうと、A社内におけるBの地位・役割如何によっては賠償額が巨額にのぼり、損害の公平な分担という不法行為制度の趣旨に照らし妥当でないとして、原則としてこれを否定している。企業損害については保険を掛けるなどして備えるべきであるとするのである。

b．例外
(a) 企業に損害を与える目的で故意により従業者に対し加害行為をした場合（通説）
(b) 直接の被害者と企業の経済的実質が同一である場合（法人とは名ばかりの個人会社において代表者が負傷した事案につき会社による損害賠償請求を認容した判例がある。）
(c) 従業者の大半が不法行為によって死傷し、企業が休業を余儀なくされた場合（下級審裁判例）

(4) 損害額算定の基準
ア　損害額算定の一般的基準
　判例・通説は、相当因果関係説に立ち、損害を金銭と捉え、加害行為と相当因果関係に立つ損害、すなわち加害行為から通常生ずべき損害、及び特別の事情によって生じた損害のうち加害者に予見可能性があるものについて賠償すべきであるとしている。

イ　損害額算定の基準時
　判例・通説は、原則として不法行為時をもって損害額算定の基準時とし、その後に、例えば、加害行為によって破壊された物の価格が高騰したことにより増加した損害については、特別の事情によって生じた損害（特別損害）として、加害者の予見可能性を要件として、賠償額に加算するものとしている。

(5) 賠償額の調整
賠償額については、全損害を金銭で評価したものから損益相殺、過失相殺を行うことにより算出される。

ア　損益相殺
　不法行為が被害者に損害を与えると同時に利益を与える場合（ex.各種社会保険給付）には、公平の見地より、損害から利益を控除すべきことが認められている（損益相殺）。

イ　過失相殺

□生命保険金や香典・見舞金などは損害填補の意味を有しないため損益相殺の対象にはならないものと解されている。

a．意義

被害者に過失があったときは、裁判所は損害賠償額の決定につき、これを考慮することができる（722条2項）。これが過失相殺の制度である。過失相殺は、不法行為によって発生した損害を、加害者と被害者との間において公平に分担させるための制度である。

b．過失相殺における「過失」の意味

過失相殺における「過失」とは、必ずしも、加害者として不法行為責任を負う際の過失（709条）の域に達するものである必要はなく、被害者の被った損害の額から、公平の観念に基づいて減縮したものを賠償額とすることが妥当視されるような、被害者側の不注意であれば足りるとするのが通説である。

□過失相殺は、相殺（505条〜）とは全く異なる制度であることに注意を要する。

□債務不履行における過失相殺（418条）との違いについては、第3編第2章参照。

□このため、被害者が責任能力（712条）を有しない者であっても、事理弁識能力があれば過失相殺能力が認められる。裁判例では、5〜6歳に達すれば事理弁識能力があるとされている。

(6) 不法行為による損害賠償請求権の特殊性

ア　悪意による不法行為に基づく損害賠償債務及び人の生命又は身体の侵害による損害賠償債務の債務者は、被害者に対して有する債権と相殺することができない（509条）。

イ　慰謝料請求権は、行使上の一身専属権であるため、被害者がこれを譲渡したり、被害者の債権者が差し押さえたりすることはできない（cf．財産的損害の賠償請求権）。

ウ　短期消滅時効（724条）

□判例は、名誉毀損による慰謝料につき、具体的な慰謝料請求権が当事者間において客観的に確定したときは、行使上の一身専属性が否定されるとしている。

事例 4-4

Aは、Bが2024年4月1日から同月30日までに行った、Aの保有する甲特許権を侵害する乙製品の販売行為について、不法行為による1000万円の損害賠償請求訴訟を提起しようと考えた。ところが、AはBの上記侵害行為と損害の発生を2024年5月中に知っていたにもかかわらず、何らの措置も講じてこなかった。

2027年11月1日の時点でAがBに対して本件に関し1000万円の支払を求める訴訟を提起する場合、いかなる請求を立てるべきか。

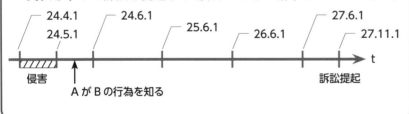

a．意義

民法は、724条において、不法行為による損害賠償請求権は、

①被害者又はその法定代理人が損害及び加害者を知った時から3年（同条1号）、②不法行為の時から20年（同条2号）で時効によって消滅する旨を定めている。

　民法が不法行為による損害賠償請求権につき、短期3年の消滅時効を定めたのは、不法行為は偶発的に発生するのが通常であるため、3年の経過により成立要件の立証が困難になることや、被害者の感情も平静に戻ることなどによるものとされており、一見、加害者の責任軽減規定であるとも思われるが、起算点を、被害者等が損害及び加害者を知った時としていることから、むしろ加害者と被害者の利益調整を図った規定であると考えられる。

□①、②のうちいずれか早い方の期間経過をもって時効消滅する。なお、生命・身体の侵害による損害賠償請求権の消滅時効に関し①の特則が設けられていること（724条の2）については第1編第7章第2節参照。

b．3年の起算点

　消滅時効の存在理由は、主として権利の上に眠る者は保護しないという点にあるから、不法行為による損害賠償請求権の消滅時効についても、債権者である被害者又はその法定代理人が損害賠償請求権を行使できる状態になった時から進行すると解すべきである。すなわち、724条にいう「損害を知った」時とは、他人の違法な行為によって損害が発生したことを現実に認識した時（その損害の程度や数額を正確かつ具体的に知ることまでは必要ない）を、「加害者を知った」時とは、加害者に対する賠償請求が事実上可能な状況のもとに、その可能な程度にこれを知った時をそれぞれ意味し、両者が備わった時から時効が進行すると解するのが判例・通説である。

c．継続的不法行為の場合の起算点

　この点、被害者が初めに損害及び加害者を知った時から損害全部について時効が進行すると考える余地もあるが、不法行為継続中に消滅時効が完成するのは不当であるばかりか、この場合には724条の趣旨である立証の困難性や被害者感情の鎮静化といった事情もない。そこで、判例は、損害の発生が継続している限り、日々新たに損害賠償請求権が発生し、消滅時効は各々につき別個独立に進行するものと解している。

解説　事例4－4

　不法行為による損害賠償請求権は被害者（又はその法定代理人）が損害及び加害者を知った時から3年で時効消滅する（724条1号）ところ、2027年11月1日の時点で、Aが損害及び加害者を知って

から3年以上が経過しているため、Aの損害賠償請求権は、Bが時効を援用すれば時効により消滅することになる。そこで、このような場合には、Aは、甲特許権の実施料相当額を不当利得であるとして、その返還請求をすべきである（703条）。不当利得返還請求権については債権一般の消滅時効の起算点及び時効期間に関する規定（166条1項）が適用され、消滅時効にかかるのは債権者が権利を行使することができることを知った時から5年（同項1号）又は権利を行使することができる時から10年（同項2号）のいずれか早い方の期間が経過した時であるため、まだ請求することが可能だからである。

4 特殊不法行為

(1) 意義

民法は、被害者保護を十分なものとするため、一般の不法行為（709条）のほかに、①責任無能力者の監督義務者の責任（714条）、②使用者責任（715条）、③工作物責任（717条）、④動物占有者の責任（718条）、⑤共同不法行為者の責任（719条）を定めている。

(2) 使用者責任

ア　意義

他人に使用されている者（被用者）が、その事業の執行について不法行為をして第三者に損害を加えた場合に、使用者又は代理監督者がこの第三者に対して損害賠償責任を負うことを使用者責任という（715条1項・2項）。

民法が使用者責任を認めたのは、①使用者は他人を使用することによって自己の活動範囲を拡張し、利益を上げる可能性が増大しているのであるから、それに伴って生じた損害もまた負担するのが公平であること（報償責任の原理）、及び②この責任を認めることにより、通常資力に乏しい被用者に対してだけでなく、相応の資力を有する使用者に対する損害賠償請求ができるため、被害者保護に厚くなることによるものである。

使用者責任の法的性質については、このような715条の趣旨や、使用者の被用者に対する求償権が認められていること（715条3項）から、代位責任であると解するのが通説である。

□本書の性格上、使用者責任と共同不法行為者の責任以外の特殊不法行為に関する説明は割愛する。

【図解】

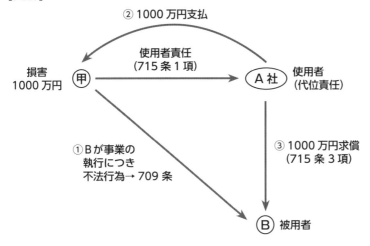

イ 要件

使用者責任が成立するためには、①「事業のために他人を使用する」こと（使用関係）、②被用者の行為が「事業の執行について」されたこと（事業執行性）、③被用者の行為が709条の要件を充たすことが必要である。

① 使用関係

a．「事業」は、極めて広く解されており、「仕事」と同じ意味である。事実上のものか法律的なものか、営利的なものか否か、継続的なものか一時的なものか、家庭内のことか否かなどを問わない。

b．「使用」関係についても、広く、使用者の被用者に対する実質的な指揮監督関係があることをいうものと解されている。雇用ないし労働契約の関係があればもちろん、契約によらず事実上仕事をさせているに過ぎない場合であってもよい。一方、使用者から独立して仕事をする者は、被用者とはいえない。例えば、請負人は注文者から独立して活動するものであるから、原則として使用関係は生じない（716条参照）。

② 事業執行性

報償責任の原理からすれば、使用者が被用者を使用することによって自己の活動範囲を拡張する上で加えた損害についてのみ、使用者責任が認められるべきである。そこで、被用者の不法行為が使用者の「事業の執行について」されたことが要件とされる。

a．取引的不法行為の場合

被用者の職務執行行為そのものに属する行為であればもち

□これに対し、下請負の場合は、請負人（元請）の指揮監督下で仕事をする場合も多く、このような場合には使用関係が認められる。

□「事業の執行について」とは、「執行に際し」と「執行のために」の中間概念であると解されている。この要件が充たされるには、①

253

ろん、これに当たらない場合であっても、その行為の外形から観察して、被用者の職務の範囲内の行為に属するものとみられる場合には、「事業の執行について」といえるとする外形標準説が判例・通説である。そして、判例・通説は、外形標準説は、相手方の信頼保護を目的とするものであるから、被用者の行為が、外形上、被用者の職務の範囲内に属するものとみられる場合であっても、その行為の相手方（被害者）が悪意又は重過失の場合には、使用者責任を問うことができないとする。

(理由)
　　報償責任の原理からすれば、被用者の使用によって使用者の活動範囲が拡張されたと外形的に認められる範囲における被用者の行為は、その事業の執行についてされたものと解すべきである。

b．事実的不法行為の場合
　　この場合も判例は原則として外形標準説を適用するが、学説からは、事実的不法行為の場合には外形への信頼が存在しない以上、外形標準説を適用することはできないと批判されている。
　　なお、判例は、事実的不法行為のうち、暴行事案については、事業の執行行為を契機とし、これと密接な関連を有すると認められるか否かを基準としている。

③　被用者の行為が709条の要件を充たすこと
　　この点については争いがあるが、使用者の被用者への求償を認める715条3項は、被用者の行為が不法行為に当たることを前提とするものであるとして、使用者責任の成立には被用者の行為が709条の要件を充たすことが必要であるとするのが判例・通説である。

④　免責事由
　　使用者又は代理監督者は、被用者の選任及び事業の監督について相当の注意をしたとき、又は相当の注意をしても損害が生ずべきであったときは、使用者責任を免れる（715条1項ただし書・2項）。もっとも、これらの点に関する立証は極めて困難であるため、実際に免責されることはほとんどなく、使用者責任は事実上無過失責任となっている。

ウ　効果
　　使用者又は代理監督者は、第三者（被害者）に損害を賠償しな

被用者の行為が使用者の事業の範囲に含まれること、②被用者の行為がその担当する職務の範囲に含まれることが必要である。

□使用者責任の成立要件は①〜③であり、④は使用者又は代理監督者が免責を受けるために、これらの者において主張立証すべきもの（抗弁事由）であるが、便宜上ここで紹介している。

ければならない。そして、使用者が715条1項により責任を負い、被用者が709条により責任を負う場合、両者の債務は連帯債務となると考えられる。

エ　使用者又は代理監督者が被害者に損害を賠償したときは、被用者に求償することができる（715条3項）。

　ａ．求償権の制限

　　　被用者の不法行為について、使用者にも一定の帰責事由がある場合には、使用者からの全額求償を認めると被用者に酷である。使用者は被用者を使用することによって自己の活動範囲を拡張し、利益を上げる可能性を増大させておきながら、生じた損害については、ことごとく被用者に転嫁するというのでは公平に反するからである。そこで、判例は、信義則による求償権の制限を認めている。

　ｂ．逆求償

　　　信義則上相当と認められる範囲で逆求償（被用者から使用者への求償）を認めるべきであるとするのが通説である。

　　（理由）

　　　使用者が先に賠償した場合には信義則上求償権が制限される場合があるのに、被用者が先に賠償すると使用者に一切求償できないというのは明らかに不均衡であり、損害の公平な分担という不法行為制度の趣旨に反する。

(3) **共同不法行為**

事例 4-5

甲株式会社はその有するA特許権をメーカーである乙株式会社及び物品の販売を行う株式会社丙に侵害され、総額3000万円の損害を被った（損害額の算定は特許法102条2項に基づくものとし、乙社の行為による損害を1200万円、丙社の行為による損害を1800万円とする。）。ところが、乙社が甲社の訴え提起前に破産してしまった。

(1) 乙社と丙社との間に通常の取引関係以上の関係がない場合、甲社は丙社に対していくら請求することができるか。

(2) 乙社と丙社は親子会社の関係にあり、A特許権の侵害につき意思の連絡をして製造・販売行為を行っていた場合、甲社は丙社に対していくら請求することができるか。

□平成29（2017）年の民法改正前における判例・通説は、両者の債務は不真正連帯債務（債務の負担につき主観的共同関係がなく、債務者の1人につき生じた事由が他の債務者に影響を及ぼさない連帯債務）であるとして、①連帯債務の絶対的効力に関する規定が適用されないこと、②連帯債務であることを理由とする求償が認められないことを導いていたが、同改正により、連帯債務の絶対的効力事由が極めて限定されたことから、連帯債務と不真正連帯債務の区別は不要となり、その結果、それまで不真正連帯債務とされてきたものにも、連帯債務であることを理由とする求償の規定が適用されることとなった。

□エａにつき、最高裁昭和51年7月8日判決は、「事業の性格、規模、施設の状況、被用者の業務の内容、労働条件、勤務態度、加害行為の態様、加害行為の予防若しくは損失の分散についての使用者の配慮の程度その他諸般の事情に照らし、損害の公平な分担という見地から信義則上相当と認められる限度において」のみ使用者の求償を認めている。

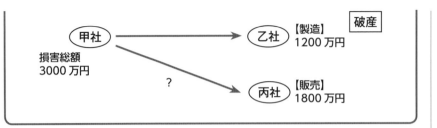

ア　意義

　　数人の者が共同の不法行為によって他人に損害を加えたとき、共同行為者のうち誰が損害を加えたか明らかでないとき、及び教唆者・幇助者は、生じた損害全額について連帯して責任を負う（719条）。これを共同不法行為という。719条は、共同行為者の責任の連帯性と、責任を負う者の範囲の拡張を図り、被害者の保護を厚くする趣旨で設けられた規定である。

イ　狭義の共同不法行為（719条1項前段）

　　狭義の共同不法行為は、共同者全員がいずれも損害の発生に関連している場合である。

　　狭義の共同不法行為が成立するには、①各人の行為がそれぞれ独立に不法行為の要件を備えていること、及び②各人の行為の間に関連共同性があることが必要である。

　　関連共同性の判断基準については、ⅰ）行為者相互の意思の連絡（主観的関連共同性）が必要であるとする主観的共同説と、ⅱ）このような意思の連絡はなくてもよいが、各人の行為が客観的に一体のものとして関連し合っていること（客観的関連共同性）が必要であるとする客観的共同説があるが、ⅱ）が判例・通説である。

ウ　その他の共同不法行為

　a．加害者不明の共同不法行為（719条1項後段）

　　　共同行為者は特定できるが、損害を加えた者が不明の場合である。

　b．教唆・幇助（719条2項）

　　　教唆者・幇助者は、自ら不法行為を実行していないが、共同不法行為者とみなされる。

エ　効果

　a．共同不法行為者は、各自が連帯して損害賠償責任を負う（719条）。このため、被害者は各共同不法行為者に対し損害の全額を請求することができる（連帯債務、436条）。

　b．求償関係

　　　連帯債務に関する求償の規定（442条〜445条）による。

□共同不法行為については、公害事件の解決などをめぐって学説の対立があるが、本書の性格上、従来の通説・判例の立場に従って簡潔に説明する。

□知的財産権侵害訴訟の裁判例においては、共同行為者の間に①侵害品の販売について共謀が成立しているなど主観的関連共同性がある場合や、②資本的、人的に密接な関連性があるなど客観的関連共同性がある場合に共同不法行為の成立が認められている一方、例えば著作権を侵害する出版物を複数の者がそれぞれ独自に印刷出版販売しているような場合には共同不法行為の成立が否定されている。

解説 　事例4－5

(1) 1800万円である（709条）。乙社と丙社の行為が共同不法行為（719条1項前段）に当たるには、①行為者相互の意思の連絡（主観的関連共同性）又は②各人の行為が客観的に一体のものとして関連し合っていること（客観的関連共同性）が必要であるところ、乙社と丙社との間には通常の取引関係以上の関係がなく、各自が侵害行為をしているにとどまるため、①侵害品の販売についての意思の連絡も、②各人の行為が客観的に一体のものとして関連し合っていると評価できる事情もないからである。

(2) 3000万円である。この場合は(1)と異なり、乙社と丙社は親子会社であり、各人の行為が客観的に一体のものとして関連し合っていると評価できる上、A特許権の侵害につき意思の連絡をしており、客観的関連共同性及び主観的関連共同性が認められるため、共同不法行為が成立する（719条1項前段）。そして、これに基づく共同不法行為者の損害賠償責任は連帯債務となり、被害者は各共同不法行為者に対し損害の全額につき賠償請求できるからである（436条）。

索引

あ行

あ
- 悪意の受益者 …………………… 242
- 与える債務 ……………………… 117
- 安全配慮義務 …………………… 132

い
- 意思実現 ………………………… 195
- 意思能力 ………………………… 20
- 意思の不存在 …………………… 35
- 意思の通知 ……………………… 32
- 意思表示 ………………………… 35
  - ――の効力発生時期 ………… 49
- 慰謝料 …………………………… 248
- 一物一権主義 …………………… 85
- 一部保証 ………………………… 160
- 一身専属権 ……………… 138、250
- 一般不法行為の成立要件 ……… 246
- 一般法 …………………………… 10
- 委任 ……………………………… 233
  - ――の告知 …………………… 234
  - ――の終了 …………………… 234
- 委任者の義務 …………………… 233
- 違法性 …………………………… 246
- 入会権 …………………………… 102
- 因果関係 ………………………… 247

う
- 請負 ……………………………… 231
- 請負人
  - ――の仕事完成義務 ………… 231
  - ――の担保責任 ……………… 231
- 売主
  - ――の義務 …………………… 214
  - ――の財産権移転義務 ……… 214
- 売主の担保責任 ………………… 214

え
- 永小作権 ………………………… 102

- 営利法人 ………………………… 28

か行

か
- 外観法理 ………………………… 37
- 解除 ……………………………… 203
  - ――と損害賠償請求権 ……… 208
  - ――と第三者 ………………… 207
  - ――と登記 …………………… 95
  - ――と同時履行 ……………… 209
  - ――の効果 …………………… 206
- 解除契約 ………………………… 203
- 解除権 …………………………… 203
  - ――の行使 …………………… 204
- 解除条件 ………………… 72、204
- 買主の義務 ……………………… 217
- 解約 ……………………………… 203
- 改良行為 ………………………… 105
- 確定日付ある証書 ……………… 167
- 瑕疵ある意思表示 ……………… 35
- 過失 ……………………………… 246
- 過失責任主義 …………………… 245
- 過失責任の原則 ………………… 12
- 過失相殺 ………………………… 249
- 間接強制 ………………………… 125
- 間接代理 ………………………… 51
- 観念の通知 ……………………… 32
- 元物 ……………………………… 31
- 管理行為 ………………………… 105
- 管理者の義務 …………………… 238

き
- 期間 ……………………………… 74
- 期限 ……………………………… 72
  - ――の利益 …………………… 73
  - ――の利益喪失約款 ………… 73
- 危険責任主義 …………………… 245
- 危険負担 ………………………… 199
- 擬似的対抗問題 ………………… 93

既成条件	72
寄託	235
基本代理権	64
94条2項	
——の「第三者」	38
——の類推適用	40
96条3項の「第三者」	47
求償権	
（不可分債務者の求償権）	153
（保証人の求償権）	162
（連帯債務者の求償権）	156
給付保持力	122
強行規定	33
供託	178
共同相続財産	103
共同不法行為	255
強迫	48
共有	103
共有物	
——の管理	105
——の分割	107
——の変更	105
虚偽表示	37
緊急事務管理	239
金銭債権	120

く

組合	28、236

け

形式主義	86
形成権	13
契約	190
——交渉の不当破棄	193
——自由の原則	190
——締結前の情報提供義務違反	194
——の拘束力	193
——の効力	197
——の種類	191
——の成立時期	196
契約上の地位の移転（契約引受）	173
契約不適合	215

権限外の行為による表見代理	64
検索の抗弁	161
原状回復義務	67、207
現存利益	69、242
顕名主義	53
権利失効の原則	18、76
権利侵害	246
権利能力	19
——なき社団	29
権利の濫用	17

こ

故意	246
合意解除	203
行為能力	20
公益法人	28
更改	187
効果意思	35
交換	213
公共の福祉	17
後見人	21
交叉申込み	195
公示による意思表示	50
公示の原則	86
公序良俗	33
公信の原則	87
合同行為	32
公法人	28
合有	103
告知	203
雇用	231
混合契約	191
混同	96、187

さ 行

さ

債権	116
——譲渡	164
——に基づく妨害排除等請求	123
——の意義	116
——の侵害	122

──の二重譲渡 …………………… 168
　　──の目的 ……………………… 117
　債権契約 …………………………… 193
　債権者主義 …………………… 200、201
　債権者代位権 ……………………… 136
　　──の転用 ……………………… 140
　債権者取消権 ……………………… 141
　催告 …………………………………… 78
　催告の抗弁 ………………………… 160
　財団法人 ……………………………… 28
　裁判上の請求 ………………………… 78
　債務者主義 …………………… 200、201
　債務と責任 ………………………… 122
　債務なき責任 ……………………… 122
　債務引受 …………………………… 170
　債務不履行 ………………………… 125
　詐害行為取消権 …………………… 141
　詐欺 …………………………………… 46
　錯誤 …………………………………… 42
　差押禁止債権 ……………………… 184
　差止請求権 ………………………… 248

【し】

　「事業の執行について」 …………… 253
　私権 …………………………………… 13
　時効 …………………………………… 75
　　──の援用 ……………………… 76
　　──の完成猶予 ………………… 78
　　──の起算点 …………………… 81
　　──の更新 ……………………… 78
　時効制度の存在理由 ………………… 76
　時効利益の放棄 ……………………… 77
　自己契約 ……………………………… 56
　持参債務 …………………………… 119
　使者 …………………………………… 51
　事情変更の法理 …………………… 193
　自然債務 …………………………… 122
　自然人 ………………………………… 19
　失踪宣告 ……………………………… 27
　　──の取消し …………………… 27
　私的自治の原則 ……………………… 11

　自働債権 …………………………… 181
　支配可能性 ………………………… 84
　私法 …………………………………… 10
　私法人 ……………………………… 28
　事務管理 …………………………… 238
　　──の効果 …………………… 238
　　──の性質 …………………… 238
　　──の成立要件 ……………… 238
　社団法人 …………………………… 28
　終身定期金 ………………………… 236
　重利 ………………………………… 121
　受益 ………………………………… 241
　　──と損失の因果関係 ……… 241
　出世払い …………………………… 72
　受働債権 …………………………… 181
　受働代理 …………………………… 53
　受領遅滞 …………………………… 129
　受領能力 …………………………… 50
　種類債権 …………………………… 118
　　──の特定（集中） ………… 119
　準委任 ……………………………… 233
　準共有 ……………………………… 107
　準消費貸借 ………………………… 219
　純粋随意条件 ……………………… 72
　準法律行為 ………………………… 32
　承役地 ……………………………… 102
　条件 ………………………………… 72
　使用者責任 ………………………… 252
　使用貸借 …………………………… 220
　消費貸借 …………………………… 219
　　──の効力 …………………… 219
　譲渡制限の意思表示（譲渡制限特約）……… 165
　消滅時効 …………………………… 81
　除斥期間 …………………………… 75
　書面によらない贈与 ……………… 212
　所有権移転時期 …………………… 86
　所有権絶対の原則 ………………… 11
　信義誠実の原則（信義則） ……… 17
　親権者 ……………………………… 21
　信頼関係の破壊 …………………… 229

心裡留保 …………………………………… 36

す

随伴性 …………………………………… 113
数量指示売買 …………………………… 215

せ

請求権 …………………………………… 13
制限行為能力者 ………………………… 20
制限行為能力者制度 …………………… 20
制限種類債権 …………………………… 118
制限物権 ………………………………… 102
精神的損害 ……………………………… 247
成年後見人 ……………………………… 23
成年被後見人 …………………………… 22
責任財産の保全 ………………………… 136
責任なき債務 …………………………… 122
責任能力 ………………………………… 21
責任無能力者の監督義務者の責任 …… 252
絶対的効力事由
　（不可分債権の） …………………… 151
　（不可分債務の） …………………… 152
　（連帯債権の） ……………………… 154
　（連帯債務の） ……………………… 155
善意の受益者の返還義務の範囲 ……… 242
善管注意義務 …………………… 118、233

そ

相殺 ……………………………………… 181
　――の禁止 …………………………… 184
　――の遡及効 ………………………… 184
相殺適状 ………………………………… 183
相当因果関係 …………………… 133、247
送付債務 ………………………………… 120
双方代理 ………………………………… 56
双務契約 ………………………………… 191
贈与 ……………………………………… 212
贈与者の担保責任 ……………………… 212
損益相殺 ………………………………… 249
損害 ……………………………………… 247
損害賠償 ………………………………… 132
損害賠償額算定の基準時 ……………… 134
損害賠償額の予定 ……………………… 135

損害賠償の範囲 ………………………… 133
損失 ……………………………………… 241

た 行

た

代位責任 ………………………………… 252
代位弁済 ………………………………… 180
代金減額請求権 ………………………… 215
「対抗することができない」の意味 … 88
代行方式 ………………………………… 54
第三者のためにする契約 ……………… 201
胎児 ……………………………………… 19
代替執行 ………………………………… 124
代表 ……………………………………… 52
代物弁済 ………………………………… 177
代理 ……………………………………… 51
代理監督者の責任 ……………………… 252
代理権授与行為 ………………………… 55
代理権授与表示による表見代理 ……… 63
代理行為 ………………………………… 53
諾成契約 ………………………………… 192
諾約者 …………………………………… 202
多数当事者の債権関係 ………………… 149
他人の事務 ……………………………… 238
単独行為 ………………………………… 32
担保物権 ………………………………… 110

ち

地役権 …………………………………… 102
地上権 …………………………………… 102
中間法人 ………………………………… 29
注文者の報酬支払義務 ………………… 232
直接強制 ………………………………… 124
直接効果説 ……………………………… 206
直接支配性 ……………………………… 85
賃借権
　――に基づく妨害排除請求 ………… 123
　――の対抗要件 ……………………… 224
　――の物権化 ………………………… 222
賃借物返還義務 ………………………… 227

261

賃借物保管義務 ……………………… 227
賃貸借 ………………………………… 222
賃貸人
　──の義務 ………………………… 226
　──の修繕義務 …………………… 226
　──の費用償還義務 ……………… 226
賃料支払義務 ………………………… 226

つ
追完請求権 …………………………… 215
追認 …………………………………… 69
通常損害 ……………………………… 133

て
定型約款 ……………………………… 210
停止条件 ……………………………… 72
撤回 …………………………………… 68
典型契約 ……………………………… 191
填補賠償 ……………………………… 130

と
動機
　──の錯誤 ………………………… 43
　──の不法 ………………………… 33
登記請求権の保全 …………………… 140
登記を必要とする物権変動 ………… 89
動産物権変動の対抗要件 …………… 95
同時履行の抗弁 ……………………… 197
　──と留置権との差異 …………… 197
　──の成立要件 …………………… 198
到達 …………………………………… 49
到達主義 ……………………………… 195
特定（種類債権の） ………………… 119
特定性 ………………………………… 84
特定物債権 …………………………… 117
特別失踪 ……………………………… 27
特別損害 ……………………………… 133
特別法 ………………………………… 10
独立性 ………………………………… 85
取消し ………………………………… 67
　──と登記 ………………………… 93
取消権 ………………………………… 68
　──の消滅時効 …………………… 70

取立債務 ……………………………… 120

な 行

な
内心的効果意思 ……………………… 35
なす債務 ……………………………… 117

に
二重譲渡 ……………………………… 88
任意規定 ……………………………… 34
任意代理 ……………………………… 53
任意代理権 …………………………… 55

の
能働代理 ……………………………… 53

は 行

は
賠償額
　──の算定の基準時 ……………… 134
　──の予定 ………………………… 135
背信的悪意者排除論 ………………… 90
排他性 ………………………………… 84
売買 …………………………………… 213
　──の効力 ………………………… 214
　──の費用 ………………………… 213
発信主義 ……………………………… 49
反対解釈 ……………………………… 13
パンデクテン体系 …………………… 10

ひ
非財産権 ……………………………… 13
非典型契約 …………………………… 191
被保佐人 ……………………………… 23
被補助人 ……………………………… 24
177条の「第三者」の範囲 …………… 90
表見代理 ……………………………… 62
表示行為 ……………………………… 35
表示主義 ……………………………… 35
被用者の使用者に対する逆求償 …… 255

ふ
不安の抗弁 …………………………… 198
不確定期限 …………………………… 72

262

不可侵性（債権の）…………………… 123
不可分債権 ……………………………… 151
不可分債務 ……………………………… 152
不可分性 ………………………………… 113
不完全履行 ……………………………… 131
復代理 …………………………………… 57
附合契約 ………………………………… 190
不作為債務 ……………………………… 117
付従性 …………………………………… 113
普通失踪 ………………………………… 27
物権 ……………………………………… 84
　　——と債権 ………………………… 84
　　——の客体 ………………………… 84
　　——の効力 ………………………… 85
物権契約 ………………………………… 193
物権的請求権 …………………………… 85
物権的返還請求権 ……………………… 85
物権法定主義 …………………………… 86
物上代位性 ……………………………… 113
物的担保 ………………………………… 110
不動産 …………………………………… 31
不動産物権変動の対抗要件 …………… 87
不当利得 ………………………………… 241
　　——の効果 ………………………… 242
　　——の成立要件 …………………… 241
不特定物 ………………………………… 118
不能条件 ………………………………… 72
不法原因給付 …………………………… 243
　　——と所有権に基づく返還請求権 ……… 244
　　——と不法行為の損害賠償請求権 ……… 244
　　——において受益者・給付者双方に
　　　不法原因がある場合 …………… 244
不法行為 ………………………………… 245
　　——の効果 ………………………… 247
不法条件 ………………………………… 72
不要式契約 ……………………………… 192
分割債権 ………………………………… 149
分割債務 ………………………………… 149
文理解釈 ………………………………… 12

【へ】
併存的債務引受け ……………………… 170
弁済 ……………………………………… 176
　　——による代位 …………………… 180
　　——の提供 ………………………… 178
　　——の場所 ………………………… 178
弁済者 …………………………………… 177
片務契約 ………………………………… 191

【ほ】
妨害排除請求権の代位行使 …………… 140
報償責任主義 …………………………… 245
法人 ……………………………………… 28
法定解除権 ……………………………… 203
法定重利 ………………………………… 121
法定代理 ………………………………… 53
法定代理権 ……………………………… 55
法定代理人 ……………………………… 21
法定担保物権 …………………………… 110
法定追認 ………………………………… 70
法的三段論法 …………………………… 12
法律行為 ………………………………… 32
　　——の解釈 ………………………… 34
法律事実 ………………………………… 12
法律上の原因がないこと ……………… 241
法律効果 ………………………………… 12、32
法律要件 ………………………………… 12、32
保佐人 …………………………………… 23
保証債務 ………………………………… 158
保証人 …………………………………… 159
補助人 …………………………………… 24
保存行為 ………………………………… 105

ま 行

【み】
未成年後見人 …………………………… 21
未成年者 ………………………………… 21

【む】
無権代理 ………………………………… 59
無権代理人の責任 ……………………… 61
無効 ……………………………………… 67

263

──と取消しの差異 …………………… 67
　　──と取消しの二重効 ………………… 67
　無償契約 ……………………………… 192
　無名契約 ……………………………… 191
め
　免除 …………………………………… 187
　免責的債務引受け …………………… 171
も
　申込み ………………………………… 195
　持分権 ………………………………… 103
　物 ……………………………………… 31

や 行

や
　約定解除権 …………………………… 203
　約定重利 ……………………………… 121
　約定担保物権 ………………………… 111
　約款 …………………………………… 210
ゆ
　有償契約 ……………………………… 192
　優先弁済的効力 ……………………… 111
　有体物 ………………………………… 31
　有名契約 ……………………………… 191
よ
　要役地 ………………………………… 102
　用益物権 ……………………………… 102
　要式契約 ……………………………… 192
　要物契約 ……………………………… 192
　予見 …………………………………… 133

ら 行

り
　利益の存する限度 …………………… 242
　履行遅滞 ……………………………… 126
　履行の強制 …………………………… 124
　履行の引受 …………………………… 172
　履行不能 ……………………………… 130
　履行補助者 …………………………… 127
　利息債権 ……………………………… 120
　利息制限法 …………………………… 121

　立法者意思解釈 ……………………… 13
　留置的効力 …………………………… 112
　利用行為 ……………………………… 105
る
　類推解釈 ……………………………… 13
れ
　連帯債権 ……………………………… 154
　連帯債務 ……………………………… 155
　連帯保証 ……………………………… 162
ろ
　論理解釈 ……………………………… 13

わ 行

わ
　和解 …………………………………… 236
　　──と錯誤 ………………………… 237
　　──の効力 ………………………… 237

〔著者紹介〕

村西大作（むらにし　だいさく）

早稲田大学法学部卒
1995 年 司法試験合格
1998 年 弁護士登録（第一東京弁護士会）

知的財産権法を専門分野の1つとして活動し、これに関連する企業・団体における研修講師業務も多数行っている。

知的財産権の事例から見る民法

2024 年 10 月 16 日　発行

著者　　村西　大作

発行　　開隆堂出版株式会社
　　　　代表者　岩塚　太郎
　　　　〒 113-8608　東京都文京区向丘 1 丁目 13 番 1 号
　　　　電話　03-5684-6111
　　　　https://www.kairyudo.co.jp/

発売　　開隆館出版販売株式会社
　　　　〒 113-8608　東京都文京区向丘 1 丁目 13 番 1 号
　　　　電話　03-5684-6118（販売）

印刷　　株式会社大熊整美堂

表紙・本文デザイン／パシフィック・ウイステリア有限会社
© 2024，DAISAKU Muranishi. Printed in Japan

●本書の無断複製は著作権法上の例外を除き禁じられています。●乱丁本・落丁本はお取り替えいたします。